人力资源管理的理论与实践应用

李少华 著

哈尔滨出版社
HARBIN PUBLISHING HOUSE

图书在版编目（CIP）数据

人力资源管理的理论与实践应用 / 李少华著. -- 哈尔滨：哈尔滨出版社，2022.12
　　ISBN 978-7-5484-6958-2

Ⅰ．①人… Ⅱ．①李… Ⅲ．①人力资源管理－研究 Ⅳ．①F243

中国版本图书馆CIP数据核字（2022）第228225号

书　　名：人力资源管理的理论与实践应用
RENLI ZIYUAN GUANLI DE LILUN YU SHIJIAN YINGYONG

作　　者：	李少华　著
责任编辑：	韩伟锋
封面设计：	张　华
出版发行：	哈尔滨出版社（Harbin Publishing House）
社　　址：	哈尔滨市香坊区泰山路82-9号　邮编：150090
经　　销：	全国新华书店
印　　刷：	廊坊市广阳区九洲印刷厂
网　　址：	www.hrbcbs.com
E-mail：	hrbcbs@yeah.net
编辑版权热线：	（0451）87900271　87900272
开　　本：	787mm×1092mm　1/16　印张：12.5　字数：280千字
版　　次：	2023年1月第1版
印　　次：	2023年1月第1次印刷
书　　号：	ISBN 978-7-5484-6958-2
定　　价：	68.00元

凡购本社图书发现印装错误，请与本社印刷部联系调换。

服务热线：（0451）87900279

前　言

　　人力资源管理是在美国管理学大师彼得·德鲁克1954年提出人力资源的概念之后出现并逐渐普及的新概念。人力资源管理这一概念出现之前，人们称之为人事管理。人事管理与生产、营销、财务等管理同为工商企业管理中不可或缺的基本管理职能之一，但由于早期人事管理工作主要是较简单的、行政事务性的、低技术性的内容，因此一直被忽视。随着企业内外环境的变化，这项工作的作用日渐重要起来，于是人事管理逐渐被人力资源管理所代替。

　　随着知识经济社会的到来，企业之间的竞争变成了人才的竞争。谁能够获取优秀的人才，并能够对现有人才合理使用和开发，谁就能够在激烈的竞争中获得胜利。人力资源管理是根据企业发展战略的要求，有计划地对企业中的员工进行合理配置。人力资源管理水平的高低，成为企业竞争的核心。因此，加强人力资源管理的研究也成为当前非常重要的课题。

　　人力资源管理并不是一个新概念，但是随着经济社会的不断发展，它的管理理论和实践应用却需要不断更新。希望本书能够起到抛砖引玉的作用，希望越来越多的学者加入到人力资源管理研究行列，共同探索，共同进步。由于时间和水平的限制，书中难免存在一些不足之处，希望广大读者批评指正！

目　录

第一章　人力资源管理综述 ·· 1
　　第一节　人力资源概述 ·· 1
　　第二节　人力资源管理的基本内容体系 ·· 6
　　第三节　人力资源管理的发展趋势 ··· 8
第二章　职位分析和职位评价 ··· 14
　　第一节　职位分析与职位评价概述 ··· 14
　　第二节　职位分析的内容、方法与实施 ·· 15
　　第三节　职位评价的方法与程序 ·· 23
第三章　人力资源规划 ·· 28
　　第一节　人力资源规划 ·· 28
　　第二节　人力资源规划的程序 ··· 31
　　第三节　人力资源需求和供给预测 ··· 35
　　第四节　当前企业人力资源规划存在的问题与应对措施 ································· 43
第四章　员工招聘 ··· 46
　　第一节　员工招聘概述 ·· 46
　　第二节　员工招聘流程 ·· 50
　　第三节　员工招聘实务 ·· 55
第五章　员工培训与开发 ·· 64
　　第一节　培训与开发概述 ·· 64
　　第二节　培训需求分析 ·· 70
　　第三节　培训计划的制订与实施 ·· 77
　　第四节　培训效果评估 ·· 87

第六章　绩效管理 …… 91

第一节　绩效管理概述 …… 91
第二节　战略性绩效管理 …… 95
第三节　绩效评价的方法 …… 108

第七章　员工薪酬与福利管理 …… 129

第一节　薪酬与薪酬管理 …… 129
第二节　薪酬战略及其模式 …… 134
第三节　战略薪酬体系设计 …… 141
第四节　战略福利体系设计 …… 157

第八章　员工激励 …… 165

第一节　激励概述 …… 165
第二节　激励理论 …… 170
第三节　激励艺术 …… 184

参考文献 …… 192

第一章 人力资源管理综述

第一节 人力资源概述

一、人力资源的概念

资源是一个经济学术语。《辞海》中解释为资财的来源。在经济学上，资源是为了创造财富而投入到生产活动中的一切要素。人力资源是一种特殊资源，它有广义与狭义之分。

广义的人力资源指在一个国家或地区中，处于劳动年龄、未到劳动年龄和超过劳动年龄但具有劳动能力的人口之和。

狭义的人力资源，学术界至今还存在着不同的看法和认识。主要观点如下：雷希斯·列科认为，人力资源是企业人力结构的产生和顾客商誉的价值。

伊万·伯格认为，人力资源是人类可用于生产产品或提供各种服务的活动、技能和知识。

内贝尔·埃利斯认为，人力资源是企业内部成员及外部的与企业相关的人，及总经理、雇员、合作伙伴和顾客等可提供潜在合作与服务及有利于企业预期经营活动的人力的总和。

苏珊·E.杰克逊和兰德尔·S.舒勒在《管理人力资源：合作伙伴的责任、定位与分工》一书中指出，人力资源是组织可以将其看作能够为创建和实现组织的使命、愿景、战略与目标做出潜在贡献的人所具备的可被利用的能力与才干。

国内学者郑绍濂则主要从整个社会经济发展的宏观角度来对人力资源进行界定，认为：人力资源是能够推动整个经济和社会发展的具有智力劳动和体力劳动能力的人们的综合，它应包括数量和质量两个方面。这一点在国内的宏观人力资源问题研究中，具有一定的代表性。

综上所述，人力资源是指一个国家或地区中的人所具有的对价值创造起贡献作用并且能够被组织利用的体力和脑力劳动的总和。

二、人力资源的特征

当代经济学家把资源分为四类，即自然资源，资本资源，信息资源，人力资源。人力资源是这些资源中最重要的资源，是生产活动中活跃的因素，被经济学家称为第一资源。与其他资源相比，人力资源具有如下主要特征：

（一）时效性

所谓时效性是指物质形态在一定时间上的效用。在自然界中有些物质如各种矿产资源不具有时效性而有常效性，无论什么时间和经历多长时间都保持着自身效用；而有些物质资源则有时效性，超过其生命过程的一定阶段就失去效用，一旦错过了它的时效性，往往就无法补救，除非开始另外一个生命过程或者生命周期。而人力资源具有时效性，其主要表现在以下几个方面：

（1）在人的生命过程的不同阶段有着不同的生理和心理特点，人力资源的生成和发挥作用也各有不同的最佳时期。

（2）作为人力资源重要组成部分的知识和技术是人们实践经验的产物，具有一定的时间性。在一定的时间里运用这些知识和技术，就能发挥它的最佳效用；如果闲置不用，超过一定时限，这些知识和技术就可能陈旧、老化、过时，失去其应有的效用（如专利技术）。特别是现代科学技术日新月异、突飞猛进地发展，知识更新周期大为缩短，这就要求人们更加注意人力资源的时效性。

（二）社会性

这一特点决定了在人力资源的使用过程中需要考虑工作环境、工伤风险、时间弹性等非经济和非货币因素。自然资源只有自然性，而人力资源除具有自然性之外，更重要的是它的社会属性。这是人力资源区别于自然资源的根本之处。人力资源的社会性主要表现在以下几个方面：

（1）人力资源只有在一定的社会环境和社会实践中才能形成、发展和产生作用。人是社会的群体，离开社会群体而完全孤立的个体的人是不可能存在的。作为人力资源的人的劳动能力，是在劳动过程中才得以形成和提高的能力。而劳动，特别是生产劳动，在任何时候都是人们结成一定社会关系从事改造自然的活动和过程，是社会的实践活动。

（2）人力资源的开发、配置、使用和管理是人类的有意识的自觉活动。劳动是人的脑力和体力在生产使用价值过程中的运用，也可以说是人力资源的开发、配置、使用和管理的过程。人类的有意识的自觉活动不但表现为对自然资源的开发利用，是经过思考的，有计划、有目的的，而且随着社会生产力的发展，还表现为对人类自身蕴藏的人力资源的开发、配置、使用和管理。这也是经过思考的，有计划、有目的的，也是有意识的。而意识的本质则是社会的，是在人与人之间的相互交往中才得以产生和发展的。

（三）连续性

人力资源不仅存在时效性，同时还有连续性，两者是密切联系的。人力资源的连续性，首先，表现为知识的不断积累过程。虽然每一个人所掌握的知识会随着社会和技术的变化而被淘汰，但新的科学技术成果的出现及个人能力的提高均是建立在以前知识的积累之上的。没有以前知识的积累，整个人类社会就无法获得真正的发展。每一个人均需不断地学习以时刻跟上时代的变化，才能提升自身的素质和能力。其次，从作为人力资源的内容即体力和脑力的发展过程来看，既有阶段性，又有连续性。许多知识和技术特别是应用性的知识和技术只有阶段性的时效，超过一定阶段就会老化，但各学科和各阶层知识和技术又是互相联系的，在它们之间总存在某些共同的基础性的东西。正因为各个学科之间的相互联系性，人力资源管理才得以更好地发展。从作为人力资源的载体，即人的生理和心理过程来看，人力资源时效性的最高峰是青壮年期，但应该看到许多人少年得志，由于不断地学习，注重了自身能力的不断开发，在其高峰期以后还可能延续相当长的高峰时期，甚至还可能出现第二个高峰期，如居里夫人、齐白石等。因此，在人力资源管理过程中，每一个组织都要注重人力资源水平的培训和持续开发工作。对于每一个人而言，"活到老，学到老"的古训都是有意义的。

（四）可再生性

自然资源和物质资源一旦灭绝或耗尽，就不可能再生，但人力资源是以人为天然的载体，是一种"活"的资源，并与人的自然生理特征相联系，却是可再生的。人力资源的再生产性是指人口的再生产和劳动力的再生产，社会通过人口总体和劳动力总体内各个个体的不断更换、更新和恢复的过程，实现人口的再生产和劳动力的再生产。"长江后浪推前浪，一代更比一代强"正说明了这个道理，任何社会都不会因为某一个人或伟人的去世而停滞不前。

（五）主导性和能动性

任何组织作为一个由人、财、物组成的有机系统，其组织的第一资源都是人。只有人合理地支配其他资源，才能使得组织科学合理地存在和发展。人类不同于自然界其他生物，人类活动在于其具有目的性、主观能动性和社会意识。人类不仅能适应环境，而且能积极地改造环境；不仅能适应历史，而且能创造历史，人类的这种能力使他同动物彻底地区别开来。人力资源的能动性主要表现在：知识和技术的创新、功利化的投向和自我强化。人类的自我调控功能使其在从事经济活动时，总是处在发起、操纵、控制其他资源的位置上。它能根据外部的可能性和自身的条件和愿望，有目的地确定经济活动的方向，并根据这一方向具体地选择、运用外部资源或主动适应外部资源。

（六）有限性和无限性

任何一种自然资源都是有限的存在，都只能有限地满足人的需要，某些自然资源一旦灭绝或者消耗殆尽，就可能不复存在。当然某种资源枯竭了，人们又会开发新的资源。但这是就人们认识和开发自然资源的能力来说的，而不是自然资源本身。人力资源就其具体形式，即具体表现于某个人、某群人或者某一代人来说，也同自然资源一样也是有限的，但有限之中包含着无限，人力资源是有限和无限的统一。作为人力资源物质载体的人既是自然的人又是社会的人。人的生理条件和社会环境既为人的体力和脑力发展提供了有利条件，但同时又是一种制约因素。任何人都只能在自身的生理条件和社会环境所许可的范围内形成、发展和运用自身的体力和脑力资源。任何个体和群体的人力资源都是有限的，它的开发和使用是有条件的。从人的个体而言，每个人的生命过程都是有限的，但在他生命完结之时，人力资源特别是智力资源开发和使用的过程是不会停止的。从人类时代延续的过程来看，每一代人所拥有的智力资源都是有限的，但人类一代又一代的延续过程是无限的，而每一代人都把他们的知识和技术以及其他认识成果传输给下一代，世世代代地相传相承，形成一条永无止境的知识长河。

三、与人力资源相关的概念

（一）人才资源

人才资源是指一个国家或地区中具有较多科学知识、较强劳动技能，在价值创造过程中起关键或重要作用的那部分人的总称，主要用来指代人力资源中比较优秀的、杰出的那一部分。

人才资源是人力资源的一部分，尤其是人力资源中比较优质的那部分资源。它们之间的区别主要是由质量决定的。我们知道，人力资源是具有智力劳动能力或体力劳动能力的人的总和，人才资源主要是用来形容人力资源中各项能力处于高端部分的那一部分。

（二）劳动力资源

劳动力资源是指一个国家或地区，在一定的时期内拥有的劳动力的数量和质量的总和所构成的总的劳动适龄人口。在判断一个国家的劳动力资源的大小上，不仅要看其总的数量，更要看其质量，尤其是劳动者的生产技术水平、文化科学水平和健康水平。根据我国劳动就业制度规定，男的年满18岁到60岁，女的年满18岁到55岁，都可被列为劳动力资源。

与人力资源相比，劳动力资源是相对较小的一部分，这是因为人力资源中还包括一些暂时还未成为劳动力，但以后能够成为劳动力的人口。

（三）人口资源

人口资源是指一个国家或地区所拥有的人口的总量，它是一切人力资源、人才资源产生的基础，是人力资源和人才资源存在的依据和基石，它主要表现为人口的数量，重在数量。

人力资源是人口资源的一部分，二者之间的区别主要是由划分标准不同而产生的。人口资源重在数量，人力资源重在质量。

（四）人力资本

人力资本是就物质资本而言的。目前对于"什么是人力资本？"这一问题也没有统一的界定和定义，但是大多数专家学者都比较倾向于人力资本理论创始人T.W. 舒尔茨和G.S. 贝克尔关于人力资本概念的表述。舒尔茨认为，人力资本（human capital）是"人民作为生产者和消费者的能力""人力资本是一种严格的经济学概念……它之所以是一种资本是因为它是未来收入或满足，或未来收入与满足的来源"。由此我们可以知道，舒尔茨认为人力资本是劳动者身上所具备的两种能力。这两种能力的来源之一是通过先天遗传以及每个人与生俱来的基因来实现的，另一种来源则是通过个人在后天环境中努力学习来实现的。

因此，我们比较认同下面这个定义：人力资本是通过人力资本投资形成的、基于在劳动者身上并能够为其使用者带来持久性收入来源的劳动能力，是以一定的劳动者的数量和质量为表现形式的非物质资本。一般情况下，劳动者的知识、技能以及体力（健康状况）等都是人力资本的构成部分。与此同时，这一定义还具有以下含义，即：

（1）人力资本是一种能够为其使用者带来持久收入的能力，它作为资本具有相当大的生产性

（2）人力资本的获取或人力资本存量的增加，必须通过有意识地对人力资本的投资才能完成。

（3）人力资本并非指劳动者本身，而是指劳动者所具有的知识、技能以及体力等。

从其概念我们可以知道人力资本所具有的某些特点：

首先，人力资本能够为其所有者和使用者带来收益，主要体现为一种收入能力。其次，人力资本是投资的产物和结果；再次，人是人力资本的唯一载体，二者相互依存，这也是人力资本的最大特征，是它与其他一切形式资本的最本质的区别。

人力资源和人力资本这两个概念产生的基础都是人，研究的对象也都是人所具有的脑力和体力，因此我们在学习的过程中必须分清其异同，正确地掌握二者之间的关系。

二者之间有一定的相似之处，它们都是以人为基础的，二者都是在研究人力作为生产要素在经济增长和经济发展中的重要作用时产生的。不仅如此，人力资源经济活

动及其收益的核算是基于人力资本理论进行的，现代人力资源管理理论大部分都是以人力资本理论为根据的，人力资本理论是人力资源管理理论的重点内容和基础部分。

虽然它们是密不可分的，但这二者之间的区别也是很大的。

首先，二者在与社会财富和社会价值的关系上是不同的。

人力资本是由投资而形成的，强调以某种代价获得的能力或技能的价值，投资的代价可在提高生产力过程中以更大的收益收回。因此劳动者将自己拥有的脑力和体力投入到生产过程中参与价值创造，就要据此来获取相应的劳动报酬和经济利益，它与社会价值的关系是一种典型的因果关系。而人力资源与社会价值的关系恰恰与之相反，是一种由果溯因的关系。人力资源作为一种资源，强调人力作为生产要素在生产过程中的生产、创造能力，强调这些能力对创造价值所起的贡献作用。在生产过程中，人力资源可以创造产品、创造财富，有效促进经济的发展。

其次，二者研究问题的角度和关注的重点也不同。

人力资本是从成本收益的角度来研究人在经济增长中的作用，主要是指通过投资形成的存在于人体中的资本形式，尤其是投资的物质资本在人身上的价值凝结，它强调的是投资付出的代价及其收回，考虑的重点是投资成本能够带来的价值和收益，研究的重心是价值增值的速度和幅度，关注的焦点是收益问题，即投资能否带来收益以及收益的多少问题。人力资源则不同，是从投入产出的角度来研究人对经济发展的作用，因此它将人看作财富的来源，关注的焦点是产出问题，也即人力资源对经济发展的贡献以及对经济发展的推动力。

最后，二者的计量形式也是不同的。

从各自的定义我们可以知道，人力资本往往表现为不断积累的经验、不断增进的技能、不断变化的产出量、不断损耗的体能、投入到教育培训、迁移和健康等方面的资本在人身上的凝结，其计算形式既与流量核算相联系，又与存量核算相联系。人力资源的计量形式只与存量核算有关。

第二节 人力资源管理的基本内容体系

人力资源管理是指企业的一系列人力资源政策及相应的管理活动。这些活动主要包括企业人力资源战略的制定，员工的招募与选拔，培训与开发，绩效管理，薪酬管理，员工流动管理，员工关系管理，员工安全与健康管理等。即企业运用现代管理方法，对人力资源的获取（选人）、开发（育人）、保留（留人）和使用（用人）等方面所进行的计划、组织、指挥、控制和协调等一系列活动，最终达到企业发展目标的一种管理行为。人力资源管理的基本内容包括：

一、人力资源战略与规划

把企业人力资源战略转化为中长期目标、计划和政策措施，包括对人力资源现状分析、未来人员供需预测与平衡，确保企业在需要时能获得所需要的人力资源（包括数量和质量两个方面）。

二、工作分析与设计

对企业各个工作职位的性质、结构、责任、流程，以及胜任该职位工作人员的素质、知识、技能等，在调查分析所获取相关信息的基础上，编写出职务说明书和岗位规范等人事管理文件。工作分析是人力资源各项工作的基础，工作分析的信息被用来规划和协调几乎所有的人力资源活动。

三、员工招聘与录用

根据人力资源规划和工作分析的要求，为企业招聘、选拔所需要的人力资源并录用、安排到一定岗位上。

四、员工培训与开发

通过培训提高员工个人、群体和整个企业的知识、能力、工作态度和工作绩效，进一步开发员工的智力潜能，以增强人力资源的贡献率，改进组织的绩效。

五、绩效管理

对员工在一定时间内对企业的贡献和工作中取得的绩效进行考核和评价，及时做出反馈，以便提高和改善员工的工作绩效，并为员工培训、晋升、提薪等决策提供依据。

六、薪酬管理

包括对基本薪酬、绩效薪酬、奖金、津贴及福利等薪酬结构的设计与管理，以激励员工更加努力地为企业工作。

七、劳动关系管理

协调和改善企业与员工之间的劳动关系，进行企业文化建设，营造和谐的劳动关系和良好的工作氛围，保障企业经营活动的正常开展。

八、国际人力资源管理

21世纪的企业将面向全球经营与竞争，要获得其竞争优势，企业的人力资源管理工作也必须面对全球化，即在跨国经营环境下，掌握跨国文化下企业的人力资源管理问题，掌握影响国际人力资源的环境因素及国际企业人力资源开发与管理的过程。

九、人力资源研究

企业要实现战略目标，管理者必须重视对人力资源管理工作的研究，即通过对企业人力资源管理者诸环节的运行、实施的实际状况、制度建设和管理效果进行调查评估，分析和查找企业人力资源管理工作的性质、特点和存在的问题，提出合理化的改革方案，使员工的积极性和创造性被充分调动起来。

第三节 人力资源管理的发展趋势

一、人力资源管理的发展

人力资源管理是生产力发展到一定阶段的产物，随着生产力的发展和员工素质的提高，人力资源管理的理念和模式不断地被调整，以适应新的管理环境的需求。人力资源管理理论经历了从无到有、由简单到成熟的不断发展和完善的过程。其形成和发展过程可以划分为以下五个阶段：

（一）手工艺制作阶段

这一阶段是人力资源管理萌芽的阶段，生产的形式主要以手工作坊为主。为了保证工人具有合格的技能，工厂主对工人技能的培训是以组织的方式进行的。这些手工业行会由一些经验丰富的师傅把持，每一个申请加入的人都需要经过一个做学徒工的时期。由于此时的管理主要是经验式管理，因而各种管理理论只是初步提出，尚未形成系统化。

（二）科学管理阶段

随着欧洲工业革命的爆发，大机器生产方式成为主流。农村人口大量拥入城市，雇佣劳动产生，雇佣劳动部门也随之产生。工业革命的一个显著的特征即机械设备的发展，用机器取代人力和寻求更高效的工作方法，成为当时管理的首要问题。工业革命促使劳动专业化水平及生产效率的提高，这就需要有专职的部门对员工进行管理和培训，管理人员随之产生，同时人们开始了对人力资源管理的研究。

美国著名管理学家、经济学家，被后世称为"科学管理之父"的弗雷德里克·泰勒在其著作《科学管理原理》中阐述了以效率为核心的劳动力管理，认为对员工的管理不应完全偏重于消极的防范与监督，而应通过选用、培训、考核、物质刺激等方式来调动和发挥其积极性，提高劳动生产率。

这一时期人力资源管理的特点是：把人视为"经济人"，把金钱作为衡量一切的标准，仅强调物质因素对员工积极性的影响，人力资源管理主要是雇佣关系，工人处于被动执行和接受指挥的地位。而以工作定额、工作方法和工作环境标准化为主的管理方式，则开始对劳动效果进行科学合理的计算；根据标准化的方法，有目的地对员工实施培训，根据员工的特点分配适当的工作；明确划分了管理职能和作业职能，劳动人事管理部门随之出现。

（三）人际关系运动阶段

霍桑试验拉开了人际关系运动的大幕。1924—1932年，在芝加哥西方电气公司霍桑工厂进行了著名的霍桑试验。这一试验的最初目的是根据科学管理原理，探讨生产环境对劳动生产率的影响。试验结果出乎研究者预料，不论照明强度提高还是降低，产量都增加了，试验者对这一结果无法找到合理的解释。于是，自1927年开始，从哈佛商学院请来了梅奥教授和他的同事加入试验中。又经过了福利试验、访谈试验、群体试验和态度试验，到20世纪30年代初，得到的研究结果表明，生产率直接与员工士气有关，而员工士气的高低取决于主管人员对工作群体的重视程度、非强制性的改善生产率的方法和工人参与变革的程度。

霍桑试验的结果启发人们进一步研究与工作有关的社会因素的作用。首先，肯定人是"社会人"，而不是"经济人"，即人是复杂社会系统的成员，人除了物质需求外，还有社会、心理等方面的需求。另外，在管理形式上，企业中除了正式组织外还存在非正式组织，管理者要重视非正式组织的作用。

（四）行为科学阶段

20世纪50年代，人际关系学说进一步发展成为行为科学理论。行为科学是所有以行为作为研究对象的科学的总称，包括心理学、社会学、社会心理学、人类学、政治学等。它重视对个体心理和行为、群体心理和行为的研究和应用，侧重于对人的需要和动机的研究，这都与人力资源管理有着直接的关系，从而也为人力资源管理奠定了理论基础。

（五）学习型组织阶段

所谓学习型组织是指具有持续不断学习、适应外界变化和变革能力的组织。在一个学习型组织中，人们都可以抛开他们原有的思考方式，能够彼此开诚布公地去理解组织真正的运作方式，去构建一个大家都能一致同意的计划或者愿景，然后一起同心协力实现这个目标。"以人为本"的管理理念得到了进一步发展。

二、人力资源管理面临的挑战

在科技和信息高度发达的知识经济时代，面对汹涌而来的新世纪大潮，企业面临前所未有的严峻挑战，人力资源管理只有适应不断发展的新形势，顺应历史潮流，才能在激烈的竞争中立于不败之地。人力资源管理作为获取竞争优势的重要工具，面临着前所未有的挑战。

（一）全球化的挑战

随着世界经济一体化的步伐加快，知识经济和信息经济时代的到来，市场环境变化快速，只有那些思维敏捷、竞争力强的企业才能在风云变幻的市场中立于不败之地。而人力资源管理是企业管理的重要组成部分，同样面临着来自外部环境的各种挑战。具体表现在生产要素在全球范围内加速流动，国家之间的经济关联性和依存性不断增强。人力资源管理的内容和方法在经济一体化进程中面临不同的政治体制、法律规范和风俗习惯的冲击。

（二）技术进步的挑战

面对激烈竞争的市场，组织必然要不断提高劳动生产率，提高产品质量，改善服务。而技术的进步可以使企业更有竞争力，同时改变工作的性质。于是，新技术便应运而生。网络技术的发展改变了人们的工作和生活方式，被广泛应用于人力资源管理的各个领域。这些新技术的出现，必然会给人力资源管理带来新的挑战，同时带来生机和活力。组织只有很好地利用这些新技术，才能在竞争激烈的当今社会立于不败之地。

（三）管理模式创新的挑战

传统的人力资源管理模式大体上可以分为以美国为代表的西方模式和以日本为代表的东方模式两大类。西方模式的特点是注重外部劳动力市场，人员流动性大，对抗性的劳资关系，薪资报酬较刚性等；而东方模式则注重内部招聘和提拔、员工教育培养、团队参与管理、工资弹性等。在历史上，两种模式都被证明是有效的，但都存在一定的缺陷。知识经济时代，人力资源管理模式将是人本管理模式、团队管理模式、文化管理模式、以知识管理为中心的企业管理模式等几种管理模式的交融与创新，它要求管理要以人为中心，人处于一种主动的地位，要尽可能地开发人的潜力，知识管理和企业文化在人力资源管理中被提到新的高度。组织既要做好适应全球经济竞争加剧的准备，又要真正认识到人才才是企业最重要的战略资源，应利用企业文化来感染员工、凝聚员工，塑造新的、更具竞争能力的员工队伍。团队优势，以知识管理为中心，来适应知识经济时代下人力资源管理模式创新的挑战。

（四）组织结构变革的挑战

传统的层级化、组织化结构以直线制为代表的纵向一体化模式，强调命令与控制，清楚自己的工作在整个组织中的作用和地位，晋升路线明显，组织中的报告关系清楚，便于协调员工的工作以实现组织的目标。但是，公司越大就会造成越多的职能层级，过多的层级把不同阶层的雇员分割开来，并造成诸如机构臃肿、官僚作风、效率低下等弊端；明确的层级划分损害了员工的积极性和创造性，决策过程的烦琐阻碍了竞争优势的发挥。

在知识经济时代下，企业的组织结构呈现扁平化、网络化、柔性化。这种组织结构提高了员工的通用性和灵活性。组织根据各自员工的专长组成各种工作小组，以完成特定的任务，而不再是对员工的具体任务有明确规定的传统的金字塔式的结构，这使得主要承担上下之间信息沟通的中间管理层失去了应有的作用而遭到大幅精简，员工的晋升路线也不再局限于垂直晋升，广泛的是水平的晋升。例如，角色互换。这些变化相应地对人力资源管理提出了新的要求，管理者需要从战略高度重视人力资源的开发与管理，以确保员工拥有知识、技能和经验的优势，确保人员配置实现优化组合。组织结构的变革将是今后一段时间企业面临的重要问题。

三、人力资源管理发展的新趋势

随着企业管理的逐渐发展，企业越来越重视"人"的作用。逐渐提高了人力资源是企业最重要的资源这一认识。因此，人力资源管理成为现代企业发展中一项极为重要的核心技能，人力资源的价值成为企业核心竞争力衡量的关键性标志之一。随着经济全球化的发展，人力资源管理受到了重大的影响和挑战，如信息网络化的力量、知识与创新的力量、顾客的力量、投资者的力量、组织的速度与变革的力量等。21世纪，人力资源管理既有着工业文明时代的深刻烙印，又反映着新经济时代游戏规则的基本要求，从而呈现出新的发展趋势。

（一）人力资源战略地位日益加强

新形势下，人力资源管理要为企业战略目标的实现承担责任。人力资源管理在组织中的战略地位上升，并在组织上得到保证，如很多企业成立人力资源委员会，使高层管理者关注并参与企业人力资源管理活动。人力资源管理不仅是人力资源职能部门的责任，而且是全体管理者的责任。企业高层管理者必须承担对企业的人力资源管理责任，关注人力资源的各种政策。

(二)以人为本,"能本管理"

随着知识经济和信息时代的到来,工业时代基于"经济人"假设的人力资源管理工具越来越不适应管理实践的发展,人力资源管理趋向于以"社会人""复杂人"为假设的人本管理。人本管理要求管理者注重人的因素,树立人高于一切的管理理念,并在其管理实践过程中形成一种崭新的管理思想,就是以人的知识、智力、技能和实践创新能力为核心内容的"能本管理"。"能本管理"是一种以能力为本的管理,是人本管理发展的新阶段。"能本管理"的本质就是尊重人性的特征和规律,开发人力,从而尽可能地发挥人的能力,以实现社会、组织和个人的目标。

(三)着眼于激发员工的创造性

创新是企业的生命和活力,更是企业生存和发展的决定因素,知识经济时代的核心特征是涌现大批持续创新的人才。因此,企业人力资源管理的重点就是要激发人的活力、挖掘人的潜力、激活人的创造力,通过引导员工了解企业发展目标,围绕具体项目,赋予他们一定的处置权和决策权,并完善相关的薪酬晋升和约束机制,鼓励员工参与企业管理和创新,给予他们足够的信任,使其感到自己对企业的影响力,从而释放人力资源的创造潜能,为企业发展开辟永不枯竭的动力源泉。

(四)人力资本特性突出

人力资本是指企业员工所拥有的知识、技能、经验和劳动熟练程度等。在当今知识经济时代,知识、技术和信息已成为企业的关键资源,而人是创造知识和应用知识的主体。因此,人力资本成为企业最关键的资源,也是人力资源转变为人才优势的重要条件。现代人力资源管理的目标指向人的发展,就是要为员工创造良好的工作环境,帮助或引导员工成为自我管理的人,在特定的工作岗位上创造性地工作,在达到企业功利性目标的同时,实现员工全面的自我发展。应该注意的是,人力资本不仅是一种资本,也是一种实际的投资行为,因而人力资本的投入是要求有一定的收益相匹配的。

(五)人力资源管理全球化、信息化

随着世界各国经济交往和贸易的发展,全球经济日益成为一个不可分割的整体,这种经济变化趋势已彻底改变了竞争的边界。国际竞争的深化必然推动企业在全球内的资源配置,更包括人力资源的全球配置。管理人力资源的难度、培训的难度、不同文化的冲突、跨文化管理,都将成为企业人力资源管理的重要课题。此外,知识经济也是一种信息经济、网络经济,人力资源也将逐步融入信息时代,呈现出鲜明的信息化和网络化特征。

企业要想使自己的人力资源管理顺应时代发展的潮流,就应该牢牢把握住人力资源管理发展的新趋势。与时俱进,不断创新,在符合人力资源管理发展方向的前提下,结合自己企业的特点,制定出切实可行的人力资源管理政策,为企业保驾护航,伴企

业一路前行。

　　人力资源，又称劳动力资源或劳动力，是指能够推动整个经济和社会发展、具有劳动能力的人口总和。人力资源是一切资源中最宝贵的资源，是第一资源。人力资源包括数量和质量两个方面。通常来说，人力资源的数量为具有劳动能力的人口数量，其质量指经济活动人口具有的体能、文化知识和劳动技能水平。人力资源具有能动性、时代性、时效性、持续性、消耗性、社会性等特点。

　　人力资源管理，是指运用科学方法，协调人与事的关系，处理人与人的矛盾，充分发挥人的潜能，使人尽其才，事得其人，人事相宜，以实现组织目标的过程。在西方学者的视野中，人力资源管理的产生和发展大致可以划分为五个阶段：手工艺制作阶段、科学管理阶段、人际关系运动阶段、行为科学阶段、学习型组织阶段。人力资源管理活动包括以下内容：人力资源战略与规划、工作分析与工作设计、员工招聘与录用、员工培训与开发、绩效管理、薪酬管理、劳动关系管理、国际人力资源管理、人力资源研究等。但随着环境和时代的变革，人力资源管理的发展也呈现出新的趋势。

第二章 职位分析和职位评价

第一节 职位分析与职位评价概述

一、职位分析与职位评价的概念

（一）职位分析的含义

职位分析是对企业各类职位的性质、任务、职责、劳动条件、劳动环境以及任职者承担本职位任务应具备的资格条件进行的系统分析和研究过程。更确切地说，它是以企业中各员工的工作职位为对象，采用科学的方法，进行职位调查，收集有关信息，对职位进行分析、评定，制定职位规范、职位说明书等各种人力资源管理文件，为人员的招收、调配、考核、培训、升降、奖惩以及报酬给付提供客观依据的人力资源管理活动的总称。职位分析中会涉及以下几组概念：

1. 任务、职责和职权

任务是指为达到某一明确目的所从事的一系列活动。职责亦称责任，是指由一个人担负的一项或多项任务组成的活动。例如，营销人员的职责之一是进行市场调查，建立销售渠道。职权是指依法赋予职位的某种权力，以保证履行职责，完成工作任务。一项职责一般包括若干项任务，而职责的完成需要相应的职权来支持。

2. 职位、工作和职业

职位即岗位，是指组织要求个体完成的一项或多项责任以及为此赋予个体的权利的总和。工作是指一组主要职责相似的职位所要完成的任务。职业是由不同组织中相似工作构成的工作属性。

3. 职系、职组、职级和职等

职系又称工作族，是指一些工作性质相同而责任轻重和困难程度不同的职位系列。工作性质相近的若干职系综合而成为职组。职级是指工作内容、困难程度、责任大小、所需资格皆很相似的职位。工作性质不同或主要职务不同，但其困难程度、责任大小、工作所需资格等条件相同的职级为同一职等。一般来说，一个企业的职位可以分为若干职组，每个职组又包含若干职系，每个职系可以划分为若干职级，职等是各职系之间的职位进行横向比较的工具。

（二）职位评价的概念

职位评价又称岗位评价或工作评价，是以职位任务在整个工作中的相对重要程度的评估结果为标准，以某具体职位在正常情况下对任职者的要求进行系统分析和对照为依据，实际测定每一职位在组织内部工资结构中所占位置的一种技术。

制定出职位规范和职位说明书之后，职位已经被客观地确定下来了。根据这些文件对职位的规定，每一职位在职位体系中的相对重要程度已被确定，职位评价的目的就是要找出这种相对程度，作为制定工资结构的参考依据之一。

二、职位分析的结果文件

职位分析的主要结果文件是职位说明书，它主要包括以下内容：

（1）职位名称。

（2）职位编号（可按职位评价与分级的结果对职位进行编码）。

（3）本职位说明，主要包括：①本职位的性质、特征、与其他职位的区别。②本职位的劳动强度、工作繁简及难易程度、责任大小、劳动环境和条件。③本职位的工作程序和工作举例。④本职位与其他职位的关系，以及职务升迁、变动路线。⑤本职位其他方面的说明。

（4）资格条件。资格条件指担任本职位的人员应具有的基本资格和条件，如性别、年龄、身体条件、经验、学识、技能等。

（5）职位评价与分级。它说明本职位的相对价值、在生产中的地位和作用，以及归级等情况。

职位说明书的格式有多种，可根据具体内容和情况进行编制。

第二节 职位分析的内容、方法与实施

一、职位分析的内容

职位分析是一种确定完成各项工作所需技能、责任和知识的系统过程，是人力资源管理工作的基础。

（一）职位的任务与责任

（1）职位的名称、工种和职务。

（2）职位任务的性质、内容、形式、操作步骤、方法，使用的设备、工具和操作对象。

（3）职位对资金、设备、工具、原材料等在使用与保管方面的责任。

（4）对职位任务在数量、质量和工作效率方面的规定。

（5）职位对维护企业信誉、市场开发、产品设计、生产工艺等方面的责任。

（6）职位的安全责任。

（7）职位的工作强度与工作环境。

（二）承担职位的资格条件

1. 工作经验

工作经验是工作者承担本职位以前在其他类似或相关职位上工作的实践经验。不论是工作前还是培训后的工作经验，都是圆满完成工作所必需的。

2. 智力、知识水平

智力水平涉及头脑反应、注意力集中程度与计划等方面。知识水平体现一个人在文化修养和专业知识方面的综合水平。这两项条件是当工作调整或工作中遇到紧急情况时所需要的，可以用以下能力来衡量：

（1）主动性：独立工作，独立判断，独立制订工作计划的能力。

（2）判断能力：根据一系列原始材料，自己做出决策的能力。

（3）应变能力：在工作过程处理突发事件、做出适当调整的能力。

（4）敏感能力：在工作中集中精力、避免失误的能力。

（5）学历。

3. 技巧和准确性

技巧和准确性是指达到工作要求的速度和精确程度所需要的操作能力。技巧侧重于速度和敏捷性方面的要求，如打字员每分钟要求打 80 个汉字；准确性侧重于操作设备时产生的误差方面的要求，如切削三次后误差小于 0.0005cm。

4. 体力要求

体力要求是指工作本身对工作人员在体力方面的压力。需要强调的是，这种压力是与工作本身相联系的，而不是个人出于自愿的表现，如在空闲时间举哑铃；也不包括偶然性的指派，如替人值班。体力要求用体力活动的频率和剧烈程度来衡量，必要时还要说明什么样的残疾人可以聘用。

（三）与其他职位的关系

企业中每个职位都有特定的功能，各职位之间又存在不可分割的联系。各职位之间的关系主要有以下几方面：

（1）各职位之间的协作关系、协作内容。
（2）各职位之间的监督指挥关系：本职位受谁的监督与指挥，它又监督指挥谁？
（3）本职位工作者的升降方向、平调路线。

为了深入研究各职位之间的关系，可采用科学的测定方法，将性质、特点和要求相同或相似的职位划分在同一个工作组内。实践证明，在同一工作组内进行人员调配的成功率大大高于在不同工作组内的人员调配。

（四）其他工作行为的条件

这部分不直接涉及工作责任和质量，通常由政策或企业的临时决议规定，对设立招聘条件有重要参考价值，如工作人员的年龄限制、婚姻状况、国籍、政治面貌等。

二、职位分析的基本方法

科学的职位分析方法是分析职位成败的关键，对职位分析结果的科学性、规范性和有效性有重要影响。职位分析的内容取决于职位分析的目的与用途，且不同组织所进行的职位分析的侧重点会有所不同在开展职位分析时，收集职位分析信息的方法有很多，我们主要介绍观察法、访谈法、问卷法、典型事例法等。

（一）观察法

1. 观察法的概念

观察法是指在工作现场观察员工的工作过程、行为、内容、工具等，以标准格式记录各个环节的内容、原因和方法，并进行分析与归纳总结。这种方法适用于大量标准化的、周期较短的、以体力活动为主的工作。

观察法的优点是职位分析人员能够比较全面和深入地了解工作要求。其缺点有三：一是它不适用于脑力劳动成分比较高的工作，以及处理紧急情况的间歇性工作，如律师、教师、急救站的护士、经理等。二是对有些员工而言难以接受，他们觉得自己受到监视或威胁，从心理上对职位分析人员产生反感，同时也可能造成操作动作变形。三是不能得到有关任职者资格要求的信息。

2. 观察法的注意事项

（1）要注意工作行为样本的代表性。
（2）观察者在观察时尽量不要影响被观察者的注意力，不要干扰被观察者的工作。
（3）观察前要有详细的观察提纲和行为标准。
（4）观察者要避免机械记录，应反映工作内容，对工作信息进行比较和提炼。
（5）观察者的工作应相对稳定，即在一定时间内，工作内容、程序对工作人员的要求不会发生明显变化。

运用观察法时，一定要有一份详细的观察提纲，这样观察才能及时准确。

（二）访谈法

访谈法又称面谈法，是一种应用最为广泛的职位分析方法，是指职位分析者就某个职务或职位面对面地询问任职者、主管、专家等人对工作的意见和看法。

1. 访谈法的准备工作

（1）制订访谈计划

访谈计划应该包括以下几点：明确访谈目标，确定访谈对象，确定访谈时间、地点，准备访谈所需的材料和设备。访谈对象的确定应采取抽样方式，每个职位访谈人数的多少应和该职位的人数相关。确定了访谈人数后，具体名单应由每个部门根据实际情况安排。访谈时间以不打扰正常工作为宜，最好提前通知访谈对象，使其有充分的准备时间，提高访谈效率和成功率。访谈地点应该保持安静、整洁、明亮，方便谈话进行。访谈者和访谈对象的位置安排应自然合理，不要将距离拉得过大，避免给人一种"审问"的感觉。尽量减轻访谈双方的压力，使访谈在轻松的氛围中进行。访谈前要准备计算机、录音机或者录音笔等工具，以便记录访谈情况。

（2）编制访谈提纲

访谈进行以前，应编制访谈提纲。访谈提纲的主要作用是为访谈者提供信息补充，防止在访谈过程中出现严重的信息缺失，确保访谈过程的连贯性。编制访谈提纲时，应根据工作说明书、调查表等有关资料和先前经验设计问题，问题的选择要与访谈目的相关和一致。访谈提纲应根据访谈对象不同而有所区别，要充分考虑访谈对象的文化程度和知识背景，问题的设计要与访谈对象的理解能力吻合，要从一般信息入手逐步深入至问题的细节部分，直到问题已经穷尽或是已经问清楚为止。访谈提纲编制完成后，需要进行有少量访谈对象参加的试访谈，然后补充完善，直至形成最终提纲。

（3）培训访谈人员

访谈人员要有较强的亲和力、语言表达能力和人际关系协调能力。培训要明确访谈目的、意义，传达访谈计划，对访谈原则、知识、技巧等进行培训。按照访谈分工，各访谈人员要收集并分析现有职位的相关信息，根据实际需要对访谈对象有大致的了解与认识。

2. 访谈的实施

访谈开始之时，要营造气氛，切入访谈话题并介绍访谈流程及有关要求。

按照访谈计划，收集到所有与职位分析相关的信息后，访谈就进入结束阶段。在访谈结束阶段，访谈者应与访谈对象再次沟通，并感谢访谈对象的参与。如有需要，可告知对方再次深入访谈的有关安排。

3. 访谈法应注意的问题

（1）与主管人员合作

进行访谈前,应与主管人员密切合作,寻找那些对工作内容最了解、最可能对自己所承担的工作任务和职责进行客观描述的工作承担者,以获得最有价值的信息。用访谈法收集岗位信息一般有三种类型:访问单个员工;与从事同种工作的多个员工座谈;访问一个或多个主管人员。

(2)与访谈对象建立融洽的沟通关系

访谈是双方面对面的交流互动过程,访谈双方的情绪和心态对于访谈效果起着相当关键的作用。从这个意义上说,在访谈初始阶段与访谈对象建立平和、互信的沟通关系显得格外重要。如果使用计算机、录音机、录音笔等工具进行记录,应征求访谈对象的同意和许可。

(3)对访谈过程进行有效引导,确保获得有效信息

根据访谈的进程,要对相关信息进行提示,引导访谈对象的思维。要让访谈对象多开口说话,这样才能使收集的信息更加客观,不带访谈者主观强加的意愿。随着访谈的逐步深入,所谈内容由浅入深、由易到难,应逐步趋于具体、详细。如果访谈对象对一个问题没有阐述清楚,访谈者也可以及时追问,使其更加详细地描述出来。

(4)有效控制访谈过程,确保访谈不偏离主题

访谈者还应控制整个访谈的时间和主题,可以及时总结相关话题,不在无关问题上纠缠。在访谈中,许多访谈对象,尤其是职位比较低的人,往往把访谈视为陈情诉苦的机会,把话题转移到他所希望的问题上去。此时,访谈者只能记录现实存在的情况,以保证资料的真实性,同时要努力维持轻松的交流氛围。

(5)访谈时,应尽力避免谈论涉及员工个人的信息

一方面要引导访谈对象谈论与工作有关的信息;另一方面应"被动"地接收信息。所谓的"被动"就是只衡量、评价、分析工作内容,而不评价该职位上的某位员工怎么样。

4.访谈数据的整理

(1)与访谈对象的直接主管沟通,确定所收集信息的真实性和有效性。

(2)剔除无效信息。在整理访谈记录时,应找出同一职位的共性,同时将访谈对象没有针对问题做出的回答或具有明显偏差的信息删除。

(3)记录分类。在全部访谈结束后,应将整理好的访谈记录分类,将同一职位的访谈记录放在一起,将同一部门的职位归类,以便对访谈结果进行分析。

(4)形成初步职位分析文件。

5.访谈法的优缺点

访谈法的优点:可以对工作者的工作态度与工作动机等较深层次的内容有比较详细的了解;适用面广,特别是访谈者不可能实际去做的岗位(如飞行员)或者不可能去现场观察以及难以观察的岗位(如建筑师);在访谈中,访谈者与访谈对象相互交流,

可以验证已获得的其他资料的可靠性;由任职者亲口讲出工作内容,具体而准确;可以使职位分析者了解到直接观察法不容易发现的情况,有助于管理者发现问题;为任职者解释职位分析的必要性及功能;有助于与员工的沟通,缓解紧张情绪。

访谈法的缺点:需要专门的技巧,需要受过专门训练的职位分析人员;比较费时、费力,工作成本较高;收集到的信息往往扭曲、失真;易被员工认为是对其工作业绩的考核或是一种薪酬调整的依据,故而夸大或弱化某些职责。

(三) 问卷法

问卷法是通过精心设计的问卷获取关于某职位的工作内容、工作特征和人员要求等信息的方法。

1. 问卷法的基本步骤

(1) 问卷设计

问卷法的第一步是根据职位分析的目的、用途,设计个性化的问卷。设计问卷时应考虑填写说明、问卷所含项目、阅读难度、填写难度、问卷长度等,特别要注意根据不同目的的使用不同类型的问卷。若职位分析用于薪酬设计,可以使用结构化程度较高的问卷,便于量化计分;针对管理者的职位分析,则可使用专业问卷。

问卷中的问题要明确,语言应简洁易懂,必要时可以附加说明;要按照逻辑顺序排列问题,可按照时间先后顺序、外部到内部顺序安排;容易回答的问题放在前面,难以回答的开放式问题放在后面;要针对具体对象和调查内容,先问范围广泛的、一般的问题,后问与职位相关性很强的问题;要包含职位分析所需的全部内容。问卷不宜过长,可以采用不同形式提问,以引起回答者的兴趣。

(2) 问卷试测

设计好的问卷初稿在正式使用前应选取小部分职位进行测试,试测过程中出现的问题要及时加以修订和完善,确保问卷的科学性与合理性。

(3) 样本的选择与确定

样本可以包括任职者本人、任职者的直接上级和下级以及有代表性的其他相关人员。针对某一具体职位进行分析时,如被调查对象较多,应选取适当的样本。

(4) 调查过程

调查开始时,要进行必要的职位分析辅导,通过公司内部渠道发放职位分析调查问卷。在调查中,要对问卷中的项目进行必要的说明和解释,最好在专家指导下,由受过职位分析专业训练人员开展调查。

(5) 问卷的回收与处理

职位分析人员应按时回收问卷,并认真鉴定,结合实际情况做必要的调整,剔除不合格问卷或重新进行调查,然后将相同职位的调查问卷进行比较分析,提炼准确的信息。

2. 问卷法的优缺点

问卷法的优点：费用低，速度快，节省时间，可以在工作之余填写，不影响正常工作；调查范围广，可用于多种目的、多种用途的职位分析；调查样本量大，适用于需要对很多工作者进行调查的情况；调查的资源可以数量化，由计算机进行数据处理。

问卷法的缺点：设计理想的问卷要花费较多时间，人力、物力、费用消耗比较大；在问卷使用前需进行测试，以了解员工理解问卷中问题的情况，为避免误解，还经常需要职位分析人员亲自解释和说明，降低了工作效率；填写问卷是由被调查者单独进行的，缺少交流和沟通，因此，被调查者可能不配合，不认真填写，从而影响调查的质量。

（四）典型事例法

典型事例法是对实际工作中具有代表性的员工的工作行为进行描述，通过积累、汇总和分类，得到实际工作对员工的要求的方法。运用典型事例法，就要收集大量典型事例并进行归纳。

典型事例法的优点：直接描述工作者在工作中的具体活动，因此可以揭示工作的动态性质。

典型事例法的缺点：收集、归纳典型事例并进行分类需要耗费大量的时间；由于描述的是典型事例，很难对通常的工作行为形成总体概念，而后者才是职位分析的主要目的。

三、职位分析的组织实施

职位分析是对工作进行一个全面评价的过程，这个过程可以分为四个阶段：

（一）准备阶段

准备阶段的任务是了解有关情况，建立与各种信息渠道的联系，设计全盘的调查方案，确定调查的范围、对象与方法。具体工作如下：

（1）确定职位分析的意义、目的、方法与步骤。

（2）组成由职位分析专家、职位在职人员、上级主管参加的工作小组，以精简、高效为原则。

（3）确定调查和分析对象的样本，同时考虑样本的代表性。

（4）根据职位分析的任务、程序，将职位分析分解成若干工作单元和环节，以便逐项完成。

（5）做好必要的准备工作。在进行职位分析之前，应由管理者向有关人员介绍情况，消除有关人员对分析人员的误解，帮助两者建立起相互信任的关系。

（二）调查阶段

调查阶段主要是对整个工作过程、工作环境、工作内容和工作人员等进行全面调查。具体工作如下：

（1）编制各种调查问卷和提纲。
（2）灵活运用观察法、访谈法、问卷法、典型事例法等不同调查方法。
（3）根据职位分析的目的，有针对性地收集有关工作的特征及各种数据。
（4）重点收集工作人员的特征信息。
（5）要求被调查人员对各种工作特征和人员特征的问题发生频率和重要性做出等级评定。

（三）分析阶段

分析阶段是对调查阶段所获得的信息进行分类、分析、整理和综合的过程，也是整个分析活动的核心阶段。具体工作如下：

（1）整理分析资料。将有关工作性质与功能的调查资料进行加工、整理、分析、分门别类，编入职位说明书与工作规范的项目内。
（2）创造性地分析、揭示各职位的主要成分和关键因素。
（3）归纳、总结职位分析的必需材料和要素等。

（四）总结及完成阶段

总结及完成阶段是职位分析的最后阶段，其主要任务是：在深入分析和总结的基础上，编制职位说明书和工作规范。

（1）将信息处理结果写成职位说明书，并对其内容进行检验。
（2）召开职位说明书和工作规范的检验会，将职位说明书和工作规范初稿复印，分发给到会人员。
（3）将草拟的职位说明书与实际工作对比，以决定是否需要再次调查。
（4）修正职位说明书，对特别重要的职位还应按前面的要求进行再次修订。
（5）将职位说明书应用于实际工作中，并注意收集反馈信息，不断完善。
（6）对职位分析工作进行总结评估，以文件的形式将职位说明书确定下来并归档保存，为今后的职位分析提供经验与信息基础。

职位说明书要定期进行评审，看其是否符合实际的工作变化，同时要让员工参与到职位分析的每个阶段中，一起探讨每个阶段的结果，共同分析原因；对职位说明书进行调整时，也要让员工参与其中。只有亲身体验，才能使员工对职位分析有充分认识和认同，进而在实践中有效执行。

第三节　职位评价的方法与程序

一、职位评价的方法

（一）序列法

序列法亦称排列法或排序法，是一种最简单的职位评定方法。它是由评定人员凭借自己的判断，根据职位的相对价值，按高低次序进行排列。评定人员按事先确定的评判标准，对本企业同类职位中的各职位重要程度做出评判，最重要的排在第一位，次要、再次要的顺序往下排列；将所有评定人员对每个职位的评定结果汇总，得到序数后，再将序数之和除以评定人员数量，得到每个职位的平均序数；按平均序数的大小，由小到大评定出各职位的相对价值次序。例如，由甲、乙、丙3人对A、B、C、D、E、F、G这7个职位进行评定。

（二）分类法

分类法又称归级法，是排列法的改进，它按照生产经营过程中各类职位的作用和特征，将企业的全部职位分成几个大系统，如产品经营销售系统，技术设计应用系统，财务会计核算系统，物资保管，运输系统，人力资源管理系统，生产管理系统，后勤服务系统，动力供应系统，安全保护系统等。每个大系统按其内部结构、特点可分为若干子系统，再将各个系统中的各职位分成若干层次，最少为5~6档，最多为15~20档。

1. 分类法的优点

（1）比较简单，所需经费、人员和时间相对较少。在工作内容不太复杂的部门，能在较短的时间内得到满意结果。

（2）因等级标准的制定遵循一定依据，其结果比排列法准确、客观。

（3）出现新工作或工作变动时，统一按照等级标准迅速确定其等级。

（4）应用灵活，适用性强，为劳资双方谈判及争端解决留有余地。

2. 分类法的缺点

（1）职位等级的划分和界定存在一定难度，带有一定主观性。

（2）较粗糙，只能将职位归级，无法衡量职位间价值的量化关系，难以直接运用到薪酬体系中。

（三）评分法

评分法也称点数法，首先选定职位的主要影响因素，并采用一定点数（分值）表示每一因素，然后按预先规定的衡量标准，对现有职位的各个因素逐一评比、估价，求得点数，经过加权求和，最后得到各个职位的总点数。

根据职位的性质和特征，各类职位评价的具体项目有所不同。车间内各生产职位的评价项目包括：体力劳动的熟练程度；脑力劳动的熟练程度；体力和脑力劳动强度、紧张程度；劳动环境、条件对劳动者的影响程度；工作危险性；对人、财、物以及上下级的责任等。职能科室各管理职位的评价项目包括：受教育程度；工作经验、阅历；工作复杂程度；工作责任；组织、协调、创造能力；工作条件；所受监督与所赋予的监督等。

评分法的优点：容易被人理解与接受，它是若干评价因素综合权衡的结果，并且有较多的专业人员参与评价，这大大提高了评价的准确性。

评分法的缺点：工作量大，较为费时、费力，在选择评价项目和各项目的权数时带有一定的主观性。这种方法适用于生产过程复杂、职位的类别和数目较多的大中型企业。

（四）因素比较法

因素比较法是一种比较计量性的工作评价方法，与排列法比较相似，可以将它看成改进的排列法。它根据每个报酬因素的评估结果设置一个具体的报酬金额，然后计算出每个职位在各个报酬因素上的报酬总额并将其确定为这个职位的薪酬水平。

因素比较法的优点：具有一定的弹性；进行评定时，所选定的影响因素较少，各因素均无上限，避免了重复，扩大了适用范围；先确定主要职位的系列等级，然后以此为基础分别对其他各类职位进行评定，简单易行，大大减少了工作量。

因素比较法的缺点：各影响因素的相对价值在总价值中所占的百分比完全靠评定人员的直接判断，这就会影响评定的精确程度。由于作为对比基础的主要职位的工资额只是过去的或现行的标准，随着劳动生产率的提高，特别是消费品价格的波动，企业总要适当增加职工的工资，而为了保持职位评定的正确性，增加工资时就要给所有职位增加相同百分比的工资。由于因素比较法在应用中非常繁复，需要根据劳动力市场的变化及时更新，因此这种方法是应用最不普遍的一种。

二、职位评价体系

（一）职位评价要素及其特征

职位评价要素也称报酬因子，是指职位本身所具有的、决定其价值的因素，换句话说，是指在多个不同职位中都存在并且组织愿意为之支付报酬的一些具有可衡量性质的质量、特征、要求或结构性因素，这些要素一般是技能、责任、努力程度、工作条件等。在具体选择评价要素的时候，管理者应该首先考虑职位的性质，如操作类、管理类、技术类等，考虑哪些要素能够较为准确地反映该类职位的本质，同时还能在不同职位之间进行区分。一般而言，以技术类为主的组织，职位评价要素应选择技能、解决问题难度等；以管理类为主的组织，职位评价要素应选择责任、决策、沟通、能力等；以操作类为主的组织，职位评价要素应选择经验、努力程度、劳动强度、工作条件等。除此以外，还要考虑高低层次职位的差别。对于低层次职位而言，评价要素通常是教育要求、需要接受的监督、体能、经验、培训、设备责任、职位复杂程度以及与他人的联系等；对于高层次职位而言，评价要素可能就是决策能力、管理经营责任、职能范围等。

职位评价要素应体现组织的战略，客观反映职位的特征，两个方面缺一不可。职位中有一些要素是组织鼓励和大力引导的，比如技能、沟通、能力、责任等；职位中也有一些要素是需要组织补充的，比如工作条件、劳动强度、危险性等。

（二）主要的职位评价要素

职位评价要素主要有技能、责任、努力程度和工作条件。技能因评价不同类别的职位而有所不同，并且在评分体系中占有不同的权重。

（三）职位评价要素的确定

首先，明确要进行评价的职位数量与职位性质。根据职位性质确定评价要素，即组织应该从哪些方面来评价职位，职位中哪些要素使职位在组织中具有重要性和价值，使组织愿意在这些方面支付报酬。其次，将要素分解细化，使每项评价要素对应一项或多项指标，并且打分。

选择级数形式时应考虑是否省事。算术级数的优点是易于向人们解释。有时选择几何级数比较好，因为它给高等级较大的分数范围。在每两个等级间差别很大的情况下，可以采用不规则级数。

（四）职位评价标准

职位评价标准由标准分级、标准定义及相关注释说明等构成，是指在职位评价要素与指标体系的基础上，为便于实际操作，对评价指标进行纵向分级。

三、职位评价的基本程序

（一）职位评价准备阶段

第一步，组建职位评价实施小组。首先理清职位，准备好职位说明书，确定参加职位测评的职位名称和数量；然后成立职位评价实施小组，负责组织和统计工作。

第二步，组建职位评价评分小组。对评分小组成员有以下要求：

（1）能够客观、公正地看问题，这是衡量职位评价工作结果客观与否的重要因素。

（2）对每个职位的职责和在企业中的重要性有较为客观的了解。

（3）在群众中有一定的影响力，这会使得最后的评价结果更具权威性。

（4）评分小组成员的构成应该有代表性，适当考虑基层员工的参与，增强职位评价结果的可接受性，减少推行阻力。

职位评价评分小组成员中包括高层、中层、基层人员。对评分小组成员应进行职位评价培训，主要包括：什么是职位评价，为什么要进行职位评价，职位评价有哪些方法，为什么要选择评分法，如何使用工具表，打分如何操作，职位评价的流程如何及职位评价的结果与薪酬制度建立有何关系等。

第三步，结合企业实际，职位评价评分小组对职位评价因素和权重进行修订。

（二）职位评价打分阶段

1. 试打分

（1）选择参展职位

评分小组选出公司各个层面几个有代表性且容易评价的职位，将其定为标杆职位，对其采用恰当的方法进行评价，并将其作为其他职位评价的依据。

（2）对职位试打分

评分小组首先对标杆职位进行测试以发现问题，进行前馈控制。对标杆职位试打分，以便让评分人员熟悉评分流程，增强对各因素的理解，增加对职位职责的理解和认识，验证各因素的选择及权重是否合理，作为以后正式打分的参照，基本确定企业薪点分布趋势。

（3）评分小组确定评价标准

职位测评结果统计出来并进行有关分析后，可能会发现要直接将其划分为职位等级还有一定差距，有些职位的分值偏高了，而有些职位的分值相对偏低，这就难以体现出这些职位的价值和贡献。评分小组应和有关部门及员工代表共同协调，结合同行业其他企业的做法，按照公司的实际情况对这些职位的测评结果进行微调。

2. 正式打分

（1）对参照职位正式打分

评分小组确认标杆职位的测评结果基本符合要求后，进行正式测评，回收评分表并进行评分数据的录入和分析。

（2）对其他各职位正式打分

评分小组对所有职位打分，回收评分表并进行评分数据的录入和分析。

（三）职位评价排序阶段

1. 对全部职位排序

设计职位得分统计表，将所有职位评分表上的数据录入，再将统计结果汇总，并对汇总结果排序，得到职位评定排序表。

2. 对普遍认为不合理的职位重新进行评价

在数据分析过程中，应采取偏差控制措施。在职位评价过程中，评分小组成员对各职位评价因素的理解不可能完全相同，为了确保职位评价的科学性和合理性，需要对不符合标准的职位或因素重新打分。

3. 评价结束后再排序

正式评分结束后，得到职位评定排序表，可以将全部职位评价要素的相对标准差和变异系数画出分布图。职位评价中需重新打分的指标分为两类：一类是经验指标，总分排序明显不合理的职位需要重新打分；另一类是统计指标，既在相对标准差允许误差范围之外又在变异系数允许误差范围之外的要素需要重新打分。此外，如果某个职位超标的评价要素超过了20%，则该职位就需要重新评价。

第三章 人力资源规划

第一节 人力资源规划

一、人力资源规划内涵

做任何事情之前,都应该做出一个计划。人力资源管理也不例外。为了保证整个系统的正常运转,发挥其应有的作用,人力资源管理也必须认真做好计划。人力资源管理的计划是通过人力资源规划这一职能实现的。

人力资源规划也称为人才资源规划,自20世纪70年代起,已成为人力资源管理的重要职能,并且与企业的人事政策融为一体。人力资源规划本质上就是在预测未来的组织任务和环境对组织要求以及为完成这些任务和满足这些要求而提供人员的管理过程。不同的人力资源规划体现了不同的人事政策,一般来说有两种:一种是仅考虑组织利益的观点,它认为人力资源规划就是把必要数量和质量的劳动力,安排到组织的各级工作岗位上;另一种是组织与员工利益兼顾的观点,认为人力资源规划就是在保持组织与员工个人利益相平衡的条件下,使组织拥有与工作任务相称的人力。不管从哪种观点上看,为实现组织的目标与任务,人力资源的数量、质量、结构必须符合组织特定的物质技术基础,而至于采取什么方针政策,则取决于企业的经营指导思想。

人力资源规划是指根据企业的发展战略和经营目标,通过对企业未来人力资源的需求和供给状况的分析及估计,对职务编制、人员配置、教育培训、人力资源管理政策、招聘和甄选等内容进行的人力资源管理的职能性计划。

人力资源规划的概念包括以下四层含义:

(1)人力资源规划要适应组织内外部环境的变化。

(2)人力资源规划的制订必须依据组织的发展战略、目标。

(3)制定必要的人力资源政策和措施是人力资源规划的主要工作。

(4)人力资源规划的目的是使组织人力资源供需平衡,保证组织长期持续发展和员工个人利益的实现。

人力资源规划的实质是在组织发展方向和经营管理目标既定的前提下，为实现这一目标而进行的人力资源计划管理，它确定企业需要什么样的人力资源来实现企业目标，并采取相应措施来满足这方面的要求。从总体上看，人力资源规划管理的任务，是确保企业在适当的时间获得合适的人员，实现企业人力资源的最佳配置，使组织和员工双方的需要都能得到满足。

二、人力资源规划的作用

对于企业各项具体的人力资源管理活动而言，人力资源规划不仅具有先导性和全局性，它还能不断地自觉调整人力资源政策和措施，指导人力资源活动的有效进行。具体来说，人力资源规划在企业人力资源管理活动中的作用主要体现在以下几个方面：

（一）人力资源规划是企业发展战略总规划的核心要件

人力资源规划是一种战略规划，主要着眼于为企业未来的生产经营活动预先准备人力，持续和系统地分析企业在不断变化的条件下对人力资源的需求，并开发制订出与企业组织长期效益相适应的人事政策。因此，人力资源规划是企业整体规划和财政预算的有机组成部分，是企业发展战略总规划的核心内容。

（二）确保企业生存发展对人力资源的需求

现代社会变化很快，在日趋激烈的市场竞争大环境中，产品的更新换代速度加快，一项新技术的研究、应用和产业化周期大为缩短，这就意味着企业要不断地采用新技术和新工艺，以提高劳动生产率。从人力资源供给的角度看，企业如果不能事先对内部的人力资源状况进行系统分析，采取有效措施，或挖掘现有员工的潜力，提高他们的素质，或从外部招聘高素质人才，企业势必会面临人力资源短缺的状况。所以人力资源规划需要做到未雨绸缪。另外，企业内部的因素也在不断地变化，如岗位的调动、职务的升降、辞职、辞退、退休等因素，必将影响人力资源的数量和质量，因此，同样需要对人力资源规划进行适时的调整。一般说来，处于稳定状态下的企业并不需要进行专门的、大规模的人力资源规划，这是因为企业的生产工具、技术条件和生产经营范围没有发生很大的变化，人力资源的数量、结构自然也就相对稳定。但从长远来看，大多数企业随着时代的变化将处于不稳定的发展状态之中，企业的生产技术条件和生产规模决定了人力资源的数量和结构会发生较大变化，由此带来人力资源需求量和供给量的变化。这就要求提前做出相应的人力资源规划，以满足企业的发展需要。

（三）有利于降低人力资源成本

企业的人工成本中最大的支出是工资，而工资总额在很大程度上取决于企业中的人员分布状况，即处于不同职务或不同级别的员工的数量构成。就一般情况而言，企业发展初期，低工资的员工相对较多，人力资源成本相对较低；企业进入成熟期后，整体规模相应扩张，人力资源的数量和质量均已提高，人力资源成本必然是"水涨船高"。考虑到市场竞争激烈、通货膨胀加剧等因素，人力资源成本还可能会令企业难以负担。如果不进行人力资源规划或者人力资源规划不切实际，必然会使企业在人力资源成本方面处于被动局面：一是因预算太低，无法满足企业对人力资源数量特别是质量的要求；二是因人力资源数量和质量的失衡，在对人力资源成本无法控制的同时，造成人力资源数量和质量的浪费。无论哪种情况出现，都会影响企业的整体利益和战略目标的实现。因此，通过人力资源规划，预测企业员工数量变化和结构变化，并做出相应的调整，进而把人力资源成本维持在相对合理的水平线内，无疑是促进企业可持续发展的不可或缺的部分。

（四）有助于满足员工的需求和调动员工的积极性

人力资源规划不仅是面向企业的计划，也是面向员工的计划。人力资源规划展示了企业内部未来的发展机会，使员工能够充分了解自己的哪些需求可以得到满足以及满足的程度。如果员工明确了那些可以实现的个人目标，就会去努力追求，在工作中表现出积极性、主动性、创造性。否则，在前途和利益未知的情况下，员工就会表现出干劲不足，甚至有可能采取跳槽的方法实现自我价值。如果有能力的员工流失过多，就会削弱企业实力，降低士气，从而进一步加速员工流失，使企业的发展陷入恶性循环。许多企业面临着源源不断的员工跳槽，表面上看来这是因为企业无法给员工提供优厚的待遇或者晋升渠道，其实是显示了企业人力资源规划的空白或不足。

（五）有助于提高人力资源利用效率

人力资源计划可以通过控制人员结构和职务结构来避免企业发展过程中因人力资源浪费产生过高的人力成本，使其一定时期内的人力成本是可预计和确定的。因为通过人力资源计划的预测，可以有效调整人员结构使其尽可能合理化。

三、人力资源规划的原则

（一）目标性原则

人力资源规划作为企业发展规划的重要组成部分，首先要服从企业整体发展目标的需要。虽然人力资源规划的制订范围可以广泛的变动，但是在制订人力资源规划时，不管哪种规划，都必须与企业战略目标相适应，才能保证企业目标与企业资源的协调，保证人力资源规划的准确性和有效性。

企业的人力资源保障问题是人力资源规划中应解决的核心问题，它包括人员的流入预测、流出预测、人员的内部流动预测、社会人力资源供给状况分析、人员流动的损益分析等。只有有效地保证了对企业的人力资源供给，才可能去进行更深层次的人力资源管理与开发。

（二）动态性原则

任何时候，规划都是面向未来的，而未来总是含有多种不确定的因素的，包括内部和外部的不确定因素。人力资源规划只有充分地考虑了内外环境的变化，才能适应工作的需要，真正地做到为企业发展目标服务。内部变化主要是指销售的变化、开发的变化，或者企业发展战略的变化，还有公司员工流动的变化，等等；外部变化是指社会消费市场的变化、政府有关人力资源政策的变化、人才市场的供需矛盾的变化等。为了能够更好地适应这些变化，在人力资源规划中应该对可能出现的情况做出预测和风险分析，最好能有面对风险的应急策略。

（三）发展性原则

人力资源规划不仅是面向企业的规划，也是面向员工的规划。企业的发展和员工的发展是互相依托、互相促进的关系。如果只考虑了企业的发展需要，而忽视了员工的发展，则会有损企业发展目标的达成。在知识经济时代，随着劳动者素质的提高，员工越来越重视自身的职业前途。他们不仅视工作为谋生的手段，而且把工作看作是实现自我价值的方式。一项优秀的人力资源规划，一定是能够使企业和员工得到长期利益的计划，一定是能够使企业和员工共同发展的计划。

（四）系统性原则

合理的人力资源结构，不但可以充分地发挥个人的能力，而且可以使组织发挥系统的功能，产生"1+1＞2"的协同效应。所以人力资源规划要反映出人力资源的结构，让不同种类的人才合理地分配，优势互补，实现组织的系统功能。人力资源系统性原则体现在知识、能力、性格、年龄的互补性等几方面。

第二节 人力资源规划的程序

一、操作程序

人力资源规划的操作程序包括以下七步：

（一）查核现有人力资源

查核现有人力资源是人员供给预测的基础，它的关键在于弄清现有人力资源的数量、质量、结构及分布状况。

人力资源核查资料至少应包括：

（1）个人基本情况。

（2）录用资料。

（3）教育资料。

（4）工作资料。

（5）工作执行的评价。

（6）工作经验。

（7）服务与离职资料。

（8）工作态度。

（9）安全与事故资料。

（10）工作环境资料。

（11）工作或职务情况。

（12）工作或职务的历史资料等。

（二）预测人力资源需求

可与人力资源核查同时进行。主要根据公司发展战略规划和内外条件选择预测技术，然后对人力资源需求的结构和数量进行预测。

预测具体程序如下：

（1）预测企业未来生产经营状态。

（2）估算各职能工作活动的总量。

（3）确定各职能及各职能内不同层次类别人员的工作负荷。

（4）确定各职能活动及各职能活动内不同层次类别人员的需求量。

（三）预测人员供给量

人员供给量预测包括两个内容：一是内部拥有量预测，根据现有人力资源及其未来的变动情况，预测出现在各规划时间点上的人员供给量；二是外部供给量预测，确定在各规划时间点上各类人员的可供量。

（四）确定纯人员供给量

即比较预测到的各规划时间点上的供给与需求，确定人员在数量、质量、结构及分布上的不一致之处，以获得纯人员需求量。

（五）制定匹配政策

制定匹配政策以确保需求与供给的一致，即制订各种具体的计划，包括晋升计划、补充计划、培训开发计划、配备计划等，保证需求与供给在各计划时间点上的匹配。

（六）确定执行计划

在各分类计划的指导下确定具体实施计划的工作方案。

（七）反馈调整

目的在于为总体计划和具体计划的修订或调整提供可靠的信息，以便对规划进行动态的调整并加强控制。

二、人力资源规划阶段

（一）准备阶段：内外部环境信息采集

调查、收集和整理涉及企业战略决策和经营环境的各种信息，主要包括外部环境信息和内部环境信息。根据企业或部门实际确定人力资源规划的期限、范围和性质，建立企业人力资源信息系统，为预测工作准备精确而翔实的资料。

（二）预测阶段：预测人力资源的需求和供给

在分析人力资源供给和需求影响因素的基础上采用以定量为主，结合定性分析的各种科学预测方法对企业未来人力资源供求进行预测。

（三）制订规划阶段：确定企业人员的净需求

制订人力资源供求平衡的总计划和各项业务计划，通过具体的业务计划使未来组织对人力资源的需求得到满足。

（四）实施和控制阶段：积极反馈、正确评估

（1）编制具体实施计划。
（2）明确相关部门应承担的责任及必要的职权。
（3）建立有效的监控体系。
（4）制订有效可行的应急（整改）方案。

三、基于战略的人力资源规划流程

战略性人力资源规划要求规划主体在组织愿景、组织目标和战略规划的指引下针对人力资源活动的特点，战略性地把握人力资源的需求与供给，站在战略的高度动态地对人力资源进行统筹规划，努力平衡人力资源的需求与供给，从而促进组织目标的实现。

（一）认识组织愿景、组织目标和战略规划

人力资源战略规划主体只有充分认识组织愿景、组织目标和战略规划，他们所制订的人力资源规划方案才能够有效地协调人力资源活动和组织活动，保证人力资源规

划的实施能够促进组织实现其组织愿景和组织目标。

（二）认识组织目标对人力资源活动的影响

人力资源规划主体在充分认识组织愿景、组织目标和战略规划的前提下，还必须认识到组织目标对人力资源活动的影响，从而有针对性地开展相应的人力资源规划活动，制订相应的人力资源规划方案，以协调和支持战略规划的实施，从而促成组织愿景和组织目标的实现。

（三）编制组织发展对人力资源的需求清单

人力资源的两个任务之一就是获取未来人力资源的需求清单。在编制未来人力资源需求清单时应当运用统筹的方法，系统地、动态地考虑由于职位变动和组织发展而导致的人力资源需求。

（四）分析组织内部人力资源供给的可能性

人力资源规划主体在编制人力资源需求清单之后应当分析组织内部人力资源供给的可能性，编制内部人力资源供给清单。人力资源规划主体在分析组织内部人力资源供给的可能性时主要有以下几种方法：①建立"技能清单数据库"；②利用"职位置换图"。③制订"人力持续计划"。

（五）分析组织外部人力资源供给的可能性

当组织内部的人力资源供给无法满足组织未来的人力资源需求时，人力资源规划主体就应当审视组织外部人力资源供给能够满足组织未来人力资源需求的可能性，编制外部人力资源供给清单，从而主动地利用组织外部的条件来支持战略计划的实施，促成组织愿景和组织目标的实现。

（六）编制符合人力资源需求清单的人力资源供给计划

人力资源规划主体在充分认识组织未来人力资源需求和组织内部与外部人力资源供给可能性的基础上，就应当着手编制人力资源供给计划，平衡组织未来人力资源的需求与供给，从而为组织战略规划的实施提供人力资源方面的支持。

（七）制订人力资源规划的实施细则和控制体系

人力资源规划的实施本身需要一套严格的实施细则和控制体系，这样人力资源规划的实施才能够具备相应的控制方法、控制标准以及纠偏措施。

（八）实施人力资源规划并对其进行跟踪控制

人力资源规划的实施细则以及控制体系建立以后，就可以着手进行人力资源规划的实施，在实施过程中应当进行实时跟踪控制，保证人力资源活动不致偏离战略规划的轨道。

（九）采取纠偏措施和重新审视组织愿景、目标和规划

人力资源规划是一个具有闭环特征的程序，因此在实施过程中应当对其进行及时跟踪，及时发现偏差，并采取相应的纠偏措施，从而保证人力资源规划与战略规划保持协调一致。人力资源规划应当持续地审视组织愿景和组织目标，保证人力资源规划能够有利于组织愿景和组织目标的实现，提高自身运作的有效性。

综上所述，基于战略的人力资源规划要求人力资源规划主体在人力资源规划程序的所有环节中都应当站在战略的高度，充分审视组织自身的资源条件和组织外部环境，在组织愿景、组织目标以及战略规划的指引下制订组织未来人力资源需求清单以及相应的人力资源供给计划，从而支持战略规划的实施，促进组织愿景和组织目标的实现。

第三节 人力资源需求和供给预测

一、人力资源需求预测

（一）人力资源需求预测的含义

人力资源需求预测是指根据企业的发展规划和企业的内外条件，选择适当的预测技术，对人类资源需要的数量、质量和结构进行预测。人力资源规划的目的是使组织的人力资源供需平衡，保证组织长期持续发展和员工个人利益的实现。人力资源需求预测是指企业为实现既定目标而对未来所需员工数量、质量和结构的估算。

（二）人力资源需求预测的分类

人力资源需求预测可以分为现实人力资源需求预测、未来人力资源需求预测和未来流失人力资源需求预测。

1. 现实人力资源需求预测

主要包括：根据工作分析的结果来确定职务编制和人员配置；对现有人力资源进行清点；根据以上统计结果与有关职能部门进行讨论，修正结论。

2. 未来人力资源需求预测

主要包括：根据企业发展规划，确定各部门的工作量；根据工作量增长情况，确定需增加的职务和人数，并进行汇总统计，该统计结论即为未来人力资源需求。

3. 未来流失人力资源需求预测

主要包括：对预测期内退休人员进行统计；根据市场变化，对未来可能发生的离职情况进行预测。

将现实人力资源需求、未来人力资源需求和未来流失人力资源需求汇总，即得企

业整体人力资源需求预测。

（三）人力资源需求的影响因素

1. 企业的人力资源政策

企业人力资源政策特别是薪酬政策对内部和外部人力资源的影响很大，如公司的薪酬政策是否处于同行业的领先水平等，这些对内部和外部的人力资源的吸引都有重要的决定意义。

2. 政府方针政策的影响

政府的方针政策对于人力资源需求预测也有较大的影响。例如，2013年7月1日起施行的新修订的《中华人民共和国劳动合同法》（简称《劳动合同法》）中提出，"劳动合同用工是我国的企业基本用工形式。劳务派遣用工是补充形式，只能在临时性、辅助性或者替代性的工作岗位上实施。前款规定的临时性工作岗位是指存续时间不超过六个月的岗位；辅助性工作岗位是指为主营业务岗位提供服务的非主营业务岗位；替代性工作岗位是指用工单位的劳动者因脱产学习、休假等原因无法工作的一定期间内，可以由其他劳动者替代工作的岗位"，这一方面充分体现了《劳动合同法》对派遣岗位的界定，另一方面企业进行需求分析时应该考虑政府方针政策的影响。

3. 劳动力成本的变化趋势

随着我国经济的不断发展，劳动力成本呈逐年上升趋势。这对于企业来讲影响很大，企业会最大限度地使用内部员工，尽量不对外招聘新员工，这对企业人力资源需求分析会产生影响。

4. 市场的动态变化

从市场动态看，由于消费者的需求复杂，供求矛盾频繁，加之随着城乡交往、地区间的往来的日益频繁，旅游事业的发展，国际交往的增多，人口的流动性越来越大，购买力的流动性、多样性也随之加强，因此，企业要密切注视市场动态，提供适销对路的产品，才能在竞争中立于不败之地。这就要求对企业的人力资源结构进行不断调整，在进行企业人力资源分析时要充分注意市场的变化。

5. 企业的发展阶段

根据企业发展的生命周期中的不同阶段，在对人力资源进行预测的时候有不同的策略和不同的要求，同时也要考虑在不同的阶段可能影响人力资源的不同因素。可以说在企业生命周期的各个阶段，企业的人力资源供需始终处在不同的状态，也就是说供需平衡的状况是很少的，而供需的矛盾却是经常的。如在企业的稳定发展阶段，由于内部存在着退休、离职、晋升等问题，内部冗员开始增多，人力资源需求严重不足，这个时期需要做好人力资源的需求分析工作，以确保这些冗员的安置工作，从而能够保障企业渡过难关。

6. 其他因素

除上述因素外，社会安全福利保障、工作小时的变化、追加培训的需求等因素也应该考虑。

（三）人力资源需求预测的步骤

企业人力资源需求预测是一个从收集信息和分析问题，到找出问题解决办法并加以实施的过程。这一过程大致包括如下环节：

（1）根据工作分析的结果，来确定职务编制和人员配置。工作分析包括工作分析和工作评价两部分内容。即借助于一定的分析手段，确定工作的性质、结构、要求等基本因素的活动。然后根据工作分析的结果，按照一定标准，对工作的性质、强度、责任、复杂性及所需资格条件等因素的程度差异，进行综合评价，用以确定企业各部门的人员编制及具体要求。

（2）进行人力资源盘点，统计出人员的缺编、超编及是否符合职务资格要求。人力资源盘点包括统计现有人员的数量、质量、结构以及人员分布情况。企业应当弄清楚这些情况，为人力资源规划工作做好准备。这项工作要求企业建立人力资源信息系统，详细记载企业员工的各种信息，如个人自然情况、录用资料、工资、工作执行情况、职务和离职记录、工作态度和绩效表现等。只有这样，才能对企业人员情况全面了解，才能准确地进行企业人力资源规划。

（3）将上述统计结论与部门管理者进行讨论，修正统计结论，该统计结论为现实人力资源需求。

（4）根据企业发展规划，确定各部门的工作量。

（5）根据工作量的增长情况，确定各部门还需增加的职务及人数，并进行汇总统计；该统计结论为未来人力资源需求。

（6）对预测期内退休的人员进行统计。

（7）根据历史数据，对未来可能发生的离职情况进行预测。

（8）将（6）（7）统计和预测结果进行汇总，得出未来流失人力资源需求。

（9）将现实人力资源需求、未来人力资源需求和未来流失人力资源需求汇总，即得企业整体人力资源需求预测。

（四）科学运用人力资源需求预测的方法

经济全球化及信息技术的飞速发展使得当今企业面临的内外部环境日趋复杂。如今，企业在进行人力资源需求预测时，考虑的往往不是单个因素的影响，而是多种因素的共同作用和相互影响。人力资源需求预测方法总体上分为定性和定量两大类，下面介绍几种常用的分析方法。

1. 德尔菲法

德尔菲法是在20世纪40年代由O.赫尔姆和N.达尔克首创,经过T.J.戈尔登和美国兰德公司进一步发展而成的。1946年,兰德公司首次用这种方法来进行预测,后来该方法被广泛迅速采用,它适合于对人力资源需求的中长期趋势预测。

德尔菲法又称集体预测法,它依据系统的程序,采用匿名发表意见的方式,即专家之间不得互相讨论,不得发生横向联系,经过多轮次调查专家对问卷所提问题的看法,经过反复归纳、征询、修改,最后汇总成专家基本一致的看法,作为预测的结果。这种方法具有广泛的代表性,较为可靠。

德尔菲法一般采用问卷调查的形式,具体操作过程是:首先,在企业内、外广泛选择各个方面的专家,人力资源管理部门要通过对企业战略定位的审视,确定关键的预测方向、相关变量和难点,然后使用匿名填写问卷的方法,设计一套可以使各位专家自由表达自己观点的预测工具系统。其次,人力资源部门需要在每一轮预测后,将专家提出的意见进行归纳,并将综合结果反馈给他们,然后再进行下一轮预测。最后,通过多次以达到在重大问题上取得较为一致的意见和看法。在预测过程中,人力资源部门应该为专家们提供充足的信息,以便专家能够做出正确的判断。另外,所提出的问题应尽可能简单,以保证所有专家能够从相同的角度理解相关的概念。

德尔菲法的优点是:能充分发挥各位专家的作用,集思广益,准确性高;能把各位专家的分歧点表达出来,取各家之长,避各家之短;能够使专家独立地表达自己的意见,不受其他人的干扰。其缺点是:过程比较复杂,花费时间较长。

2. 转换比率分析法

人力资源需求分析是要揭示未来经营活动所需要的各种员工的数量。转换比率分析法的目的,是将企业的业务量转化为人力的需求,是一种适合于短期需求预测的方法。

转换比率分析法的具体操作过程如下:首先估计组织中关键岗位所需的员工数量,然后根据这一数量估计辅助人员的数量,从而加总出企业的人力资源总需求。企业经营活动规模的估计方法是:

经营收益 = 人力资源数量 × 人均生产

在使用这种方法将企业的业务量转换为对人力资源的需求量时,实际上是以组织过去的人力需求数量同某个影响因素的相互关系为依据,对未来的人力需求进行预测。以一所大学为例,当学生的数量增加一定的百分比时,教员的数量也需要相应地增加一定的百分比,否则难以保证学校的学生培养质量。类似的还有根据过去销售额与销售人员数量的比率,预测未来的销售业务量对销售人员的需求;再根据销售人员对文秘人员的比率,预测未来的文秘人员需要量等。

应该注意的是,这种预测方法有两个特点:一是进行估计时需要对计划期内的业务增长量、目前人均业务量、生产率增长率等进行较精确的估计；二是这种预测方法只考虑员工需求的总量，没有说明其中不同类别人员的情况。

3. 经验预测法

经验预测法是根据以往的经验进行预测，有些企业常采用这种方法做预测。例如，企业认为车间里一个管理者管理十个员工最佳，因此依据将来生产员工增加数就可以预测管理者的需求量。又如，依照经验，一个员工每天可以加工十件上衣，若要扩大生产规模即可按产量（如上衣件数）计算出员工的需求量。运用这种方法，还可以计算出有关方面的预报数。这种方法的优点是简便易行，通常用于普通的工作岗位，缺点是不够准确。

4. 回归分析法

这是数理统计学中的方法，比较常用，它是处理变量之间相互关系的一种统计方法。回归分析法是从过去情况推断未来变化的定量分析方法。最简单的回归分析是趋势分析，即根据企业或企业中各个部门过去的员工数量变动状况，对未来的人力需求变动做出预测。简单的回归分析，是把过去趋势直接导向未来，这实际上是以时间因素作为唯一解释变量，没有考虑未来时间变化中其他相关因素对趋势的影响，因此比较简单。在实际工作中，一般不会这样使用这种回归法。

较为实用的回归分析法是计量模型分析法。它的基本思路是：首先找出对组织中劳动力需求影响最大、最直接的一种变化的规律，并考虑业务规模变动和劳动生产率变化对它的影响；再根据这种趋势对未来的人力需求进行预测；最后用预测的需求数量减去供给的预测数量，就是人力资源净需求的预测量。

5. 描述法

描述法是人力资源规划人员通过对本企业组织在未来某一时期的有关因素的变化进行描述或假设，并从描述、假设、分析和综合中对将来人力资源的需求进行预测规划。由于这是假定性的描述，因此人力资源需求就有几种备选方案，目的是适应和应付环境与因素的变化。例如，对某一企业今后三年情况的变化的描述或假设有以下几种可能性：第一，同类产品可能稳定地增长，同行业中没有新的竞争对手出现，在同行业中技术上也没有新的突破；第二，同行业中出现了几个新的竞争对手，同行业中技术方面也有较大的突破；第三，同类产品可能会跌入低谷、物价暴跌、市场疲软、生产停滞，但同行业中，在技术方面可能会有新的突破。

企业可以根据上述不同的描述和假设的情况预测和制订出相应的人力资源需求备选方案。但是，这种方法由于是建立在对未来状况的假设、描述的基础上，而未来具有很大的不确定性，时间跨度越长，对环境变化的各种不确定性就越难以进行描述和假设，因此，对于长期的预测有一定的困难。

6. 计算机模拟法

这是人力资源需求预测中最复杂也是最精确的一种方法。运用这种方法是在计算机中运用各种复杂的数学算式对在各种情况下企业组织人员的数量和配置运转情况进行模拟测试，从模拟测试中预测出对各种人力资源需求的各种方案以供组织选择。此种方法可以用于评估人力资源政策和项目。

7. 其他分析方法

除以上方法外，还包括微观集成法、散点分析法、人员比例法等。

二、人力资源供给预测

人力资源供给预测是人力资源预测的又一关键环节。只有进行人员拥有量预测，并把它与人员需求相比之后，才能制订各种具体的规划。人力资源供给预测需要从组织内部和组织外部两方面进行。在供给分析中，首先要考察组织现有的人力资源存量，然后在假定人力资源政策不变的前提下，结合企业内外条件，对未来的人力资源供给数量进行预测。

（一）人力资源供给预测的步骤

（1）进行人力资源盘点，了解企业员工现状。

（2）分析企业的职务调整政策和历史员工调整数据，统计出员工调整的比例。

（3）向各部门的人事决策人了解可能出现的人事调整情况。

（4）将（2）（3）的情况汇总，得出企业内部人力资源供给预测。

（5）分析影响外部人力资源供给的地域性因素。

（6）分析影响外部人力资源供给的全国性因素。

（7）根据（5）（6）的分析，得出企业外部人力资源供给预测。

（8）将企业内部人力资源供给预测和企业外部人力资源供给预测汇总，得出企业人力资源供给预测。

（二）人力资源供给预测的方法

1. 内部供给预测方法

企业内部人力资源供给预测是企业满足未来人力资源新需求的基础，是人力资源的内部来源。内部供给分析的思路是：首先确定各个工作岗位上现有员工的数量，然后估计下一个时期在每个工作岗位可能留存的员工数量。这就需要估计有多少员工将会调离原来的岗位或离开组织。由于实际情况比较复杂，如组织的职位安排会发生变化等，因此在进行预测时，需要依据管理人员的主观判断加以修正。常用的内部供给预测方法有以下几种。

（1）技能清单

技能清单是用来反映员工工作能力特征的列表，这些特征包括培训背景、以前的经历、持有的证书、通过的考试、主要的能力评价等。技能清单是对员工竞争力的反映，可以帮助人力规划工作者估计现有员工调换工作岗位的可能性，决定哪些员工可以补充企业未来的职位空缺。人力资源规划不仅要保证为企业中空缺的工作岗位提供相应数量的员工，还要保证每个空缺都有合适的人员补充，因此，有必要建立员工的工作能力记录，其中包括基层操作员工的技能和管理人员的能力，包括这些技能和能力的种类及所达到的水平。

技能清单可以用于晋升人选的确定，管理人员接替计划的制订，以及对特殊项目的人员分配、调动、培训、工资奖励、职业生涯规划、组织结构分析等。员工频繁调动的企业或经常组建临时性团队或项目组的企业，其技能清单应包括所有骨干员工。而那些主要强调管理人员接替计划的企业组织，技能清单可以只包括管理人员。

（2）管理人员接替图

管理人员接替图也称职位置换卡，它记录各个管理人员的绩效、晋升的可能性和所需的训练等内容，由此决定有哪些人员可以补充企业的重要职位空缺。

制订这一计划的过程是：对管理人员的状况进行调查、评估，列出未来可能的管理人员人选，又称管理者继承计划。该方法被认为是把人力资源规划和企业战略结合起来的一种较好的方法。管理人员替换模型主要涉及的内容是：对主要管理者的总的评价；主要管理人员的现有绩效和潜力，发展计划中所有接替人员的现有绩效和潜力；其他关键职位上的现职人员的绩效、潜力及对其评定意见。

（3）马尔可夫分析法

马尔可夫分析法起源于俄国数学家安德烈·马尔可夫对成链的实验序列的研究，是以马尔可夫的名字命名的一种特殊的市场预测方法，主要用于市场占有率的预测和销售期望利润的预测，也是组织内部人力资源供给预测的一种方法，用于具有相等时间间隔的时刻点上各类人员的分布状况。在具体运用中，假设一定时期内从低一级向上一级或从某一职位转移到另一职位的人数是起始时刻总人数的一个固定比例，即转移率一定，在给定各类人员起始人数、转移率和未来补充人数的条件下，就可以确定出各类人员的未来分布状况，做出人员供给的预测。这种分析方法通常通过流动可能性比例矩阵来进行预测某一岗位上工作的人员流向组织内部另一岗位或离开的可能性。简言之，就是找出过去人事变动的规律，以此来推测未来的人事变动趋势。

2. 外部供给预测

当企业内部的人力供给无法满足需要时，企业就要分析企业外部的人力供给情况。一般来说，进行外部供给预测，应考虑以下几个方面的因素。

（1）宏观经济形势和失业预期的影响

主要了解劳动力市场供给情况，判断预期失业率。一般说来，失业率越低，劳动力供给越紧张，招聘员工越困难。失业率越高，劳动力供给越充足，招聘员工越容易。相关依据可以参考各类统计资料和公开出版物。

（2）地域性因素

企业所在地的人力资源整体现状；企业所在地的有效人力资源的供求现状；企业所在地对人才的吸引程度；企业薪酬对所在地人才的吸引程度；企业能够提供的各种福利对当地人才的吸引程度；企业本身对人才的吸引程度等。外部供给是企业在劳动力市场采取的吸引活动引起的，所以，外部供给分析也需要研究企业可能吸引的潜在员工的数量、能力等因素。企业可以根据过去的招聘与录用经验，了解那些有可能进入组织的人员状况，以及这些潜在员工的工作能力、经验、性别和成本等方面的特征，从而把握他们能够承担组织中的哪些工作。

（3）劳动力市场状况的影响

劳动力市场是人力资源外部供给预测的一个重要因素，据此可以了解招聘某种专业人员的潜在可能性。有些机构定期为企业进行外部劳动力市场条件的预测和劳动力供给的估计。劳动力市场对企业人力资源外部供给预测有十分重要的影响，主要涉及以下几个方面：劳动力供应的数量；劳动力供应的质量；劳动力对职业的选择；当地经济发展的现状与前景；为员工提供的工作岗位数量与层次，为员工提供的工作地点、工资、福利等等。这种分析的主要意义在于为企业提供一个研究新员工的来源和他们进入企业方式的分析框架。

（4）国家政策法规的影响

特别是国家的教育政策、产业政策、人力资源政策等，对人力资源供给的影响更大。对于一个国家来说，为了及时有效地供给人力资源，要从政策环境运行机制上努力培育劳动力和人才市场，完善劳动力和人才市场体系，健全各种必需的法律和法规，充分发挥劳动力或人才市场对人力资源的有效配置作用。

（5）科学技术的发展

科学技术的发展，特别是互联网技术和电脑技术的迅速发展，对人力资源的外部供给产生很大影响。比如，掌握高科技的白领员工需求量增加，以前需要大量蓝领员工的纺织业、冶金业正在不断更新、裁员，而信息技术产业、电子工业、生物工程、材料工业等领域则需要大量白领员工；随着办公室自动化的普及，中层管理人员大规模减少，而有创造力的人员却更显珍贵；科学技术的发展使人们从事生产的时间越来越少，闲暇时间越来越多，因此服务行业的劳动力需求量越来越大。

第四节 当前企业人力资源规划存在的问题与应对措施

一、当前企业人力资源规划存在的问题

我国企业在人力资源规划方面还存在很多问题。

（一）对人力资源规划的认识不全面

目前国内很多企业做的人力资源规划或人力资源年度计划，大多数是把人力资源规划仅仅看成是人力资源部的事情，于是人力资源规划就成了人力资源部的规划，最多加上一些其他部门的人才、培训需求的调查和汇总。

（二）规划不清晰、目标不明确

人力资源规划是企业战略规划的重要组成部分，也是企业各项管理工作的基础和依据。但一些企业没有清晰的企业发展战略和明确的战略目标，使人力资源规划不清，方向不明，不知道企业未来需要什么样的核心人才。一些企业人力资源管理是走一步看一步，目标不明确，导致人力资源规划缺乏方向和目的。

（三）不能随着环境的变化而快速调整

随着市场发展变化，企业对市场变化的反应比较快，企业战略在调整，人力资源规划往往不能及时调整。先前制订出的人力资源规划就失去可操作性和可执行性，造成企业所需的人才不能得到及时的供应。

（四）人力资源规划中缺乏沟通与协作性

人力资源规划需要规划人员从整个企业战略出发，经多方面沟通与协作，调研出各部门的人力资源所需状况，进而制订出具有可操作性的规划。而在现实中，很多企业人力资源部人员习惯于仅凭过往数据和历史，便草草地制订出该规划，其规划缺乏论证和可执行性。

（五）缺乏人力资源管理的专门人才

人力资源管理人员在人力资源管理专业方面的知识储备不足，专业技能不够；缺乏系统的人力资源职业培训，取得人力资源管理师职业资格的寥寥无几。他们虽然有丰富的行政管理经验，但往往缺乏系统的人力资源管理知识，一直凭所谓的经验或感觉办事。人力资源管理者在没有管理咨询的前提下，很难做出专业的人力资源战略规划。

二、当前企业人力资源规划应对措施

制订和有效实施人力资源规划的应对措施主要有：

（一）明确人力资源规划战略目标

人力资源规划的前提是首先要明晰企业战略，然后分解到人力资源方面，制订人员需求计划、招聘计划、薪资福利计划等与之相配套。人力资源部门要搞清企业未来的行业定位、经营策略、经营规模和产值目标等。这就决定了选择什么样的人才，人力资源规划才能有的放矢。

（二）建立多维交叉体系的规划工作机制

人力资源规划是一项系统的工作，需要企业全员上下协同，上至企业董事长下至普通员工都应承担相应的责任，都应为人力资源规划建言献策。企业的人力资源规划是由决策层、人力资源管理部门、一线经理等协同工作，且分工负责完成的。企业决策层负责人力资源战略规划，同时与一线经理和人力资源部门共同制订规划方案，并支持下属实施方案；人力资源管理部门负责人力资源的分析和预测，协助决策者制订规划方案，并做好方案的评价，支持一线部门实施规划等；一线经理负责人力资源的核心业务，具体包括招聘、培训、绩效考核、薪酬管理等，参与决策层和人力资源管理部门工作。

（三）完善人力资源信息系统

管理者在决策时需要准确、及时和相关的信息资料，如果没有现代化手段的运用，效率之低是难以忍受的。人力资源管理部门有必要对客户、业务和市场进行深入接触和了解，把握整个企业发展走向，洞察整个行业走势。人力资源管理模式也必须是动态的、变化的。

（四）提高人力资源从业人员素质

人力资源部门从为业务部门提供增值服务起，就需要了解企业的经营目标、各业务部门的需求，围绕目标实现的高度来设计对员工的基本技能和知识、态度的要求，深入企业来调动和开发人的潜能。工作是否具有预见性、有无管理技能及对管理的操作能力成为衡量人事经理是否称职的重要标准。人力资源规划是独特的工作，对从业人员的个人素质、领导能力和学习能力要求都很高。

（五）优化人力资源规划工作环境

在企业的人力资源规划中应该充分注意与文化论文和企业文化的融合，具有符合本企业的人力资源特色，人力资源规划的实施需要一个和谐的环境。人力资源规划不仅是面向企业的发展目标，也是面向员工个人职业生涯设计。企业人力资源规划方案实施研究在评价人力资源规划实施效果时应从以下因素进行分析：①实际的员工绩效与事先建立时的雇员的要求相比；②生产力水平与建立的目标相比；③实际人员流动率与期望的人员流动率相比；④实际执行的行动方案与规划的行动方案相比；⑤方案执行的结果与期望的产出相比；⑥方案执行的成本与预算相比；⑦方案的投入产出比。

第四章 员工招聘

第一节 员工招聘概述

一、招聘的含义

（一）招聘的概念

招聘是指企业为了发展的需要，根据人力资源规划和工作分析的要求，寻找、吸引那些有能力又有兴趣到该企业任职的人员，并从中选出合适人员予以录用的过程。招聘，一般由主体、载体及对象构成。主体就是用人者，也就是招聘单位，一般派出招聘专员具体负责招聘工作的组织和实施。载体是信息的传播载体，也就是招聘信息传播的各类媒介。对象则是符合标准的应聘者。

（二）招聘的目标

①系统化的招聘管理可保证公司招聘工作的质量，为公司选拔合格、优秀的人才。如何提高招聘的有效性，是每一个企业都需要关注的问题，企业应根据不同的岗位需求，灵活运用招聘方法，在保证招聘质量的情况下尽可能降低投入成本，通过与用人部门的积极配合、分工协作，提高招聘工作成效，减少招聘过程中的盲目性和随意性。②实现员工个人与岗位的匹配是招聘的最终目的。这种匹配包括两个方面：一是岗位的要求与员工个人素质相匹配，二是工作报酬与员工个人的需要相匹配。要通过招聘把合适的人放在合适的岗位，量才适用，确保员工在工作岗位上能充分发挥主观能动性，从而提高企业核心竞争力。

二、招聘的意义

（一）招聘是企业获取人力资源的关键环节

企业从创建到发展，人力资源的状况都处于不断变化之中。随着企业发展阶段的不同，面临竞争环境的改变及竞争战略的调整，企业对人力资源的需求也会发生变化。

企业需要在不同时期获取不同的人力资源。对于新成立的企业，人员的招聘和选拔是企业成败的关键。只有招聘到符合企业发展目标并能够促进企业发展的员工，企业才能够具备利用物质资源的能力，从而进入正常的运营。对于已处于运作阶段的企业，由于需要应对外部环境的不断变化，招聘工作仍是一项关键性工作。企业在运行过程中，仍需要持续地获得符合企业需要的人才，从而保证自己在激烈的竞争中立于不败之地。因此，员工招聘是企业的一项经常性的工作，是获取人力资源的关键环节。

（二）招聘是企业人力资源管理工作的基础

人是一切管理工作的基础。招聘之所以是企业人力资源管理工作的基础，是由招聘工作的内容和劳动者在企业中的地位决定的。在整个人力资源管理体系中，招聘工作是一个基础环节，其他工作都是在招聘的基础上开展的。招聘工作做得好，就会形成一个比较优化的人力资源管理基础平台，使得后续工作得以高效开展。具体表现在以下几个方面：

第一，有效的招聘可以提高员工的满意度，降低员工流失率。有效的招聘意味着员工与他的工作岗位及工作薪酬相适应，员工在企业从事的工作能给他带来工作满意度和组织责任感，进而会减少员工旷工、士气低落和员工流动现象。

第二，有效的招聘可以减少员工的培训负担。新招聘员工的基本情况，如素质的高低、技能和知识的掌握程度、专业是否对口等，对后期员工的培训及使用都有很大影响。素质较好、知识技能较高、专业对口的员工接受培训的效果较好，经培训后成为合格员工，创造高绩效的概率也较高。

第三，有效的招聘可以增强团队工作士气。组织中大多数工作不是由员工单独完成，而是由多个员工共同组成的团队完成。这就要求组织在配备团队成员上，应了解和掌握员工在认知和个性上的差异状况，按照工作要求合理搭配，使其能够和谐相处，创造最大化的团队工作绩效。所以，有效的招聘管理会增加团队的工作士气，使团队内部员工能彼此配合默契，愉快和高效率地工作。

（三）招聘是企业宣传的有效途径

对于企业而言，在招聘到所需的各种人才的同时，招聘也是企业向外界展现良好形象的重要途径。在招聘过程中，企业利用各种渠道和各种形式发布招聘信息，除了吸引更多的求职者，还能让外界更好地了解企业。有些企业以高薪、优厚的待遇和精心设计的招聘过程来表明企业对人才的渴求和重视，显示企业的实力。

（四）招聘是企业履行社会责任的必经过程

提供就业岗位是企业必须承担的社会责任，招聘是企业履行这一社会责任的必经过程。在招聘中坚持公开、公平、公正的原则既是对企业负责，也是对社会负责。公开招聘信息，公正科学地选拔人才，保障求职者公平就业的权利，既是企业应尽的社会责任，也是国家相关法律法规的明确要求。

三、影响招聘的因素

招聘工作受到多方面因素的影响，主要有以下几种：

（一）外部因素

1. 国家的法律法规

国家的法律和法规，特别是劳动法对招聘工作有很大影响。劳动法既涉及组织和员工的利益，又关系到社会的稳定。劳动法规定，劳动者享有平等就业和选择职业的权利。企业在招聘工作中，可根据生产经营的需要自行确定机构设置和人员编制，但不得招聘在校学生，不满十六岁的未成年人；若招聘从事有毒有害作业和特别繁重体力劳动工种的，申请人最低年龄必须满十八岁。企业招聘不得歧视残障人士，劳动者不因民族、种族、性别、宗教信仰不同而受歧视。

2. 外部劳动力市场

在劳动力市场上，劳动者的供需情况会对企业招聘产生一定的影响。一方面，不同类型人员的供求状况存在很大差异。一般情况下，招聘岗位所需的技能要求越低，市场的供给就越充足，招聘工作相对容易。招聘岗位所需条件越高，劳动力市场的供给就越不足，招聘工作相对比较困难。另一方面，劳动力分布情况随着时间季节等因素的影响也在不断发生变化。例如，我国春节期间一般较容易发生用工荒的问题，此时企业招聘工作相对困难，而在各大高校毕业期间，招聘工作容易迎来高峰。这些都是受到劳动力市场因素不断变化影响的表现。

3. 外部经济发展水平

外部经济发展水平包括两个方面：一是招聘单位所在地区的经济发展水平，二是竞争对手的经济发展水平。我国经济发展不平衡造成了各地区人才分布的不平衡，经济发达地区各类人才蜂拥而至，为员工招聘提供了更多机会，而经济欠发达地区人才纷纷外流，增加了员工招聘的难度。竞争对手的经济实力及其他综合因素等都会对企业招聘工作产生一定影响，在招聘时，也要尽可能多地了解竞争对手的实力，这样才能提高企业的招聘效率。

（二）内部因素

1. 企业的发展战略

企业的发展战略决定了企业对人力资源的需求状况。当企业处于快速发展时期，企业谋求进一步发展的情况下，对人力资源的需求较大；当企业在市场中处于劣势地位，发展较为困难的情况下，对人力资源的需求相对较少。

2.企业的政策安排

企业的政策安排决定着招聘政策和招聘活动。一些大型企业由于工作岗位较多，一旦出现岗位空缺，更倾向于内部招聘，以便为员工提供更多的工作轮换和晋升机会，为员工发展创造空间。相对而言，小型企业更倾向于从组织外部招聘有岗位工作经验的人员。此外，企业的薪酬政策、培训政策等都对招聘有重大影响。

四、招聘的原则

（一）因事择人原则

所谓因事择人，就是员工的选聘应以实际工作需要和岗位空缺情况为出发点，以岗位对人员的实际要求为标准，根据岗位对任职者的资格要求选拔录用各类人才。遵循因事择人原则，一方面能够避免出现因人设岗现象带来的人浮于事、机构臃肿现象；另一方面可使员工与岗位相匹配，做到人尽其才，避免大材小用的人才浪费现象。

（二）经济效益原则

企业的员工招聘必须以确保企业的经济效益为目标。招聘计划的制订要以企业的需要为依据，以保证经济效益的提高为前提。因此，在招聘的时候不仅要考虑人员的素质，还要考虑报酬因素，综合分析对企业现在和将来经济效益的影响。坚持"可招可不招时尽量不招""可少招可多招时尽量少招"的原则，用尽可能低的招聘成本录用到合适的最佳人选。

（三）公开公平公正原则

企业招聘应贯彻公开公平公正原则，使整个招聘工作在社会监督之下开展。公开就是要公示招聘信息、招聘方法，这样既可以防止出现以权谋私、假公济私的现象，又能吸引大量应聘者。公平公正就是确保招聘制度给予合格应聘者平等的获选机会。遵循公开公平公正原则，可以有效防止不正之风，努力为有志之士、有才之子提供平等的竞争机会，还可以吸引大批的应聘者，扩大选择的范围，有利于人尽其才。

（四）竞争择优原则

竞争择优原则是指在员工招聘中引入竞争机制，在对应聘者的思想素质、道德品质、业务能力等方面进行全面考察的基础上，按照考察的成绩择优选拔录用员工。通过竞争上岗，择优录用，好中选优，优中选强，把人品和能力经得起检验的人选拔到合适的工作岗位上来，体现公平性，是让优秀人才脱颖而出的有效途径。

（五）双向选择原则

招聘是一个双向选择的过程。企业要选择能够胜任岗位工作，为企业创造价值的员工，而个人则是在寻找一份报酬公平，能够体现其个人价值的工作。双向选择能够实现人力资源的最优配置。企业要根据自身发展和岗位的要求实事求是地开展宣传，劳动者则根据自身能力和意愿，结合劳动力市场供求状况自主选择职业。双向选择原则一方面能使企业不断提高效益，改善自身形象，增强自身吸引力；另一方面，还能使劳动者为了获得理想的职业，努力提高自身的知识水平和专业素质，在招聘竞争中取胜。

第二节　员工招聘流程

一、招聘流程

员工招聘的流程包括招聘计划制订、招聘信息发布、简历筛选、应聘者选拔、员工录用及招聘评估与总结等环节。

（一）招聘计划制订

招聘计划是在人力资源计划基础上产生的。企业发现有些职位空缺需要有人来添补，就会提出员工招聘的要求。一份完整的招聘计划通常包括人员需求、招聘信息发布的时间和渠道、招聘小组人选、应聘者的考核方案、招聘费用预算及招聘的工作时间等。制订招聘计划是项复杂的工作，大型企业常聘请组织外部的人力资源问题专家制订和执行招聘计划，小型企业中通常由人力资源部人员负责此项工作。

（二）招聘信息发布

企业在做出招聘计划后，就可进行招聘信息发布工作。企业在发布招聘信息时，必须遵循一定的原则：第一，及时原则。招聘信息必须及时发布，这样可以使招聘信息尽早地向社会公布，有利于更多的人获取信息，使应聘人数增加。第二，面广原则。接收到信息的人越多，面越广，应聘的人也就越多，这样招聘到合适人选的概率也越大。第三，层次原则。招聘时要根据招聘岗位的特点，向特定层次的人员发布招聘信息。此外，招聘信息发布渠道的选择也十分重要。一般而言，广告招聘能够比其他的招聘方式吸引更多的应聘者。广告已经成为广大企业普遍采用的一种招聘方式。

（三）简历筛选

在众多的求职简历中筛选人才，是企业招聘的一项重要工作。规范的企业有详细的岗位说明书，按照岗位说明书精简出来的岗位描述和岗位要求是简历筛选的第一依据。简历与岗位说明书的匹配度越高，获得面试的机会也越大。在简历中需要满足的基本条件是教育程度、专业背景、相关工作经验、相关技能，简历的排版书写也是筛选的一项内容。只有在申请数量非常有限时，简历的筛选才会适度放宽条件。

（四）应聘者选拔

对应聘人员的选拔是招聘过程的重要步骤。选拔的方法主要有笔试、面试、情景模拟测试等，其中，面试是目前应用最为广泛、发展最为成熟的一种选拔方法。面试的过程要尽可能多地了解应聘者的各种信息，包括应聘者的工作经历、教育程度、家庭背景、现代社会适应特征、应聘者的动机与性格、情绪稳定性等。面试的主要目的是发现应聘者的态度、感情、思维方式、人格特征、行为特点及洞察其是否具有敬业精神。

（五）员工录用

经过简历筛选、面试等环节后，企业基本能够确定候选人。但在与候选人签订录用合同前，还必须对候选人进行背景调查及学历认证，主要是考察应聘者是否达到学历要求，过去的工作经历如何，是否有违法犯罪或者违纪等不良行为。一般来说，调查通常会由浅入深，主要采取电话（互联网）咨询、问卷调查和面对面访谈几种形式，必要的时候，企业还可向学校的学籍管理部门、历任雇佣公司的人事部门、档案管理部门进行公函式的调查，以得到最真实可靠的消息。如果背景调查及学历认证均无问题，那么就可以发出录用通知。

（六）招聘评估与总结

一般在一次招聘工作结束之后，都要对整个招聘工作做一个总结和评价，主要是对招聘结果、招聘的成本和效益及招聘方法进行评估，并将评估结果撰写成评估报告或工作总结，为下一次招聘提供借鉴。

二、招聘渠道

企业进行员工招聘的渠道一般有两种，即内部招聘和外部招聘。

（一）内部招聘

内部招聘是指在企业内部通过晋升、竞聘或人员调配等方式，由企业内部的人员来填补空缺职位。企业内部招聘和人才选拔机制的确立，有利于员工的职业生涯发展，留住核心人才，形成人力资源内部的优化配置。

内部招聘对企业而言，有很多优点。首先，内部招聘可以使企业得到大量自己非常熟悉的员工，不必再花费很大力气去认识和了解新员工。其次，这些应聘者对企业的状况及空缺职位的性质都比较了解，省去了很多适应岗位的麻烦。但如果企业仅仅采用内部招聘的做法，久而久之会出现思维僵化、"近亲繁殖"等弊端，很难适应创新的市场要求。

（二）外部招聘

外部招聘是指从企业外部获取符合空缺职位工作要求的人员来弥补企业的人力资源短缺，或为企业储备人才。当企业内部的人力资源不能满足企业发展的需要时，如某些初等职位及一些特定的高层职位，企业内部可能没有合适的人选，则应选择通过外部渠道进行招聘。从外部招聘的人员可以为组织带来新的思维模式和新的理念，有利于组织的创新。

三、招聘方法

（一）内部招聘的方法

1. 内部晋升或岗位轮换

内部晋升是指企业内部符合条件的员工从现有的岗位晋升到更高层次岗位的过程。岗位轮换是指企业有计划地按照大体确定的期限，让员工轮换担任若干种不同工作的人才培养方式。

内部晋升和岗位轮换需要建立在系统的职位管理和员工职业生涯规划管理体系的基础之上。首先，要建立一套完善的职位体系，明确不同职位的关键职责、职位级别、职位的晋升轮换关系，指明哪些职位可以晋升到哪些职位，哪些职位之间可以进行轮换。其次，企业要建立完善的职业生涯管理体系。在每次绩效评定的时候，企业要对员工的工作目标完成情况及工作能力进行评估，建立员工发展档案。同时，要了解员工个人的职业发展愿望，根据员工意愿及发展可能性进行岗位的有序轮换，并提升有潜力的业绩优秀的员工。

2. 内部公开招聘

在公司内部有职位空缺时，可以通过内部公告的形式进行公开招聘。一般的做法是在公司的内部主页、公告栏或以电子邮件的方式通告给全体员工，符合条件的员工可以根据自己的意愿自由应聘。这种招聘方法能够给员工提供一个公平选择工作岗位的机会，能使企业内最合适的员工有机会从事该工作，有利于调动员工的积极性，更符合"人性化管理"理念。但这种方法若采用不当，会使企业内部缺乏稳定，影响落选员工的工作积极性和工作表现。为保证招聘的质量，对应聘内部招聘岗位的员工需要有一定的条件限制，鼓励工作负责、成绩优秀的员工合理流动。同时，参加内部应聘的员工也要像外部招聘的候选人一样接受选拔评价程序，对于经过选拔评价符合任职资格的员工才能予以录用。

3. 内部员工推荐

当企业内部出现职位空缺时，不仅要鼓励内部员工应聘，还要鼓励员工为公司推荐优秀人才。这里包含了两个方面的内容：一是本部门主管对员工的推荐，二是内部员工的评价推荐。主管对本部门员工的工作能力有较为全面的了解，通常当部门主管有权挑选或决定晋升人选时，他们会更关注员工的工作细节和潜在能力，会在人员培养方面投入更多的精力，同时会促使那些正在寻求晋升机会的员工努力争取更好的工作表现。但由于主管推荐很难不受主观因素的影响，多数员工会质疑这种方式的公平性，因此，主管推荐还应与员工评价相结合，从而保证推荐工作的客观性和公正性。同时，为了保证内部推荐的质量，企业还必须对推荐者的推荐情况进行跟踪和记录，以确保推荐的可靠性。

4. 临时人员转正

企业由于岗位需要会雇用临时人员，这些临时员工也是补充职位空缺的来源。正式岗位出现空缺，而临时人员的能力和资格又符合所需岗位的任职资格要求时，可以考虑临时人员转正，以弥补空缺。

（二）外部招聘的方法

1. 发布招聘广告

所谓招聘广告，即将企业有关岗位招聘的信息刊登在适当的媒体上，如报纸、杂志、电视、网站，或散发印刷品等，这是一种最为普遍的招聘方式。刊登的内容一般包括：公司的简单介绍，岗位需求，申请人的资历、学历、能力要求等。这种招聘方式的优点是，覆盖面比较广，发布职位信息多，信息发布迅速，联系快捷方便。缺点是对应聘者信息的真实性较难辨别，成本较高。各种媒体广告都有其不同的优缺点和适用情况，因此在发布招聘广告时，对媒体的选择尤为重要。

2. 就业服务机构和猎头公司

就业服务机构是指帮助企业挑选人才，为求职者推荐工作单位的组织，根据举办方的性质可分为公共就业服务机构和私人就业服务机构。公共就业服务机构是由政府举办，向用人单位和求职者提供就业信息，并帮助解决就业困难的公益性组织，如我国各地市人事局下设的人才服务中心。随着人力资源流动的频繁，我国也出现了大量的私人就业中介机构。除提供与公共就业机构相同的服务职能外，更侧重于为企业提供代理招聘的服务，也就是招聘外包的解决方案。这类就业服务机构主要适用于招聘初级人才、中高年龄人才和一些技术工人。经就业服务机构推荐的人员一般都经过筛选，因此，招聘成功率比较高，上岗效果也比较好；一些规范化的交流中心还能提供后续服务，使招聘企业感到放心，招聘快捷，省时省力，针对性强，费用低廉。

猎头公司是依靠猎取社会所需各类高级人才而生存、获利的中介组织。因此，主要适用于招聘那些工作经验比较丰富、在行业中和相应岗位上比较难得的尖端人才。这种源于西方国家的招聘方式，近年来成为我国不少企业招聘高级管理人员时的首选。但因其高额的收费，只能是在有足够的招聘经费预算的情况下，为企业非常重要的职位招聘时选择。

3. 校园招聘

当企业需要招聘财务、计算机、工程管理、法律、行政管理等领域的专业化工作的初级水平的员工，或为企业培养和储备专业技术人才和管理人才时，校园招聘是达到以上招聘目的的最佳方式。校园招聘的主要方式是张贴招聘广告、设摊摆点招聘、举办招聘讲座和校园招聘会及学校推荐等。在整个过程中，要熟悉招聘应届毕业生的流程和时间限制，特别加强与高校就业指导部门的联系，办理好接收应届毕业生的相关人事手续。校园招聘的应聘者一般都是应届大学生，他们普遍是年轻人，学历较高，工作经验少，可塑性强，进入工作岗位后能较快地熟悉业务。但由于毕业生缺乏工作经验，企业在将来的岗位培训上成本较高，且不少学生由于刚步入社会，对自己的定位还不清楚，工作的流动性也比较大。此外，毕业生往往面对多家企业的挑选，特别是出类拔萃的人选，很可能同时被多家企业录用，违约是比较常见的现象，也使得校园招聘成本比较高。

4. 人才交流会

随着人力资源市场的建立和发展，人才交流会成为重要的招聘形式。通常人才交流会是由有资格的政府职能部门或下属机构主办，有明确的主题，专门针对一个或少数几个领域开展人才交流活动。实际上就是为企业和应聘者牵线搭桥，使企业和应聘者可以直接进行接洽和交流，既节省了企业和应聘者的时间，还可以为招聘负责人提供不少有价值的信息。这种方法对招聘通用类专业的中级人才和初级人才比较有效。由于应聘者集中，人才分布领域广泛，企业的选择余地较大，企业通过人才交流会，不仅可以了解当地人力资源素质和走向，还可以了解同行业其他企业的人事政策等情况，而且招聘费用比较少，招聘周期较短，招聘工作量较小，能尽快招聘到所需人才。

5. 网络招聘

网络招聘也被称为电子招聘，是指通过技术手段的运用，帮助企业完成招聘的过程，即企业通过公司自己的网站、第三方招聘网站等机构，使用建立数据库或搜索引擎等工具来完成招聘的一种方式。

网络招聘已逐渐成为人员招聘最为重要的方式之一。数以万计的专门的求职招聘网站、大型门户网站的招聘频道和网上人才信息数据库等成为新兴的"人才市场"。网络招聘的兴起不仅是因为其成本低廉，更重要的是因为网络招聘是现存各种招聘方式中最符合未来社会人才高速流转要求的，而且随着网络音频、视频技术的飞速革新，网络招聘缺乏立体感的死结也将打开，应该说网络招聘的前景十分广阔。不过，网络招聘要警惕和排除虚假信息的干扰，以免影响组织招聘的效益和效率。

网络招聘有以下几种渠道：

①注册成为人才网站的会员，在人才网站上发布招聘信息，收集求职者的信息资

料，这是目前大多数企业在网上招聘的方式。由于人才网站上资料全，日访问量高，所以企业往往能较快招聘到合适的人才。同时，由于人才网站收费较低，很多企业往往会同时在几家网站注册会员，这样可以收到众多求职者的资料，可挑选的余地较大。

②在企业自己的主页或网站上发布招聘信息。很多企业在自己的站点上发布招聘信息，以吸引来访问的人员加入。

③在某些专业的网站发布招聘信息。由于专业网站往往能聚集某一行业的精英，在这样的网站发布招聘信息往往效果更好。

④在特定的网站上发布招聘广告。有些公司会选择在一些浏览量很大的网站做招聘广告。

⑤利用搜索引擎搜索相关专业网站及网页，发现可用人才。

⑥通过网络猎头公司。专业的网络猎头公司利用互联网将其触角伸得更深更远，搜寻的范围更加广阔。

⑦在BBS、聊天室里发现和挖掘出色人才。

网络招聘具有覆盖面广、方便、快捷、时效性强、成本低和针对性强等优势，但也存在着信息真实度低、应用范围狭窄、基础环境薄弱、信息处理难度大和网络招聘成功率较低等不足。

综上所述，员工招聘的方法是多种多样的，并有着各自不同的特点。在具体实施招聘工作时，企业要结合自身实际情况，灵活运用，选择适合的招聘方式。

第三节　员工招聘实务

一、招聘计划的制订

招聘计划是根据企业的人力资源规划，在工作分析的基础上，通过分析与预测组织岗位空缺及合格员工获得的可能性，所制订的实现员工补充的一系列工作安排。

（一）招聘计划的内容

一份完整的招聘计划通常包括以下内容：

①人员需求，包括招聘的岗位名称、人数、任职资格要求等内容。

②招聘信息发布的时间和渠道。

③招聘小组人选，包括小组人员姓名、职务、各自的职责。

④应聘者的考核方案，包括考核的方式、考核的场所、答题时间、题目设计者姓名等。

⑤招聘费用预算，包括资料费、广告费等其他费用。

⑥招聘的工作时间，包括招聘的具体时间安排、招聘的截止日期。

（二）招聘计划的编写步骤

①获取人员需求信息。人员需求信息一般来源于三个方面：一是企业人力资源计划中的明确规定；二是企业在职人员离职产生的空缺；三是部门经理递交的经领导批准的招聘申请。

②选择招聘信息的发布时间和发布渠道。

③初步确定招聘小组。

④初步确定选择考核方案。

⑤明确招聘预算。

⑥编写招聘工作时间表。

二、招聘广告的撰写

招聘广告是企业员工招聘的重要工具之一。广告设计的好坏，直接影响到应聘者的素质和企业的竞争能力。

（一）招聘广告的编写原则

1. 真实

真实是招聘广告编写的首要原则。招聘广告的编写必须保证内容客观、真实，对广告中涉及的录用人员的劳动合同、薪酬、福利等政策必须兑现。

2. 合法

广告中出现的信息要符合国家和地方的法律、法规和政策。

3. 简洁

广告的编写要简洁明了，重点突出招聘岗位名称、任职资格、工作职责、工作地点、薪资水平、社会保障、福利待遇、联系方式等内容。对公司的介绍要简明扼要，不要喧宾夺主。

（二）招聘广告的内容

不同媒介使用的广告形式有所不同，但广告的内容基本相似。招聘广告的内容包括以下几方面：

①广告题目，一般是"××公司招聘""高薪诚聘"等。

②公司简介，包括公司的全称、性质、主营业务等，文字要简明扼要。

③招聘岗位，包括岗位名称、任职资格、工作职责、工作地点等内容。

④人事政策，包括公司的薪酬政策、社会保障政策、福利政策、培训政策等内容。

⑤联系方式，包括公司地址、联系电话、传真、网址、电子邮箱、联系人等内容。

三、工作申请表的设计

应聘者在应聘前，通常都要填写一份表格，这份表格就是工作申请表。工作申请表，一般有三个作用：第一，了解应聘者的基本信息，确定申请人是否符合工作所需的最低资格要求；第二，根据应聘者提供的信息，判断应聘者是否具有某些与工作岗位相关的能力与素质；第三，为后期应聘者进行选拔测试工作提供重要的参考信息。工作申请表是应聘者信息筛选的

第一个关卡，精心设计的工作申请表可以让这一工具为招聘工作的有效实施发挥更大作用。

（一）工作申请表的设计原则

1. 简明扼要

工作申请表是给多个应聘者申请职位时填写的，如果申请表设计得太过复杂烦琐，填写者出错的概率便会增加，也会给企业相关的人力资源工作带来麻烦。

2. 针对性强

针对企业不同的岗位应设计出不同形式的申请表，这样不但能够提升工作申请表的效用，也为后续的工作搜集了针对性的信息。

3. 便于检索保管

工作申请表不仅仅用于对应聘者信息的收集和初选，还可以丰富企业人力资源部门的人才资源库，完善的工作申请表对企业开展人力资源数字化管理具有推动作用。

（二）工作申请表的设计内容

①工作申请表第一部分一般都用于采集应聘者的基本信息。例如，姓名、性别、籍贯、出生年月、文化程度、专业方向及联系方式等。

②工作申请表的第二部分一般用于采集应聘者的能力信息。例如，计算机英语水平、教育背景、爱好特长、工作经历、职业资格及获奖荣誉等。这些信息是判断应聘者是否具备岗位能力和条件的最基本依据。

四、简历的筛选

简历是对个人学历、经历、特长、爱好及其他有关情况所做的简明扼要的书面介绍。对于企业招聘来说，筛选简历是招聘工作中很重要的一项工作。

（一）简历阅读技巧

①筛选过程中应注意那些易暴露应聘者缺点的地方。例如，对个人信息或教育背

景过多地介绍，可能说明应聘者缺乏工作经验；只介绍工作单位、工作岗位，未介绍工作成果，则可能在原岗位工作平平，或不能很好地胜任原岗位工作；没有持续上升的职业发展状况，则可能说明潜力较低等信息。

②寻找附有求职信息的简历，这样的应聘者可能很在意企业提供的岗位。

③警惕冗长的简历，多余的解释可能表明办事不利索或用以掩盖基本努力和经验的不足。

④仔细寻找与成就有关的内容。

⑤制作草率简历的人，如简历中多次出现错别字的，通常不会把事情做好。

（二）简历分类技巧

经过筛选，可将简历分为拒绝类、基本类、重点类三种。

①拒绝类：完全不符合企业岗位的招聘要求，招聘人员无须再对其进行关注的简历。

②基本类：基本符合企业岗位的招聘要求，但是不太突出或者还有不太理想的方面，招聘人员可以先将这些简历保存，留作招聘后备人员。

③重点类：完全符合企业岗位招聘要求，或者应聘者有突出点，招聘人员应该对该类简历加以重点分析研究，作为下一步面试、笔试等工作的准备。

（三）简历筛选方法

简历筛选的方法多种多样，较为科学的筛选方法为加权计分法。加权计分法是企业在整理出所招聘岗位的各项要求标准后，按其重要程度进行排序并确定其权重大小，依据应聘者各方面的自身条件，对照所申请岗位的要求标准实施计分。具体分为四个步骤：第一，企业招聘人员整理出所招聘岗位的各项要求标准；第二，按照各要求标准的重要程度进行排序，确定其权重大小；第三，判断应聘者的条件是否符合所申请的工作岗位各项标准并且计分；第四，结合各项标准的权重，将每一个应聘者的各项得分相加，并从高到低排序；第五，依据企业下一步招聘计划，确定候选者。

五、面试工作

面试是最常见的招聘方式，是招聘专员通过与应聘者正式交谈，了解其业务知识水平、外貌风度、工作经验、求职动机、表达能力、反应能力、个人修养、逻辑性思维等项情况的方法。面试给企业和应聘者提供了进行双向交流的机会，能使企业和应聘者之间相互了解，从而双方都可更准确地做出聘用与否、受聘与否的决定。

（一）面试的分类

1. 结构化面试

又称标准化面试，是指根据特定职位的胜任特征要求，遵循固定的程序，采用专门的题库、评价标准和评价方法，通过考官小组与应聘者面对面地言语交流等方式，评价应聘者是否符合招聘岗位要求的人才测评方法。主要包括三方面的特点：一是面试过程把握的结构化，在面试的起始阶段、核心阶段、收尾阶段，主考官要做些什么、注意些什么、要达到什么目的，事前都会做相应的策划。二是面试试题的结构化，在面试过程中，主考官要考查考生哪些方面的素质，围绕这些考查角度主要提哪些问题，在什么时候提出，怎样提，都有固定的模式和提纲。三是面试结果评判的结构化，从哪些角度来评判考生的面试表现，等级如何区分，甚至如何打分等，在面试前都会有相应的规定，并在众考官间统一尺度。结构化面试适合于专业技术性强的岗位。

2. 非结构化面试

面试提问没有固定的模式和提纲，面试问题大多属于开放式问题，没有标准答案。非结构化面试主要考察应聘者的服务意识、人际交往能力、进取心等非智力素质，适合考察从事服务性或事务性工作的岗位。非结构化面试主要采用情景模拟方式开展。

3. 半结构化面试

这是指面试构成要素中有的内容做统一要求，有的内容则不做统一要求，也就是在预先设计好的试题的基础上，面试中主考官向应试者又提出一些随机的试题。半结构化面试是介于非结构化面试和结构化面试之间的一种形式，它结合了两者的优点，有效避免了单一方法上的不足，具有双向沟通性的特点。面试官可以获得更为丰富、完整和深入的信息，并且面试可以做到内容的结构性和灵活性的结合。近年来，半结构化面试越来越得到广泛使用。

（二）面试的方法

1. 面试前的准备

面试场地布置：面试场地一般有三种类型，长条桌型的面试场地是最常见的，这种面试形式正规严谨，视野通透，便于观察应聘者的全部举动。圆形桌型的面试适合资深专业类和管理类的应聘者，这种形式能缓解应聘者的紧张感，给他们一种与面试官平等的感觉，但是看不到应聘者的全貌，有些身体语言信息容易被忽视。

面试问题准备：企业招聘面试应关注的问题，包括以下几个方面：应聘动机；以往的生活和工作经历；兴趣爱好和特长；与所聘岗位相关的知识和经验；素质与所聘岗位的匹配度；对待工作价值、责任、挑战、成就的看法；对工作条件和奖酬待遇的要求和看法；处理人际关系的方式和态度；研究和解决问题的习惯及思路等。

面试表格准备：在面试的时候，招聘专员不但要积极倾听，还应该做一些笔记。一方面由于应聘者各有特点，招聘专员很难准确地把握应聘者提供的信息并做出客观准确的判断；另一方面，做好面试记录也是招聘过程记录的一部分，能够为后期人才选拔提供参考资料。

2. 面试的开场

让应聘者介绍自己，并介绍面试的大致安排，建立和谐的气氛。

3. 正式面试环节

招聘专员通过提问方式，介绍企业情况，获取应聘者信息。

4. 面试结束

在面试结束时，应留有时间回答应聘者的提问，努力以积极的态度结束面试。如果不能马上做出决策时，应当告诉应聘者怎样尽快知道面试结果。

（三）无领导小组讨论

无领导小组讨论，是企业招聘选拔人员时，由一组应聘者开会讨论一个企业实际经营中存在的问题，讨论前并不指定谁主持会议，在讨论中观察每一个应聘者的发言，观察他们如何互相影响，以及每个人的领导能力和沟通技巧如何，以便了解应聘者心理素质和潜在能力的一种测评选拔方法。

1. 无领导小组讨论的类型

根据讨论的主题有无情景性，分为无情景性讨论和情景性讨论。无情景性讨论一般针对某一个开放性的问题来进行。例如，好的管理者应具备哪些素质？或是一个两难问题。例如，在企业中，管理者应该更重公平还是更重效率？情景性讨论一般是把应聘者放在某个假设的情景中来进行。例如，假定各个应聘者均是某公司的高级管理者，让他们通过讨论去解决公司的裁员问题，或是解决公司的资金调配问题等。

根据是否给应聘者分配角色，可以分为不定角色的讨论和指定角色的讨论。不定角色的讨论是指小组中的应聘者在讨论过程中不扮演任何角色，可以自由地就所讨论的问题发表自己的见解，既可以局中人的身份进行分析，也可从旁进行客观的评论，具有一定的灵活性。在指定角色的小组讨论中，应聘者分别被赋予一个固定的角色。例如，让他们分别担任财务经理、销售经理、人事经理、生产经理等职务，以各自不同的身份参与讨论，在各角色的基本利益不完全一致甚至有矛盾的前提下，进行自由讨论，并达成一致意见。

2. 无领导小组讨论的流程

第一，编制讨论题目，无领导小组题目的类型包含实际操作性问题、开放式问题、选择与排序问题、两难问题与资源争夺性问题等。

第二，讨论场地布置，无领导小组讨论的实施环节一般要求为：场地安静、宽敞、明亮。讨论者、观察者之间的距离应该远近适中。常见的无领导小组讨论的场地布置形式有方形布置和条形布置。

第三，组织应聘者抽签，确定座次，组织应聘者进入场地并对号入座。

第四，宣读指导语。主考官向应聘者宣读无领导小组讨论测试的指导语，介绍讨论题的背景资料、讨论步骤和讨论要求。主考官要使用规范的指导用语,指导用语的内容包括每组所要完成的任务、时间及注意事项。

第五,讨论阶段。进入正式讨论阶段,一切活动都由被测评小组成员自己决定,主考官一般不做任何发言,招聘专员要做的就是观察各成员,并在评分表上给每个人进行计分。

应聘者讨论的内容既可以是对自己最初观点的补充与修正,也可以是对他人的某一观点与方案进行分析或者提出不同见解,还可以是对大家提出的各种方案的比较基础上提出更加优秀、可行的行为方案。讨论最后必须达成一致意见。讨论的一般流程是,小组成员先轮流阐述自己的观点,然后相互之间进行交叉辩论,继续阐明自己的观点,最后小组选出一名核心人物,以小组领导者的身份进行总结。

无领导小组在讨论过程中,招聘专员的观察要点包括以下几个方面:一是发言内容,也就是应聘者说话的内容;二是发言形式和特点,也就是应聘者说话的方式和语气;三是发言的影响,也就是应聘者的发言对整个讨论的进程产生了哪些作用。

第六,评价与总结。在整个无领导小组讨论中,可以采用录像机进行检测录像,在应聘者讨论过程中,考官按照事先设计好的测评要素和观察点进行评价,并召开评分讨论会,参考录像资料再对每个应聘者的表现逐一进行评价。通过召开讨论会,招聘专员之间可以充分交换意见,弥补自己观察时的遗漏,对应聘者做出更加全面的评价。

当招聘专员都认为他们已经获得了足够的信息,就可以针对各测评指标进行评分。再结合具体的测评权重系数,计算出应聘者的综合得分。最后根据评定意见和综合得分形成最终的综合评定录用结果。

六、录用工作

经过简历筛选、笔试、面试等一系列招聘选拔手段后,企业能够做出初步的录用决策。但在正式签署录用合同前,还需对应聘者进行背景调查和学历认证。

(一)背景调查

在前期的招聘选拔过程中,所有的信息都是从应聘者方面直接获得的,企业还应了解应聘者的一些背景信息。背景调查就是对应聘者的一些与工作有关的背景信息进行查证,以确定其任职资格。通过背景调查,一方面可以发现应聘者过去是否有不良记录,另一方面也可以考察应聘者的诚信度。此外,当企业在面试过程中对应聘者某些表现或所描述的事件表示怀疑,需要寻求有效证据时,也应进行背景调查。

背景调查一般由以下几个路径实现:
①人事部门:了解离职原因、工作起止时间、是否有违规行为等记录。
②部门主管:了解工作表现、胜任程度、团队合作情况和工作潜力。

③部门同事：了解工作表现、服务意识、团队合作等方面。

进行背景调查应注意几个问题：

①不要只听信一个被调查者或者一个渠道来源的信息，应该从各个不同的信息渠道验证信息。尤其是遇到某些不良评价时，不能轻信，而应扩大调查范围，确保调查客观、公正。

②如果一个应聘者还没有离开原有的工作单位，那么再向他的雇主进行背景调查时应该注意技巧，不要给原雇主留下该应聘者将要跳槽的印象，否则对该应聘者不利。

③只花费时间调查与应聘者未来工作有关的信息，不要将时间花在无用的信息上。

④必要的时候，可以委托专业的调查机构进行调查，因为他们会有更加广泛的渠道与证明人联系，并且在询问的技巧方面更加专业。

（二）学历认证

在招聘中有部分应聘者会在受教育程度上作假，因为目前很多招聘的职位都会对学历提出要求，所以那些没有达到学历要求的应聘者就有可能对此进行伪装，因此在招聘中有必要对应聘者的学历进行认证。在我国，基本所有大学的毕业证书和正规部门出具的技能证书，都能在官网上进行查询认证。针对国外的证书，我国教育部和人力资源社会保障部特别设立海外大学文凭认证中心，帮助用人单位鉴定应聘者的学历真伪，但这项认证程序较多，耗时较长。

（三）录用决定

企业在做出录用决定时，应尽可能地将一些不确定因素考虑在内。例如，企业要做好应聘者拒绝录用的心理准备，在录用时应该准备不止一名候选人的录用材料。同时，还应准备新员工个人档案登记表，以便新员工入职时登记员工的基本信息，为建立员工档案做好准备。

（四）录用通知

录用通知一般是通过面谈或者电话告知应聘者，在沟通时，要注意了解应聘者所关心或担心的问题，了解其何时能做出接受录用的决定，了解他们是否在考虑其他企业。对于那些没有被录用的候选人，也应告诉他们未被录用的信息。

七、招聘工作评估与总结

招聘评估主要是对招聘的结果、招聘的成本和招聘的方法等方面进行评估。一般在一次招聘工作结束之后，要对整个招聘工作做一个总结和评价，目的是进一步提高下次招聘工作的效率。

（一）招聘成本效益评估

招聘成本效益评估是指对招聘中的费用进行调查、核实，并对照预算进行评价的过程。计算公式为：招聘单位成本 = 招聘总成本（元）/ 实际录用人数（人）。

招聘总成本由两部分组成，一部分是直接成本，包括招聘费用、选拔费用、录用员工的家庭安置费用和工作安置费用、其他费用（如招聘人员差旅费、应聘人员招待费等）。另一部分是间接成本，包括内部提升费用、工作流动费用等。

如果招聘总成本小，录用人数多，意味着招聘单位成本低；反之，则意味着招聘单位成本高。

（二）录用人员评估

录用人员评估是指根据招聘计划对录用人员的质量和数量进行评价的过程。一般包括以下几个指标。

1. 录用比

录用比反映的是最终录用人数在应聘人数中所占比例情况。录用比越小，录用者的素质越高；反之，录用者的素质越低。

录用比 =（录用人数 / 应聘人数）× 100%

2. 招聘完成比

招聘完成比反映招聘完成情况。如果招聘完成比等于或大于 100%，则说明在数量上全面或超额完成招聘计划。

招聘完成比 =（录用人数 / 计划招聘人数）× 100%

3. 应聘比

应聘比反映的是招聘宣传的力度和招聘广告的吸引力。应聘比越大，说明招聘信息发布效果越好，同时说明录用人员素质可能较高。

应聘比 = 应聘人数 / 计划招聘人数

（三）撰写招聘总结

招聘工作的最后一步，是撰写招聘工作总结，对招聘工作进行全面概括，总结招聘成果，指出招聘过程中的不足之处，为下一次招聘提供参考。招聘总结主要包括招聘计划、招聘进程、招聘结果、招聘经费和招聘评定五方面的内容。

第五章　员工培训与开发

第一节　培训与开发概述

培训与开发一方面可以提高员工的知识技能，另一方面可以使员工认可和接受企业的文化和价值观，提升员工的素质并吸引保留优秀员工，增强企业凝聚力和竞争力。在纷繁复杂、不断变化的市场竞争环境下，企业要想立于不败之地，就必须持续扩充和增强人力资本，因而准确地理解培训与开发是很有必要的。

一、培训与开发的概念

现代人力资源管理的目的就是组织最大限度地发挥员工能力，提高组织绩效。在人力资源管理理论中，培训与开发是两个既有区别又有联系的概念。

（一）基本概念

培训与开发（training and development T&D）是指为了使员工获得或改进与工作有关的知识、技能、动机、态度和行为，有效提高员工的工作绩效以及帮助员工对企业战略目标做出贡献，组织所做的有计划的、系统的各种努力。

（二）培训与开发的历史沿革

虽然有人认为培训与开发是新兴领域，但在实践中，人类组织培训与开发的历史源远流长，可以追溯到18世纪。培训与开发的发展主要经历了以下几个阶段。

1. 早期的学徒培训

在手工业时代，培训与开发主要是一对一的师父带徒弟模式。

2. 早期的职业教育

1809年，美国人戴维德·克林顿建立了第一所私人职业技术学校，使培训与开发进入学校阶段，预示培训进入专门化和正规化的阶段。

3. 工厂学校的出现

新机器和新技术的广泛应用，使培训需求大幅度增加。1872年，美国印刷机制造商 Hoe&Company 开办了第一个有文字记载的工厂学校，其要求工人短期内掌握特定工作所需要的技术。随后福特汽车公司等各个工厂都尝试自行建立培训机构，即工厂学校。1917 年美国通过了《史密斯—休斯法》，规定政府拨款在中学建立职业教育课程，标志着职业教育体系开始形成。

4. 培训职业的创建与专业培训师的产生

第二次世界大战时期，美国政府建立了行业内部培训服务机构来组织和协调培训计划的实施。1944 年，美国培训与发展协会（American Society for Training& Development，ASTD）成立，为培训行业建立了标准，之后有了专业培训人员，培训成为一个职业。

5. 人力资源开发领域的蓬勃发展

20 世纪六七十年代，培训的主要功能是辅导和咨询有关知识和技术、人际交往功能等方面的问题。随着企业商学院、企业大学的成立和成功运作，自 20 世纪 80 年代以来，培训成为企业组织变革、战略人力资源开发的重要组成部分。

二、培训与开发人员及其组织结构

人力资源开发人员的素质不仅关系其自身的发展，而且也关系着整个企业人力资源开发职能工作的质量。不同的企业人力资源开发部门的组织结构存在较大差异，因此有必要了解培训与开发人员及其组织结构。

（一）专业培训与开发人员和组织的诞生

1944 年成立的美国培训与发展协会，是全球最大的培训与发展行业的专业协会，是非营利的专业组织，定期发表行业研究报告，颁发专业资格证书，举办年会以及各种培训活动等。

（二）培训与开发人员的资格认证

人力资源开发人员的认证可以分为社会统一资格认证体系和组织内部资格认证体系。目前统一采用人力资源专业人员的资格证书，美国人力资源协会（The Society for Human Resource Management SHRM）的注册高级人力资源师（SPHR）和人力资源师（PHR）。

（三）培训与开发的组织结构

企业规模、行业、发展阶段不同，培训与开发的组织结构也不同，主要模式有学院模式、客户模式、矩阵模式、企业大学模式、虚拟模式五种。

三、培训与开发在人力资源管理中的地位

随着信息技术、经济全球化的发展,受到终身学习、人力资源外包等因素的挑战,培训与开发在人力资源管理中的地位日益提升,对培训与开发人员提出了新的、更高的要求。同时,企业战略和内在管理机制不同,也要求提供相应的培训与开发支持。

(一)培训与开发是人力资源管理的基本内容

1. 培训与开发是人力资源管理的基本职能

人力资源管理的基本职能包括获取、开发、使用、保存与发展,现代培训与开发是充分发挥人力资源管理职能必不可少的部分。

2. 培训与开发是员工个人发展的客观要求

接受教育与培训是每个社会成员的权利,尤其是在知识经济时代,知识的提高及知识老化、更新速度的加快客观上要求员工必须不断接受教育和培训,无论从组织发展的角度,还是从员工个人发展的角度,员工必须获得足够的培训机会。

3. 培训与开发是国家和社会发展的客观需要

人力资源质量的提高对国家和社会经济的发展,以及国际竞争力的提升具有重要作用。世界各国都非常重视企业员工的培训问题,并制定了相关的法律和政策加以规范,并对企业的培训和开发工作给予相关的支持和帮助。

4. 培训与开发与人力资源管理其他功能模块的关系

培训、开发与人力资源管理各个方面都相互联系,尤其是人力资源规划、职位设计、绩效管理、甄选和配置等联系更为紧密,招聘甄选后便要进行新员工的入职培训,培训与开发是员工绩效改进的重要手段,职位分析是培训需求分析的基础,人力资源规划则确定培训与开发的阶段性与层次性。

(二)培训与开发在人力资源管理中的地位和作用的变迁

1. 员工培训与开发伴随着人力资源管理实践的产生而产生

培训与开发是人类社会生存与发展的重要手段。通过培训而获得的知识增长和技能优化有助于提高劳动生产率。早在1911年,泰勒的《科学管理原理》就包括了培训与选拔的内容(按标准化作业培训工作人员并选拔合格者)。

2. 现代培训与开发逐渐成为人力资源管理的核心内容

在全球化的背景下,培训已成为许多国际大企业大公司投资的重点。美国工商企业每年用于职工培训的经费达数千亿美元,绝大多数企业为职工制订了培训计划,以满足高质量要求的工作挑战。同时,多元化带来的社会挑战、技术革新使员工的技能要求和工作角色发生变化,使得员工需要不断更新专业知识和技能。

3. 培训与开发是构建学习型组织的基础

随着传统资源的日益稀缺，知识经济的形成和迅速发展，21世纪最成功的企业是学习型组织。不论是利润绝对数，还是销售利润率，学习型企业都比非学习型企业高出许多。培训与开发作为构建学习型组织的基础，具有重要的地位。

（三）战略性人力资源管理对培训的内在要求

战略性人力资源管理是指企业为实现目标所进行和采取的一系列有计划、具有战略意义的人力资源部署和管理行为。

四、培训与开发的发展趋势

目前，培训与开发规模日益壮大，培训与开发水平不断提高，培训与开发技术体系日益完善，培训开发理论体系逐渐形成，人力资源培训与开发领域呈现出以下几方面的发展趋势。

（一）培训与开发的目的：更注重团队精神

培训与开发的目的比以往更加广泛，除了新员工上岗引导、素质培训、技能培训、晋升培训、轮岗培训之外，培训开发更注重企业文化、团队精神、协作能力、沟通技巧等。

（二）培训与开发的组织：转向虚拟化和更多采用新技术

虚拟培训与开发组织能达到传统培训组织所无法达到的目标。虚拟培训与开发组织是应用现代化的培训与开发工具和培训与开发手段，借助社会化的服务方式而达到培训与开发的目的。现代化的培训与开发工具及手段包括多媒体培训与开发、远程培训与开发、网络培训与开发、电视教学等。在虚拟培训与开发过程中，虚拟培训与开发组织更加注意以顾客为导向，凡是顾客需要的课程、知识、项目、内容，都能及时供给并更新原有的课程设计。虚拟培训与开发组织转向速度快，更新知识和更新课程有明显的战略倾向性。

（三）培训与开发效果：注重对培训与开发效果的评估和对培训与开发模式的再设计

控制反馈实验是检验培训开发效果的正规方法。组织一个专门的培训开发效果测量小组，对进行培训与开发前后的员工的能力进行测试，以了解培训与开发的直接效果。对培训与开发效果的评价，通常有四类基本要素。一是反应：评价受训者对培训开发计划的反应，对培训开发计划的认可度及感兴趣程度；二是知识：评价受训者是否按预期要求学到所学的知识、技能和能力。三是行为：评价受训者培训开发前后的行为变化。四是成效：评价受训者行为改变的结果，如顾客的投诉率是否减少，废品率是否降低，人员流动是否减少，业绩是否提高，管理是否更加有序等等。

（四）培训与开发模式：更倾向于联合办学

培训与开发模式已不再是传统的企业自办培训与开发的模式，更多是企业与学校联合、学校与专门培训与开发机构联合、企业与中介机构联合或混合联合等方式。社会和政府也积极地参与培训与开发，如再就业工程，社区也在积极地参与组织与管理。政府的专门职能部门也与企业、学校挂钩，如人事部门组织关于人力资源管理的培训，妇联组织关于妇女理论与实践的培训与开发和婚姻、家庭、工作三种角色相互协调的培训与开发等。

五、培训与开发体系

培训与开发是一项系统的工作，一个有效的培训与开发体系可以运用各种培训方式和人力资源开发的技术、工具，把零散的培训资源有机地、系统地结合在一起，从而保证培训与开发工作能持续地、有计划地开展下去。

（一）培训与开发体系

1. 培训与开发体系的定义

培训与开发体系是指一切和培训与开发有关的因素有序地组合，是企业内部培训资源的有机组合，是企业对员工实施培训的一个平台，主要由培训制度体系、培训资源体系、培训运作体系组成。

2. 培训与开发体系的建设与管理

（1）培训制度体系

培训制度是基础，包括培训计划、相关表单、工作流程、学员管理、讲师管理、权责分工、培训纪律、培训评估、培训档案管理制度等。建立培训体系首要工作就是建立培训制度、设计培训工作流程、制作相关的表单、制订培训计划。培训制度的作用在于规范公司的培训活动，作为保证培训工作顺利进行的制度依据。有效的培训制度应当建立在人力资源管理的基础上，与晋升考核等挂钩。

（2）培训资源体系

培训资源体系主要包括培训课程体系、培训资产维护、师资力量开发、培训费用预算等。

①培训课程体系：主要来源于岗位胜任模型，包括岗位式课程体系、通用类课程、专用类课程培训资源等。

②培训设施：培训必备工具（计算机、投影仪、话筒等）；培训辅助工具（摄像机、培训道具）；培训场地。

③培训教材：包括培训光碟、培训书籍、电子教材（软件）等。

④管理要求：定期检查、分类管理、过程记录、专人负责。

（3）培训运作体系

培训运作体系包括培训需求分析、培训计划制订、培训方案设计、培训课程开发、培训实施管控、培训效果评估。

（二）企业大学

1. 企业大学的定义

企业大学又称公司大学，是指由企业出资，以企业高级管理人员、一流的商学院教授及专业培训师为师资，通过实战模拟、案例研讨、互动教学等实效性教育手段，培养企业内部中、高级管理人才和企业供销合作者，满足人们终身学习的一种新型教育、培训体系。

企业大学是比较完备的人力资源培训与开发体系，是有效的学习型组织实现手段，也是公司规模与实力的证明。早在1927年，通用汽车就创办了GM学院，通用电气1956年建立的克劳顿培训中心（现在称为领导力发展中心）标志着企业大学的正式诞生。

2. 企业大学的类型

（1）内向型企业大学

内向型企业大学是为构筑企业全员培训体系而设计的，学员主要由企业员工构成，不对外开放，如麦当劳大学、通用汽车的领导力发展中心等。

（2）外向型企业大学

外向型企业大学分为两类，一类是仅面向其供应链开放，将其供应商、分销商或客户纳入学员体系当中，主要目的是支持其业务发展，如爱立信学院；另一类是面向整个社会，主要目的是提升企业形象或实现经济效益，如惠普商学院。

3. 企业大学理论模型

（1）企业大学轮模型（corporate university wheel）

普林斯和海里提出"企业大学轮模型"，把理想企业大学的五种元素整合到同一个理论结构中，并定义企业大学的重点是支持企业目标、协助知识的创新及组织的学习。企业大学轮模型整合了企业大学的流程、重要活动和相关任务，假设学习是产生在个体之内、个体与个体之间的活动和流程，试图把流程融入学术上的组织和学习理论，并把知识管理和学习型组织结合在同一个理论结构里。企业大学轮模型整合了作为理想企业大学的五种元素，这五种元素为支持企业目标的方式、网络和合作伙伴、知识系统和流程、人的流程，以及学习流程。

（2）企业大学创建轴承模型

在中国企业的企业大学创建研究和咨询中，南天竺公司搭建了"企业大学创建轴承模型",概括出"1结合,2实体,3体系,4关键"的企业大学创建1234法,用简洁通俗的语言描述企业如何立足管理现状,有效地创建适合企业需要的企业大学。1结合,指以企业战略为核心,适应环境变化;2实体,指组建领导机构和执行部门;3体系,指建立课程体系、师资体系、评估体系;4关键,主要指财务规划、制度建设、需求分析、持续改善。

4.西方企业大学成功的关键因素

(1)公司高层主管的参与和重视。

(2)将培训与发展目标和组织的战略性需求紧密结合。

(3)重视学习计划的绩效评估。

(4)根据企业内部和外部的学习需求,设计和实施具有针对性的核心课程。

(5)善于利用现代化的网络及数字工具,构建完善的学习环境。

(6)与其他企业和传统高校建立良好的合作关系。

第二节 培训需求分析

一、培训需求分析的含义与作用

(一)培训需求分析的含义

所谓培训需求分析,是指在规划与设计每项培训活动之前,由培训部门、主管负责人、培训工作人员等采用各种方法与技术,对参与培训的所有组织及其员工的培训目标、知识结构、技能状况等方面进行系统的鉴别与分析,以确定这些组织和员工是否需要培训及如何培训,弄清谁最需要培训、为什么要培训、培训什么等问题,并进行深入探索研究的过程。

(二)培训需求分析的作用

培训需求分析作为现代培训活动的首要环节,在培训中具有重大作用,具体表现如下:

1.充分认识现状与目的差距

培训需求分析的基本目标就是确认差距,即确认绩效的应有状况同现实状况之间的差距。绩效差距的确认一般包含三个环节:一是必须对所需要的知识、技能、能力进行分析,即理想的知识、技能、能力的标准或模式是什么;二是必须对现实实践中缺少的知识、技能、能力进行分析;三是必须对理想的或所需要的知识、技能、能力与现有的知识、技能、能力之间的差距进行分析。这三个环节应独立并有序地进行,以保证分析的有效性。

2. 促进人事管理工作和员工培训工作的有效结合

当需求分析考虑到培训和开发时,需求分析的另一个重要作用便是能促进人事分类系统向人事开发系统的转换。包括企业在内的一般组织之中,大部分有自己的人事分类系统。人事分类系统作为一个资料基地,在做出关于补偿金、员工福利、新员工录用、预算等的决策方面非常重要,但在工作人员开发计划、员工培训和解决工作中实际问题等方面的用处很小。

3. 提供解决工作中实际问题的方法

可供选择的方法可能是一些与培训无关的选择,如组织新设与撤销、某些岗位的人员变动、新员工吸收,或者是几个方法的综合。

4. 能够得出大量员工培训的相关成果

培训需求分析能够作为规划开发与评估的依据。一个好的需求分析能够得出一系列的研究成果,确立培训内容,指出最有效的培训战略,安排最有效的培训课程。同时,在培训之前,通过研究这些资料,建立起一个标准,然后用这个标准来评估培训项目的有效性。

5. 决定培训的价值和成本

如果进行了好的培训需求分析,并且找到了存在的问题,管理人员就能够把成本因素引入培训需求分析。这个时候,如果不进行培训的损失大于进行培训的成本,那么培训就是必要的、可行的。反之,如果不进行培训的损失小于培训的成本,则说明当前还不需要或不具备条件进行培训。

6. 能够获得各个方面的协助

工作人员对必要的工作程序的忽视,并不能排除组织对工作人员承担的责任。如果一个组织能够证明信息和技能被系统地传授,就可以避免或减少不利条件的制约。同时,高层管理部门在对规划投入时间和金钱之前,对一些支持性的资料很感兴趣。中层管理部门和受影响的工作人员通常支持建立在客观的需求分析基础之上的培训规划,因为他们参与了培训需求分析过程。无论是组织内部还是外部,需求分析提供了选择适当指导方法与执行策略的大量信息,这为获得各方面的支持提供了条件。

二、培训需求分析的内容

培训需求分析的内容主要有三个方面:培训需求的对象分析、培训需求的阶段分析、培训需求的层次分析。

(一)培训需求的对象分析

培训对象分为新员工培训和在职员工培训两类,所以培训需求的对象分析包括新员工培训需求分析和在职员工培训需求分析。

1. 新员工培训需求分析

新员工主要进行企业文化、制度、工作岗位的培训，通常使用任务分析法。新员工的培训需求主要产生于对企业文化、企业制度不了解而不能融入企业，或是对企业工作岗位不熟悉而不能胜任新工作。对于新员工培训需求分析，特别是对于企业低层次工作的新员工培训需求，通常使用任务分析法来确定其在工作中需要的各种技能。

2. 在职员工培训需求分析

在职员工主要进行新技术、技能的培训，通常使用绩效分析法。由于新技术在生产过程中的应用，在职员工的技能不能满足工作需要等而产生培训需求。

（二）培训需求的阶段分析

培训活动按阶段可分为针对目前存在的问题和不足所进行的目前培训和针对未来发展需要所进行的未来培训。因此，培训需求的阶段分析包括目前培训需求分析和未来培训需求分析。

1. 目前培训需求分析

目前培训需求是针对企业目前存在的不足和问题而提出的培训需求，主要包括分析企业现阶段的生产经营目标、生产经营目标实现状况、未能实现的生产任务、企业运行中存在的问题等，找出这些问题产生的原因，并确认培训是解决问题的有效途径。

2. 未来培训需求分析

这类培训需求是为满足企业未来发展需要而提出的培训需求，主要包括预测企业未来工作变化、职工调动情况、新工作职位对员工的要求以及员工已具备的知识水平和尚欠缺的部分。

（三）培训需求的层次分析

培训需求的层次分析从三个层次进行：战略层次、组织层次、员工个人层次。与此相对应，培训需求的层次分析可分为战略层次分析、组织层次分析和员工个人层次分析三种。

1. 培训需求的战略层次分析

战略层次分析要考虑各种可能改变组织优先权的因素，如引进一项新技术、出现了突发性的紧急任务、领导人的更换、产品结构的调整、产品市场的扩张、组织的分合以及财政的约束等；还要预测企业未来的人事变动和企业人才结构的发展趋势（如高中低各级人才的比例、老中青各年龄段领导的比例等），调查了解员工的工作态度和对企业的满意度，找出对培训不利的影响因素和可能对培训有利的辅助方法。

2. 培训需求的组织层次分析

组织层次分析主要分析的是企业的目标、资源、环境等因素，准确找出企业存在的问题,并确定培训是否是解决问题的最佳途径。组织层次的分析应首先将企业的长期目标和短期目标作为一个整体来考察,同时考察那些可能对企业目标产生影响的因素。因此,人力资源部必须弄清楚企业目标,才能在此基础上做出一份可行的培训规划。

3. 培训需求的员工个人层次分析

员工个人层次分析主要是确定员工目前的实际工作绩效与企业的员工绩效标准对员工技能要求之间是否存在差距,为将来培训效果的评估和新一轮培训需求的评估提供依据。对员工目前实际工作绩效的评估主要依据以下资料:员工业绩考核记录、员工技能测试成绩以及员工个人填写的培训需求调查问卷等资料。

三、培训需求分析的方法与程序

(一) 培训需求分析的方法

任何层次的培训需求分析都离不开一定的方法与技术。而这种方法与技术又是多种多样的。在此,从宏观的角度探讨三种方法:必要性分析方法、全面性分析方法、绩效差距分析方法。

1. 培训需求的必要性分析方法

(1) 必要性分析方法的含义与内容

所谓必要性分析方法,是指通过收集并分析信息或资料,确定是否通过培训来解决组织存在的问题的方法,它包括一系列的具体方法和技术。

(2) 九种基本的必要性分析方法与技术

①观察法。通过较长时间的反复观察,或通过多种角度、多个侧面对有典型意义的具体事件进行细致观察,进而得出结论。

②问卷法。其形式可能是对随机样本、分层样本或所有的"总体"进行调查或民意测验。可采用各种问卷形式,如开放式、投射式、强迫选择式、等级排列式等。

③关键人物访谈。通过对关键人物的访谈,如培训主管、行政主管、专家主管等,了解到所属工作人员的培训需要。

④文献调查。通过对专业期刊、具有立法作用的出版物等的分析、研究,获得调查资料。

⑤采访法。可以是正式的或非正式的、结构性的或非结构性的,可以用于一个特定的群体如行政机构、公司、董事会或者每个相关人员。

⑥小组讨论。像面对面的采访一样,可以集中于工作(角色)分析、群体问题分析、目标确定等方面。

⑦测验法。以功能为导向,可用于测试一个群体成员的技术知识熟练程度。

⑧记录报告法。可以包括组织的图表、计划性文件、政策手册、审计和预算报告;

对比较麻烦的问题提供分析线索。

⑨工作样本法。采用书面形式，由顾问对已作假设并且相关的案例提供书面分析报告；可以是组织工作过程中的产物，如项目建议、市场分析、培训设计等。

2. 培训需求的全面性分析方法

全面性分析方法是指通过对组织及其成员进行全面、系统的调查，以确定理想状况与现有状况之间的差距，从而进一步确定是否进行培训及培训内容的一种方法。

（1）全面性分析方法的主要环节

由于工作分析耗费大量时间，且需要系统的方法，因而分析前制订详细的计划对于全面分析方法的成功实施非常重要。在计划阶段，一般包括计划范围的确定和咨询团体的任命两部分内容。

（2）研究阶段

工作分析的规范制订出来以后，工作分析必须探究目标工作。首先检验的信息是工作描述。当研究阶段结束后，工作分析人员应该能从总体上描述一项工作。

（3）任务或技能目标阶段

这一阶段是工作分析的核心，有两种方法可以应用：一种是形成一个完整详细的任务目录清单，即每一项任务被分解成微小的分析单位；另一种方法是把工作仅剖析成一些任务，然后形成一个描述任务目录的技能目标。

（4）任务或技能分析阶段

工作任务的重要性是能够分析的维度或频率，频率即一定时间内从事一项任务的次数。其他维度包括所需要的熟练水平、严重性及责任感的强弱程度。熟练水平这一维度主要用来考察在不同的任务中是否需要高级、中级或低级的熟练水平。严重性这一维度主要考查何种任务如果执行得不适当、不合理将会产生灾难性后果。责任感的强弱程度这一维度主要用来考察在职工作人员在不同层次的监督下所表现出来的责任感的大小。

3. 培训需求分析的绩效差距分析方法

绩效差距分析方法也称问题分析法，它主要集中在问题而不是组织系统方面，其推动力在于解决问题而不是系统分析。绩效差距分析方法是一种广泛采用的、非常有效的需求分析法。绩效差距分析法的环节如下。

（1）发现问题阶段

发现并确认问题是绩效分析法的起点。问题是理想绩效和实际绩效之间差距的一个指标。其类型诸如生产力问题、士气问题、技术问题、资料或变革的需要问题等。

（2）预先分析阶段

此阶段也是由培训者进行直观判断的阶段。在这一阶段，要注意两个问题：一项是如果发现了系统的、复杂的问题，就要运用全面性分析方法；另一项是确定应用何种工作收集资料。

（3）资料收集阶段

收集资料的技术有多种，各种技术在使用时最好结合起来，经常采用的有扫描工具、分析工具等。

（4）需求分析阶段

需求分析涉及寻找绩效差距。传统上，这种分析考察实际个体绩效同工作说明之间的差距。然而，需求分析也考察未来组织需求和工作说明。既然如此，工作设计和培训就高度结合起来。我们可以把需求分析分为工作需求、个人需求和组织需求三个方面。

（5）需求分析结果

需求分析结果是通过一个新的或修正的培训规划解决问题，是全部需求分析的目标所在。对结果进行分析后，最终确定针对不同需求采取的不同培训方法及不同的培训内容。

（二）培训需求分析的程序

1. 做好培训前期的准备工作

培训活动开展之前，培训者就要有意识地收集有关员工的各种资料。这样不仅能在培训需求调查时方便调用，而且能够随时监控企业员工培训需求的变动情况，以便在恰当的时候向高层领导者请示开展培训。

（1）建立员工培训档案

培训部门应建立起员工的培训档案，培训档案应注重员工素质、员工工作变动情况以及培训历史等方面内容的记载。员工培训档案可参照员工人事档案、员工工作绩效记录表等方面的资料来建立。另外，培训者应密切关注员工的变化，随时向其档案里添加新的内容，以保证档案的及时更新和监控作用。

（2）同各部门人员保持密切联系

培训工作的性质决定了培训部门通过和其他部门之间保持更密切的合作联系，随时了解企业生产经营活动、人员配置变动、企业发展方向等方面的变动，使培训活动开展起来更能满足企业发展需要，更有效果。培训部门工作人员要尽可能和其他部门人员建立起良好的个人关系，为培训收集到更多、更真实的信息。

（3）向主管领导反映情况

培训部门应建立一种途径，满足员工随时反映个人培训需要的要求。可以采用设立专门信箱的方式，或者安排专门人员负责这一工作。培训部门了解到员工需要培训的要求后应立即向上级汇报，并汇报下一步的工作设想。如果这项要求是书面的，在与上级联系之后，最好也以书面形式作答。

（4）准备培训需求调查

培训者通过某种途径意识到有培训的必要时，在得到领导认可的情况下，就要开始需求调查的准备工作。

2. 制订培训需求调查计划

培训需求调查计划应包括以下几项内容。

（1）培训需求调查工作的行动计划

即安排活动中各项工作的时间进度以及各项工作中应注意的一些问题，这对调查工作的实施很有必要。特别是对于重要的、大规模的需求分析，有必要制订一个行动计划。

（2）确定培训需求调查工作的目标

培训需求调查工作应达到什么目标，一般来说完全出于某种培训的需要，但由于在培训需求调查中会有各种客观或主观的原因，培训需求调查的结果并不是完全可信的。所以，要尽量排除其他因素的影响，提高培训需求调查结果的可信度。

（3）选择合适的培训需求调查方法

应根据企业的实际情况以及培训中可利用的资源选择一种合适的培训需求分析方法。如工作任务安排非常紧凑的企业员工不宜采用面谈法，专业技术性较强的员工一般不用观察法。

（4）确定培训需求调查的内容

确定培训需求调查内容的步骤如下：首先要分析这次培训调查应得到哪些资料，然后排除手中已有的资料，就是需要调查的内容。培训需求调查的内容不要过于宽泛，以免浪费时间和费用；对于某一项内容可以从多角度调查，以便取证。

3. 实施培训需求调查工作

在制订了培训需求调查计划以后，就要按计划规定的行动依次开展工作。实施培训需求调查主要包括以下步骤。

（1）提出培训需求动议或愿望

由培训部门发出制订计划的通知，请各责任人针对相应岗位工作需要提出培训动议或愿望。培训需求动议应由理想需求与现实需求或预测需求与现实需求存在差距的部门和岗位提出。

（2）调查、申报、汇总需求动议

相关人员根据企业或部门的理想需求与现实需求或预测需求与现实需求的差距，调查、收集来源于不同部门和个人的各类需求信息，整理、汇总培训需求的动议和愿望，并报告企业培训组织管理部门或负责人。

（3）分析培训需求

申报的培训需求动议并不能直接作为培训的依据。因为培训需求常常是一个岗位或一个部门提出的，存在一定的片面性，所以对申报的培训需求进行分析，就是要消除培训需求动议的片面性，也就是说要全方位分析。

（4）汇总培训需求意见，确认培训需求

培训部门对汇总上来并加以确认的培训需求列出清单，参考有关部门的意见，根据重要程度和迫切程度排列培训需求，并依据所能收集到的培训资源制订初步的培训计划和预算方案。

4. 分析、输出培训需求结果

（1）对培训需求调查信息进行归类、整理

培训需求调查信息来源于不同的渠道，信息形式有所不同，因此，有必要对收集到的信息进行分类，并根据不同的培训调查内容进行信息的归档，同时要制作表格对信息进行统计，并利用直方图、分布曲线图等工具将信息所表现的趋势和分布状况予以形象的处理。

（2）对培训需求分析、总结

对收集上来的调查资料进行仔细分析，从中找出培训需求。此时应注意个别需求和普遍需求、当前需求和未来需求之间的关系。要结合业务发展的需要，根据培训任务重要程度和紧迫程度对各类需求进行排序。

（3）撰写培训需求分析报告

对所有的信息进行分类处理、分析总结以后，根据处理结果撰写培训需求分析报告，报告结论要以调查信息为依据，不能凭个人主观看法得出结论。

第三节 培训计划的制订与实施

培训计划直接关系培训与开发活动的成败，是确定培训内容和方法、评估培训效果的主要依据。因此，必须了解什么是培训计划、培训计划包括哪些内容、如何制订培训计划。

一、培训计划工作概述

（一）培训计划的概念

培训计划是按照一定的逻辑顺序排列记录的，它是从组织的战略出发，在全面、客观的培训需求分析基础上做出的对培训内容、培训时间、培训地点、培训者、培训对象、培训方式和培训费用等的预先系统设定。

（二）培训计划的类型

培训计划要着重考虑可操作性和效果。以时间跨度为标准，培训计划可以分为长期培训计划、中期培训计划、短期培训计划。

1. 长期培训计划（3年以上）

长期培训计划必须明确培训的方向性，考虑组织的长远目标、个人的长远目标、外部环境发展趋势、目标与现实的差距、人力资源开发策略、培训策略、培训资源配置、培训资源的需求、培训内容的整合、培训行动步骤、培训效益预测、培训效果预测等因素。

2. 中期培训计划（1~3年）

中期培训计划是长期计划的进一步细化，要明确培训中期需求、培训中期目标、培训策略、培训资源分配等因素。

3. 短期培训计划（1年以下）

从目前国内组织的培训实践来看，通常所说的培训计划大多是短期培训计划，更多的是某次或某项目的培训计划。

以上三种计划属于从属关系，从长期到短期培训计划工作不断细化。

二、培训计划的制订

（一）确立培训目的与目标

1. 培训目标的分类

培训目标可以分为提高员工在企业中的角色意识、提高知识和技能、转变态度动机几类。培训目标可分为若干层次，从某一培训活动的总体目标到某个学科直至每堂课的具体目标，越往下越具体。

2. 确定培训目标的注意事项

确定培训目标应当和组织长远目标相吻合，一次培训的目标不要太多，要从学习者的角度出发，明确说明预期课程结束后学员可以拥有哪些知识、信息及能力。目标确立应符合SMART原则，即目标必须是具体的（specific），目标必须是可以衡量的（measurable），目标必须是可以达到的（attainable），目标必须和其他目标具有相关性（relevant），目标必须具有明确的截止期限（time-based）。

（二）确定培训时间

培训时间主要包括培训时机和培训的持续时间。

1. 选择培训时机

企业可选择以下时间作为培训时机。

（1）新员工加盟时。

（2）新技术、新设备引进或生产工艺流程变更时。

（3）满足补救需要时（缺乏合格员工）。

2. 确定培训的持续时间

企业应根据以下因素确定培训的持续时间。

（1）培训内容。

（2）培训费用。

（3）学员素质。

（4）学员的工作与休闲时间的分配。

（三）确定培训场所与设施

确定培训场所与设施时必须注意以下问题。

（1）培训场所的多样化。

（2）判断培训场所与设施的基本要求，即舒适度与合适度。

（3）场所选择必须考虑各种细节。

（四）确定培训者

培训者有广义和狭义之分。广义的培训者包括培训部门领导人、培训管理人员以及培训师；狭义的培训者专指培训师。

1. 培训部门领导人的条件

（1）对培训工作富有热情，具有敬业精神。

（2）有培训与开发工作的实际经验。

（3）以身作则，对受训者和自己一视同仁。

（4）富有远见，能清楚地分析组织的培训要求，对人力资源发展有战略眼光。

（5）有良好的知识结构，特别是有培训与开发的专业知识。

（6）有良好的职业道德品质和身体状况。

2. 培训管理人员的条件

（1）善于与人打交道。

（2）工作主动、积极。

（3）有任劳任怨的精神。

（4）有一定的组织管理能力。

3. 培训师的条件

培训师是企业培训活动的关键环节，培训师资水平直接影响培训活动的实施效果，甚至可能会影响企业领导对人力资源部门和企业培训与开发工作的基本看法。培训师可以来自企业内部或外部。优秀的培训师需要具备以下素质和技能。

（1）态度

培训师应当喜欢培训工作，符合"3C"，即关心（care）、创造性（creativity）和勇气（courage）。

（2）能力

培训师应当具备信息转化能力、良好的交流和沟通能力、一定的组织管理能力、创新能力。

企业内部的培训讲师是企业培训师资队伍的主体，他们能有效传播企业真正需要的知识与技能，对企业有效经验和成果进行共享和复制；同时选择优秀员工担任讲师，为员工职业生涯发展开辟更广阔的道路。所以，企业应注意对内部讲师的培养和激励以及制度建设问题。

外部讲师的选拔同样要遵照相应的程序，还应考虑促进外部讲师授课成果的有效转化。

（五）确定培训对象

一般而言，组织内有三种人员需要培训。

1. 可以改进目前工作的员工

培训可以使他们更加熟悉自己的工作和技术。

2. 有能力而且组织要求他们掌握另一门技术的员工

培训的目的是将其安排到更重要、更复杂的岗位上。

3. 有潜力的员工

通过培训让他们进入更高层的岗位。

培训对象确定后，最好能立即列出该对象的相关资料，如平均年薪、教育背景、共同特质、曾参加过的培训等。

（六）确定培训内容与项目

培训内容应服务于培训目的与目标。培训的内容一定要科学，既要考虑系统性、适用性，也要考虑超前性，并根据不同的对象和不同的时间有所变化。

1. 确定培训内容与项目的依据

（1）以工作岗位标准为依据。

（2）以生产/服务质量标准为依据。

（3）以组织的发展目标为依据。

2. 确定培训内容与项目的分析方法

（1）任务分析法。

（2）缺陷分析法。

（3）技能分析法。

（4）目标分析法。

（七）确定培训方法

培训内容确定后，可以依据知识性课程、技能性课程、态度性课程等不同的课程，选择相适应的培训方法。培训方法主要包括课堂讲授法、研讨法、角色扮演法、游戏法、案例法、敏感性训练、视听法、程序指导、头脑风暴法、模拟法等。

（八）确定培训与开发预算

培训与开发预算是指在一段时间内（通常是 12 个月）培训与开发部门所需要的全部开支。培训与开发预算主要由五部分构成，包括培训场地及设施，与培训相关人员的食宿费，培训器材、教材费，培训相关人员工资以及外聘教师讲课费，交通差旅费等。

培训与开发预算的确定主要有六种方法。

1. 比较预算法

参考同行业平均培训预算与优秀企业培训预算，结合本企业实际情况确定。

2. 比例确定法

对某一基准值设定一定的比例来决定培训经费预算额。如根据企业全年产品的销售额或总经费预算的一定百分比来确定培训经费预算。

3. 人均预算法

预先确定企业内部人均培训经费预算额，然后再乘以在职人员数量。

4. 推算法

根据过去培训的使用额来推算，或与上一年度对比决定预算。

5. 需求预算法

根据企业培训需求确定一定时限内必须开展的培训活动，分项计算经费，然后加总求和。

6. 费用总额法

企业划定人力资源部门全年费用总额后，再由人力资源部门自行分配预算。

三、编制培训计划书

（一）概念

培训计划书是关于培训计划制订结果的一份文字总结。具体包括培训项目名称、培训目的、培训进度、培训内容、培训步骤、意外控制、注意事项、策划人、日期等。

（二）作用

（1）可对整个项目做一个清晰的交代，同时充分陈述项目的意义、作用和效果，简化培训程序。

（2）信息与分析结果高度浓缩的培训计划书可为高层领导的决策提供必要的依据和便利。

（3）可预先帮助管理者加深对培训项目各个环节的了解，从而做到统筹规划。

（三）编写技巧

（1）项目名称要尽可能详细地写出。

（2）应写明培训计划或者所属部门、职务、姓名。团队形式则应写出团队名称、负责人、成员姓名。

（3）培训计划的目的要尽可能简明扼要，突出核心要点。

（4）培训计划书内容应在认真考虑受众的理解力和习惯的基础上详细说明，表现方式宜简单明了，并可适当加入一些图表。

（5）详细阐述计划培训的预期效果与预测效果，并解释原因。

（6）对计划中出现的问题要全部列明，不应回避，并阐述计划者的看法。

（7）培训计划书是以实施为前提编制的，通常会有很多注意事项，在编写时应将它们提出来供决策者参考。

四、培训材料

培训材料指能够帮助学习者达成培训目标、满足培训需求的所有资料，具体包括课程描述、课程的具体计划、学员用书、课前阅读资料、教师教学资料包（视听材料、练习册、背景资料、电脑软件等）、小组活动的设计与说明、测试题目。

五、培训实施

（一）明确培训学习的原则

1. 近期目标和长远战略相结合的原则

为了制订科学的、切实可行的培训计划，应该对企业人才需求进行预测，并且充分考虑到企业的生产经营特点、近期目标、长远规划，以及社会劳动力供求变化趋势等因素。要对培训的目标、方法、效益进行周密、细致的研究，通过制订和执行培训计划，保持培训的制度化和连续性。企业还应建立培训效果的追踪检查方案，并根据生产经营的变化，随时对培训计划做出相应的修订。

2. 全员培训与重点提高相结合的原则

全员培训就是有计划、有步骤地对在职的所有员工进行培训，这是提高全体员工素质的必经之路。为了提高培训投入的回报率，培训必须有重点，即注重对企业兴衰有着重大影响的管理和技术骨干，特别是中高层管理人员的培训；再者，有培养前途的梯队人员，更应该有计划地进行培训与开发。

在坚持全员培训与重点提高相结合的原则的同时，要因材施教，处理好学员共性和个性的关系。也就是说，要针对员工的不同文化水平、不同职务岗位、不同要求以及其他差异区别对待。只有这样，才能最大限度地发挥培训的功能，使员工的才能在培训活动中得到培养和提高，并在生产经营中得以实现。

3. 知识技能培训与企业文化培训兼顾的原则

培训与开发的内容，除了文化知识、专业知识、专业技能外，还应包括理想、信念、价值观、道德观等方面的内容。而后者又要与企业目标、企业文化、企业制度、企业优良传统等结合起来，使员工在各方面都能够符合企业的要求。

4. 理论联系实际，学以致用的原则

员工培训应当有明确的针对性，一定要从本企业实际出发，从实际工作的需要出发，根据企业的实际需要组织培训，使培训与生产经营实际紧密结合，与职位特点紧密结合，与培训对象的年龄、知识结构、能力结构、思想状况紧密结合，目的在于通过培训让员工掌握必要的技能以完成规定的工作，最终为提高企业的经济效益服务。企业培训既不能片面强调学历教育，也不能片面追求立竿见影。

5. 培训效果的反馈与强化原则

培训效果的反馈与强化是不可缺少的重要环节。培训效果的反馈指的是在培训后对员工进行检验，其作用在于巩固员工学习的技能，及时纠正错误和偏差。反馈的信息越及时、准确，培训的效果就越好。强化则是指由于反馈而对接受培训人员进行的奖励或惩罚。其目的一方面是奖励接受培训并取得绩效的人员，另一方面是加强其他员工的培训意识，使培训效果得到进一步强化。

6. 培训活动的持久性原则

培训作为人力资源体系中一个很重要的环节，要充分认识到培训的持续作用。仅仅几次培训很难达到预期效果，也不符合人力资源的发展规律，那种试图"一蹴而就"的做法是不可取的，时冷时热式的培训虽然可以在一定程度上取得效果，但会挫伤员工的积极性。

7. 培训活动的协调性

首先是时间上的协调。有的培训需要较长的时间，这就不可避免地产生时间冲突，尤其是与员工私人时间的冲突。如果占用太多私人时间，员工参加培训时就会心不在焉，培训效果自然大打折扣。

其次是组织上的协调。有的培训很难把参加的人员组织好，诸如出差、工作忙、开会等因素都会影响培训的人员安排，这就需要培训部门和相关人员协调好，保证大家都有机会参加。

（二）合理选择培训的方法

员工培训的方法是指培训主体（通常是企业）为了实现培训目标而采取的作用于企业员工的各种方式、形式、手段和程序等的总和。它是实现企业员工培训目标的中介和桥梁，是整个员工培训系统的重要组成部分，是提高员工培训实效性的关键之一。企业员工培训方法的综合把握和有效调试，对提高员工培训的实效性有着重要意义。

1. 目前我国企业员工培训方法存在的问题

目前，我国企业员工的培训工作已经取得了一些成就，尤其是一些大企业的员工培训，已经具有相当高的水平。但是受传统观念的束缚，目前企业的员工培训方法在很多方面已经和时代不相吻合，主要存在着以下弊端。

（1）观念落后，认识不足

相当一部分企业将员工培训看作单纯的投入，所以尽可能地减少培训人数和费用。这是一种典型的短视行为，只看到了短期的投入，而没有看到员工培训为企业长远发展所培养、积攒的人力资本。这种陈旧的观念和思想很难与社会同步，需要及时更新。

（2）只重技能，不重素质

企业员工培训的内容很多，一般由知识培训、技能培训和素质培训组成。我国企业的员工培训主要停留在员工的知识和技能方面，对于其他方面则做得不够。如对企业文化的传承、企业内聚力的加强、员工工作热情的激发等方面认识不足，导致我国企业员工的培训只注重技能培训而忽视素质培训。其结果是虽然员工技能得到了长足的提高，但缺乏正确的工作态度和优良的职业精神，导致员工离职率居高不下，企业的培训投入无法得到回报。

（3）不成体系，方法老套

一份权威机构对我国企业的培训调查报告显示，92%的企业没有完善的员工培训体系，仅有42%的企业有自己的培训部门。很多企业一提到员工培训，就是来场讲座或是外派学习一周等形式，很少考虑自身需要，只是为了培训而培训。

（4）流于表面，缺乏激励

大部分企业只是注重培训的现场状况，只对培训的组织、培训讲师的表现等最表面的东西进行考评，而对于培训对员工行为的影响，甚至对公司整体绩效的影响却不去考评。外派培训则更为简单，只看培训者有没有培训的合格证书，流于表面，不重视培训的内涵。

2. 完善企业员工培训方法的途径

针对目前国内企业员工培训工作中所存在的弊端和不足，企业员工培训工作要根据企业培训的新目标、新内容，总结其他企业的培训经验，建立符合自身特色和时代特征并符合规律性、富有实效性的系统方法，具体需要从以下几个方面努力。

（1）注意运用渗透式培训方法

不断加强渗透式培训，是今后企业员工培训方法发展的一个趋势。企业应借鉴国内外先进大公司的有益做法并结合自身特点，探索具体渗透方法。首先，员工培训于企业文化建设之中。可通过对企业愿景、战略目标、企业价值观等的宣传，引导员工从中获得良好的企业氛围熏陶，提高综合素质，摆正价值取向，选择正确的、和企业发展一致的职业生涯。其次，寓员工培训于开放模式之中。开放型的培训模式应该是"面向世界、面向社会、走出企业、多方参与、内外开放、齐抓共管"的模式。

（2）注意运用隐性培训的方法

我国企业的员工培训比较侧重于显性方法，即能让员工明显感受到培训意图的方法。这种方法有利于对员工进行正面系统的理论培训，而且容易对培训过程进行监控和评估。但光靠显性方法是不够的，应结合企业实际，借鉴运用隐性培训方法，使员工在不知不觉中得到提高。

（3）注意运用灵活多样的培训方法

正确认识员工的层次性、差异性，是实施灵活多样的培训方法的前提。这就需要与时俱进，以更加多样的方法增强员工培训的针对性和实效性。当然，强调员工培训方法的多样性，并不等于否定员工培训内容的主导性，应用培训方法的多样性来丰富培训主导性的内容，两者相互依存、相互促进、共同发展。

（4）注意科学化的培训方法

传统的企业培训从"本本"出发，沿袭常规不变的教条；而当今时代的员工培训从目标设计到具体实施都经过科学的评估和实验过程，是经过反复论证筛选的结果。科学化的培训方法表现在普遍使用各种较先进的科技来辅助培训，用计算机来处理分析有关资料，也表现在培训观念更新和实践领域的通俗化上。

3. 员工培训的常用方法

随着企业员工培训理论的不断发展和深入，企业对员工培训的方法也变得日趋多样和成熟。员工培训主要的方法有授课法、研讨法、案例法、工作轮换法、户外拓展法、试听教学法等。企业培训方式的选择对培训效果有直接影响，因此，对不同的培训对象和培训内容，必须选择不同的培训方法，才能达到企业员工培训的目的。

（1）授课法

授课法是最普遍的员工培训方法，是通过讲师的语言和演示，向员工传授知识和技能。授课法具有方便实施、效率高的特点。在实施授课法时，企业员工培训的内容要符合企业和员工的需求，并考虑员工的接受能力。讲师的选择也是关键，要选择专业经验丰富的授课老师。

（2）研讨法

研讨法是员工培训的重要方法之一，是鼓励员工就所学知识提问、探讨的一种培训方式。通过员工之间的交流来解决学习和生产中存在的问题，有助于巩固理解学习的知识，培养员工的综合能力和解决问题的能力。

（3）案例法

案例法源自国外大学的教学模式，是研讨法的延伸。这种方法的主要优点是鼓励员工认真思考、主动参与，并发表个人见解和体会，可以培养员工的表达能力、合作精神。案例法的重点在于如何提高员工培训效果，难点在于教学案例的开发。

（4）工作轮换法

工作轮换法是将员工调到另一个工作岗位去工作，也叫"轮岗培训"。工作轮换法能帮助员工理解多种工作环境，扩展员工的工作经验，适合于培训综合性管理人员。

（5）户外拓展法

户外拓展法主要是利用有组织的户外活动来培训团队协作能力。这种方法适用于培训与团队效率有关的技能，如自我意识、问题解决、冲突管理和风险承担。户外拓展培训的方式一般是团体性的体育活动或游戏，如登山、野外行军、攀岩、走木桩、翻越障碍及各种专门设计的游戏。企业员工培训方案如果采取户外拓展，一定要有针对性，要通过活动来达到培训员工的目的。

（三）培训内容的选取

1. 培训内容选取的原则

（1）学以致用

企业培训与社会办学不同，社会办学强调的是强化基础、宽化专业，这是因为学生毕业后面对的是整个社会，大多数人很难匹配到狭义上的"对口专业"，只有具备了扎实的基础知识和宽广的专业面，才能较从容地面对就业。而在企业中，每一个员工都有自己的工作岗位，所要适应的知识和技能有一个基本确定的范围，因此，企业对员工的培训应该围绕着这个范围来展开。这样，员工学得会、用得上、见效快，企业成本也低，从而实现成本收益的最优化。

（2）培训的结果对企业和员工都有利

在培训活动中，企业投入的是人、财、物等资源，目的是提升企业的技术能力、产品质量和生产效率，进而提高企业在市场上的竞争力；员工投入的是时间、精力，目的是提升自身的素质和工作技能，赢得尊重，为日后更换工作岗位、晋升、加薪做好准备。

（3）内容丰富、形式多样

在企业中，员工的职系分工不同，应用的知识、技能也随之不同；员工的职位层级不同，应用知识、技能的深浅程度也不同。为使每一个员工都得到有针对性的培训，必须有丰富的培训内容。员工培训绝不可理解为单调地上课。根据培训的对象、目的、时间周期、培训人数等，培训可采用军体训练、讲座、办短训班或集训队、跟班学习、班组研讨会、外派学习、师傅带徒弟、户外活动等多种形式进行。

2. 新员工培训的主要内容

新员工的岗前培训是最常见的企业培训之一。与一般的企业员工培训不同，新员工培训主要侧重于两个方面：首先，帮助新员工熟悉企业的工作环境，让他们轻松愉快地成为企业中的一员；其次，使新员工了解必要的知识和技能，了解公司的运作程序，使他们熟悉公司的设施和他们的岗位责任。

3. 在职员工培训的主要内容

在企业培训中，对在职员工的培训约占整个企业培训工作量的80%~90%。在职员工不仅人数众多、培训需求千差万别、现有水平参差不齐，而且这种培训需要长期持续不断、逐步深入地进行。因此，对企业在职人员培训内容的确定，是做好企业培训工作的关键之一。在职员工培训主要侧重于对新知识、新技术的培训。

第四节 培训效果评估

一、培训效果评估的作用

在企业培训的某一项目或某一课程结束后，一般要对培训效果进行一次总结性的评估或检查，以便找出受训者究竟有哪些方面的收获与提高。

培训效果评估是一个完整的培训流程的最后环节，它既是对整个培训活动实施成效的评价与总结，同时评估结果又为下一个培训活动确定培训需求提供了重要信息，是以后培训活动的重要输入。在运用科学的方法和程序获取培训活动的系统信息前提下，培训效果评估能够帮助企业决策者做出科学的决策，提高培训项目的管理水平，并确保培训活动实现所制定的目标。

（一）培训效果评估是整个培训系统模型的重要组成部分

在整个培训系统中，培训效果评估是一个非常重要的组成部分。没有培训效果评估，整个培训系统将不完整。一个完整的培训系统模型，应该从组织、工作和个人三方面进行分析，确定培训需求；然后进行培训目标的确定，通过确定培训目标，可以确定培训的对象、内容、时间和方法等；接下来是进行培训计划的拟订，这是培训目标的具体化和操作化；下一步是实施培训活动；最后一步便是培训效果评估。在进行评估时，通过对整个培训项目的成本收益或存在的问题进行总结，为下次培训项目的开展和改进提供有力的帮助。

（二）培训效果评估是培训循环系统的一个关键环节

培训过程应该是一个系统性的循环过程。在这个循环系统中，培训效果评估同样是整个过程的重要环节，属于独立的核心部分，是整个培训系统的一部分，而不是一个孤立的环节，它的变化将影响许多其他子系统的变化。培训效果评估在整个培训系统中占有重要的地位，它会给培训过程的其他环节带来益处。

（三）培训效果评估可以提高培训的地位

企业培训不同于学校教育。学校教育是一种文化活动，其宗旨是提高全民文化素质，而不要求立即获得现实的经济利益。但是，企业培训通常由企业自身承担，需要消费企业的稀缺资源。培训效果评估能够反映出培训对于企业的作用，同时也充分体现出人力资源部门在组织中的重要作用。特别是在评估中采用一些定量指标进行分析，能够让组织中的每个员工和管理者看到培训投资的有效性，证明培训投资决策的正确性，提高组织管理者对培训的重视，加大对培训的投入。

二、培训效果评估的内容

有关培训效果评估的最著名模型是由柯克帕特里克提出的。从评估的深度和难度看，柯克帕特里克的模型包括反应层、学习层、行为层和结果层四个层次，这也是培训效果评估的主要内容。人力资源培训人员要确定最终的培训评估层次和内容，因为这将决定要收集的数据种类。

（一）反应层评估

反应层评估是指受训人员对培训项目的看法，包括对材料、讲师、设施、方法和内容等的看法，这些反应可以作为评估培训效果的内容和依据。反应层评估的主要方法是问卷调查。问卷调查是在培训项目结束时，收集受训人员对于培训项目的效果和有用性的反应，受训人员的反应对于重新设计或继续培训项目至关重要。反应问卷调查易于实施，通常只需要几分钟的时间。

（二）学习层评估

学习层评估是目前最常见也最常用到的一种评价方式。它是测量受训人员对原理、事实、技术和技能的掌握程度。学习层评估的方法包括笔试、技能操练和工作模拟等。培训组织者可以通过笔试、绩效考核等方法来了解受训人员培训后在知识以及技能方面有多大程度的提高。

（三）行为层评估

行为层评估往往发生在培训结束后的一段时间，由上级、同事或客户观察受训人员，确定其行为在培训前后是否有差别，他们是否在工作中运用了培训中学到的知识。

这个层次的评估可以包括受训人员的主观感觉、下属和同事对其培训前后行为变化的对比，以及受训人员本人的自评。这种评价方法要求人力资源部门与职能部门建立良好的关系，以便不断获得员工的行为信息。

（四）结果层评估

结果层评估上升到组织的高度，即评估组织是否因为培训而经营得更好。这可以通过一些指标来衡量，如事故率、生产率、员工流动率、质量、员工士气以及企业对客户的服务等。通过对这些组织指标的分析，企业能够了解培训带来的收益。例如人力资源开发人员可以通过比较培训前后事故率，分析事故率的下降有多大程度归因于培训，确定培训对组织整体的贡献。

三、培训效果评估的方法

（一）培训效果的定性、定量评估方法

1. 培训效果的定性评估方法

培训效果的定性评估方法是指评估者在调查研究、了解实际情况的基础之上，根据自己的经验和相关标准，对培训效果做出评价的方法。这种方法的特点在于评估的结果只是一种价值判断，如"培训整体效果较好""培训讲师教学水平很高"之类的结论，因此它适合于对不能量化的因素进行评估，如员工工作态度的变化。目前国内大多数企业采用这种培训评估方法。

2. 培训效果的定量评估方法

定性评估方法只能对培训活动和受训人员的表现做出原则的、大致的、趋向性的判断，而定量评估方法能对培训作用的大小、受训人员行为方式改变的程度及企业收益多少给出数据解释，通过调查统计分析来发现和阐述行为规律。从定量分析中得到启发，然后以描述形式来说明结论，这在行为学中是常见的处理方法。

（二）培训效果评估的主要技术方法

培训效果评估技术通过建立培训效果评估指标及评估体系，对培训的成效进行检查与评价，把评估结果反馈给相关部门。它可作为下一步培训计划与培训需求分析的依据之一。以下介绍几种培训效果评估的技术方法。

1. 目标评价法

目标评价法要求在制订培训计划时，将受训人员完成培训计划后应学到的知识、技能，应改进的工作态度及行为，应达到的工作绩效标准等目标列入其中。培训课程结束后，应将受训者的测试成绩和实际工作表现与既定培训目标相比较，得出培训效果，作为衡量培训效果的根本依据。目标评价法操作成功的关键在于确定培训目标，

所以在培训实施之前企业应制订具有可确定性、可检验性和可衡量性的培训目标。

2. 绩效评价法

绩效评价法是由绩效分析法衍生而来的。它主要用于评估受训者行为的改善和绩效的提高。绩效评价法要求企业建立系统而完整的绩效考核体系。在这个体系中，要有受训者培训前的绩效记录。在培训结束3个月或半年后，对受训者再进行绩效考核时，只有对照以前的绩效记录，企业才能明确地看出培训效果。

3. 关键人物评价法

所谓的关键人物是指与受训者在工作上接触较为密切的人，可以是他的上级、同事，也可以是他的下级或者顾客等。有研究发现，在这些关键人物中，同级最熟悉受训者的工作状况，因此，可采用同级评价法，向受训者的同级了解其培训后的改变。这样的调查通常很容易操作，可行性强，能够提供很多有用信息。

4. 测试比较法

无论是国内的学者还是国外的学者，都将员工通过培训学到的知识、原理和技能作为企业培训的效果。测试比较法是衡量员工知识掌握程度的有效方法。在实践中，企业会经常采用测试法评估培训效果，但效果并不理想，原因在于没有加入任何参照物，只是进行简单的测试，而有效的测试方法应该是具有对比性的测试比较评价法。

5. 收益评价法

企业的经济性特征迫使企业必须关注培训的成本和收益。培训收益评价法就是从经济角度综合评价培训项目，计算出培训为企业带来的经济收益。

这五种培训效果评估方法，一般可以多种方法联合使用。企业在操作中，可以利用一些常用的工具，如问卷调查、座谈会、面谈、观察等，取得相关数据，再将两组或多组不同的数据进行分析比较。

第六章 绩效管理

第一节 绩效管理概述

一、绩效的含义与性质

（一）绩效的含义

绩效是组织的使命、核心价值观、愿景和战略的重要表现形式，也是决定组织竞争成败和可持续发展的关键因素。一般意义上，绩效指的是活动的结果和效率水平。对应于英文的 performance，中文词语除了"绩效"，相近的还有"业绩""实绩""效绩"等概念。不过，这几个概念大多强调行为活动的结果，忽视了行为活动的过程，因此意思表达不够完整、准确。"绩效"这个概念不仅强调了工作活动的结果，也体现了导致结果的工作活动过程，因此得到人们的普遍接受。

绩效是分层次的。按照衡量的主体，绩效可以从宏观、中观和微观的角度划分为组织绩效、群体绩效和个人绩效三个层次。这三个层次密切相关：组织绩效、群体绩效是通过个人绩效实现的，离开了个人绩效，也就无所谓组织绩效和群体绩效；此外，从绩效评价的角度看，脱离了组织绩效、群体绩效的个人绩效评价是毫无意义的，个人绩效需要通过组织绩效、群体绩效来体现。因此，组织绩效管理的最终落脚点在于对员工个人绩效的管理。

对于绩效的含义，学者们提出过三种典型观点：一是认为绩效是结果；二是认为绩效是行为；三是认为绩效是行为和结果的统一体。我们认同第三种观点，进而将绩效定义为组织及个人的履职表现和工作任务完成情况，是组织期望的为实现其目标而展现在组织不同层面上的工作行为及其结果。这个定义一方面强调了与组织目标相关的工作活动的结果，突出了结果导向；另一方面体现了员工所表现出来的促使结果达成的工作行为及过程。在管理实践中，绩效主要是指那些需要评价的工作行为及其结果。

（二）绩效的性质

根据上述绩效的含义，绩效具有以下三种性质：

（1）多因性：绩效的多因性是指员工绩效的优劣并不取决于单一因素，而是受制于主客观多种因素。例如，一位打字员的工作绩效不仅受其态度等主观因素的影响，还受工资水平、打字机的工作状况、办公桌的高度等客观因素的影响。

（2）多维性：绩效的多维性指的是需要从多个维度或方面去分析和评价绩效。通常，企业在进行绩效评价时，会综合考虑员工的工作业绩、工作态度和工作能力等几方面的情况，而且这几个维度又分别包括许多具体的评价指标。

（3）动态性：绩效的动态性是指绩效会随着时间的推移而发生变化，原来较差的绩效有可能好转，原来较好的绩效也可能变差。

（三）影响绩效的主要因素

研究表明，员工的绩效主要受技能、激励、环境和机会四种因素的影响。它们之间的关系可以用公式表示为：

$$P=f(S, M, E, O)$$

式中，P 为绩效，S 为技能，即员工的工作技能和能力水平，主要体现为天赋、智力、经历、教育、培训等；M 为激励，通过改变员工的工作积极性来发挥作用；E 为环境，分为组织内部的环境因素和组织外部的环境因素两类；O 为机会，是一种偶然性的因素；f 则表示绩效与这四种影响因素之间的一种函数关系。

二、绩效管理的含义与特征

组织的绩效是通过系统的管理活动实现的。因此，组织、管理和绩效是三个密不可分的概念。组织是管理活动及其绩效的载体，管理是组织借以创造绩效的手段，绩效是组织实施管理的目的。综观百年管理思想史，不论是各类组织中管理者的实践摸索，还是管理学界对管理工作的理论研究，都是围绕绩效展开的。不同时期的不同管理学派虽然具有不同的研究假设以及不同的观察和分析问题视角，但基本都是以改善组织绩效为探索的出发点，始终致力于提升绩效水平。从这个意义上讲，管理学发展的历史就是绩效管理探索的历史。

作为绩效改进的一种探索和方法，绩效评价的概念先于绩效管理提出，但是在实践过程中，绩效评价逐步暴露出各种弊端，陷入困境。在这一背景下，20 世纪 70 年代后期，学者们在总结绩效评价局限性的基础上，进一步丰富了绩效的内涵，并提出了绩效管理的概念，特别是 20 世纪 80 年代后期和 90 年代，出现了关于绩效管理含义的不同观点，主要有以下三种：

第一种观点，将绩效理解为组织绩效，即"绩效管理是管理组织绩效的系统"，强调通过对组织架构、生产工艺、业务流程等方面的调整实施组织的战略目标，员工虽然会受到这些调整的影响，但并不是绩效的重点考虑对象。

第二种观点，将绩效理解为单纯的员工绩效，即"绩效管理是管理员工绩效的系统"，强调以员工为核心的绩效管理概念。

第三种观点，将绩效理解为组织绩效与员工绩效的总和，即"绩效管理是综合管理组织和员工绩效的系统"，强调绩效管理的中心目标是挖掘员工的潜力，提高他们的绩效，并通过将员工的个人目标与企业战略结合在一起来提高组织的绩效。

我们认同第三种观点，因此将绩效管理定义为人力资源管理体系的一个模块，是通过管理者与员工之间达成的关于目标、标准和所需能力的协议，在双方相互理解的基础上使组织、群体和个人取得较好工作结果的一种管理过程。简而言之，绩效管理指的是管理者用来确保员工的工作活动和工作产出与组织目标保持一致的手段及过程。

根据绩效管理的含义及相关实践，可归纳出绩效管理的一些基本特征：

（1）绩效管理是防止员工绩效不佳和提高工作绩效的有力工具。这是绩效管理最主要的目的。

（2）绩效管理特别强调沟通辅导及员工能力的提高。绩效管理强调通过沟通辅导的过程以达到它的开发目的。绩效管理不是强迫员工工作的棍棒，也不是权力的炫耀。事实上，各种方式的沟通辅导贯穿整个绩效管理系统。

（3）绩效管理是一个过程，是一个包括若干环节的系统。绩效管理不仅强调绩效的结果而且重视达成绩效目标的过程。它不是一年一次的填表工作；不仅是最后的评价，而且强调通过控制整个绩效周期中的员工的绩效情况来达到绩效管理的目的。

（4）绩效管理不是简单的任务管理。任务管理的目的紧紧围绕实现当期的某个任务目标，绩效管理则是根据整个组织的战略目标，为了实现一系列中长期的组织目标而对员工绩效进行管理。因此，绩效管理具有重要的战略意义。

三、绩效管理与绩效评价的异同

与绩效管理相近且容易引起混淆的一个概念是绩效评价，有必要对这两个概念进行辨析。

绩效评价通常又称绩效考核、绩效评估等，就是评定和估价员工个人工作绩效的过程和方法。绩效评价是人力资源管理过程中一个非常重要的环节，绩效评价的结果往往作为薪酬变动、职位提升、职位转换和员工辞退等各种人力资源管理决策的依据。

绩效管理和绩效评价既有区别，又相联系。两者的区别主要体现在：绩效管理是一个完整的管理过程，侧重于信息沟通和绩效的持续提高，强调事先沟通与承诺，贯穿人力资源管理活动的全过程；绩效评价只是绩效管理的一个局部环节，侧重于判断和评价,强调事后评价,仅在特定时期内出现。

此外,绩效管理和绩效评价又有着密切的联系:一是绩效评价是绩效管理过程中非常重要和关键的一个环节,组织只有通过这个环节,才能将客观的绩效水平转变成完整的绩效信息,进而为改进个人和组织绩效提供管理决策依据;二是绩效管理的关键决策都围绕绩效评价展开,包括评价什么内容、多长时间评价一次、由谁来评价、如何进行评价以及评价结果如何应用等,这些决策贯穿绩效管理过程的不同环节,但都是围绕绩效评价进行的。

综上所述,绩效管理绝不仅仅限于绩效评价,绩效评价只是绩效管理的一个环节。另外,绩效管理离不开绩效评价。组织只有将绩效评价纳入绩效管理之中,才能够对绩效进行有效的监控和管理,进而实现绩效管理的目标。

四、绩效管理同人力资源管理其他职能的关系

绩效管理在人力资源管理系统中处于核心地位,它与企业人力资源管理系统中的其他职能之间存在非常密切的关系,其中,有一些是单向关系,但更多的是双向关系。

(一)同工作设计和工作分析的关系

一方面,工作设计和工作分析的结果是设计绩效管理系统的重要依据。例如,在设计绩效评价指标时,首先应根据工作设计和工作分析的结果对各个评价涉及的职位进行分类,设计出指标体系框架,然后根据每个职位所具有的与组织的战略成功密切相关的核心职能或工作职责,将已有的指标体系框架具体化,从而设计出个性化的绩效评价指标。另一方面,绩效管理也会对工作设计和工作分析产生影响。绩效管理的结果可能反映出工作设计中存在的种种问题,是验证工作设计合理与否的一种手段。

(二)同招聘的关系

绩效评价的结果可能会促使企业做出招聘的决定。当企业通过分析员工绩效评价的结果,发现员工的态度和能力有所欠缺,而培训又无法满足需要时,就要考虑招聘新员工。此外,招聘成功与否直接影响到绩效。如果招来的员工素质较高,而且与职位相匹配,则能够提高绩效水平;反之,会导致绩效下降。

(三)同培训与开发的关系

绩效管理同培训与开发之间的关系也是双向的。不论是培训与开发还是绩效管理,都是一种对员工的行为进行引导的机制,只是这两种机制发生作用的方式和时机不同。绩效管理的目的中包括开发的目的,绩效评价的结果可用于分析人员培训和开发的需要。管理者通过与员工就绩效管理的结果进行绩效面谈,帮助员工了解自身存在的问题,从而对员工的自我开发形成一种外部的激励和引导。另外,培训与开发也会对绩

效管理产生影响。通过培训，员工素质得到提高，无疑能够提高绩效水平、进而有利于实现绩效管理目标。

（四）同薪酬管理的关系

绩效管理与薪酬管理的关系是最直接的，员工薪酬的构成中一般都要包含一部分绩效薪酬，这部分薪酬与员工绩效评价的结果直接挂钩，这样可以调动员工的工作积极性，使其通过努力可以获得更多的回报，同时达到提高组织绩效的目的。因此，绩效是决定薪酬水平的一个重要因素。此外，薪酬与薪酬管理水平也直接影响员工绩效水平。例如，如果员工获得了公平的薪酬及待遇，会增强工作的积极性与主动性，进而提高工作绩效，否则工作积极性会降低，绩效水平也会随之下降。

（五）同职位变动及解雇退休的关系

绩效管理的结果会影响职位变动和解雇退休方面的决策。例如，如果绩效评价的结果表明某些员工无法胜任现有的职位，就需要查明原因并果断地进行职位调换，将他从现有职位上换下来，安排到其他能够胜任的职位上；同时，通过绩效评价还可以发现优秀的、有发展潜力的员工。对于在潜力测评中表现出特殊管理才能的员工，可以进行积极的培养和大胆的提拔。总之，绩效管理的结果是职位变动或解雇退休的依据之一。

第二节 战略性绩效管理

一、战略性绩效管理系统模型

战略性绩效管理是指组织及其管理者在组织的使命、核心价值观的指引下，为达成愿景和战略目标而进行的绩效计划、绩效监控、绩效评价以及绩效反馈的循环过程，其目的是确保组织成员的工作行为和工作结果与组织期望的目标保持一致，通过持续提升个人、部门以及组织的绩效水平，最终实现组织的战略目标。

一个完整的战略性绩效管理系统由三个目的、四个环节和五个关键决策构成。具体而言，三个目的是指战略目的、管理目的和开发目的，四个环节是指绩效计划、绩效监控、绩效评价和绩效反馈，五个关键决策是指评价内容、评价主体、评价方法、评价周期和结果应用。

绩效管理是组织为实现其战略目的、管理目的和开发目的而建立的一个完整系统，由绩效计划、绩效监控、绩效评价和绩效反馈四个环节形成一个闭合循环，评价内容、评价主体、评价方法、评价周期和结果应用这五个关键决策通常贯穿上述四个环节，对绩效管理的实施效果起着决定性的作用。

（一）绩效管理的三个目的

绩效管理的目的在模型中处于中心位置，即一切绩效管理工作都是围绕目的展开的，偏离了目的，绩效管理就失去了存在的价值和意义。归纳起来，绩效管理的目的有以下三点。

1. 战略目的

绩效管理系统将员工的工作活动与组织的战略目标联系在一起。在绩效管理系统的作用下，组织通过提高员工的个人绩效来提高组织的整体绩效，从而实现组织的战略目标。

2. 管理目的

组织在多项管理决策中都要使用到绩效管理信息（尤其是绩效评价的信息）。绩效管理中绩效评价的结果是企业进行薪酬管理决策、晋升决策、保留或解雇决策等重要人力资源管理决策的重要依据。

3. 开发目的

绩效管理的过程能够让组织发现员工身上存在的不足之处，以便对他们进行有针对性的培训，这样才能够更有效地提高员工的知识水平、技能和素质，促进员工个人发展，实现绩效管理的开发目的。

（二）绩效管理的四个环节

一个完整有效的绩效管理系统必须具备绩效计划、绩效监控、绩效评价和绩效反馈四个环节：

1. 绩效计划

绩效计划是绩效管理过程的起点，在新的绩效周期开始时，管理者与员工经过充分的沟通，明确为了实现组织经营计划与管理目标，员工在绩效周期内应该做什么以及应该做到什么程度，并对为什么做、何时应做完、员工的决策权限等相关问题进行讨论，促进相互理解并达成协议。

2. 绩效监控

在绩效计划制订完毕后，员工就开始按照计划开展工作。在工作过程中，管理者要对员工进行指导和监督，及时解决发现的问题，并根据实际情况及时对绩效计划进行调整。

3. 绩效评价

绩效评价通过在绩效监控期间收集到的能够说明被评价者绩效表现的事实和数据，判断员工的绩效是否达到绩效目标要求。绩效评价是绩效管理过程的核心环节，也是技术性最强的一个环节。

4.绩效反馈

绩效反馈是指绩效周期结束时,管理者与员工进行绩效评价面谈,使员工充分了解和接受绩效评价的结果,并由管理者指导员工在下一周期如何改进绩效的过程。

(三)绩效管理的五个关键决策

为了达到三个目的,组织在实施战略性绩效管理的四个环节中,必须把握好五个关键决策:

1.评价内容

也就是指如何确定员工个人的绩效评价指标、指标权重及目标值。

2.评价主体

在确定评价主体时,应重点考虑评价的内容,评价主体应该与评价内容相匹配。评价主体对被评价者及其工作内容都应有所了解,只有这样,评价才能有助于达到一定的管理目的。

3.评价方法

绩效评价方法是指评价主体评价绩效所使用的具体方法。具体采用何种评价方法,要根据所要评价对象的特点进行选择,并考虑设计和实施的成本。

4.评价周期

也就是多长时间评价一次。评价周期与评价指标、职位等密切相关,其设置应尽量合理,不宜过长,也不宜过短。

5.结果应用

绩效评价结果主要应用于两个方面:一是用于绩效诊断、制订绩效改进计划;二是将绩效评价结果作为招聘、晋升、培训与开发、薪酬福利等其他管理决策的依据。

二、绩效管理工具

(一)绩效管理工具概述

1.绩效管理工具的演变与特点

从19世纪末20世纪初至今,伴随着管理思想及理论的发展,绩效管理发展成为人力资源管理理论研究的重点,绩效管理工具也在不断发展完善,并于20世纪50～70年代发生了革命性的创新。在20世纪50年代以前,不论是绩效管理的理论还是工具都非常单一,主要是表现性评价。在50年代以及此后的几十年中,研究者们先后提出了组织效能评价标准、目标管理、标杆管理、关键绩效指标、平衡计分卡等绩效管理的理论、工具与技术。综观绩效管理理论的发展,其评价范围在横向上不断扩展,从单纯的财务指标扩展到对企业的全面考察;另外,绩效管理在纵向上也在不断提升,关注经营功能,从单纯的人事测评工具上升到承接组织战略的战略性绩效管理工具。

其中，表现性评价主要是由主管根据绩效周期内的工作表现对下属做出评价的绩效管理模式。与现代绩效管理工具相比，它最大的缺陷在于：没有很好地与整个组织的战略相承接并成为组织绩效管理的战略工具，只是一种纯粹的人事评价工具。具体表现在以下几个方面：一是在评价内容上，缺乏战略指导和系统思维，评价内容局限于部门和具体职位，结果是不能有效地完成组织的战略目标。二是在评价主体上，表现性绩效评价的评价主体往往局限于员工的直线领导，并且大多采取直线垂直下行分派任务、确定目标和打分评价的方式，缺乏上下级之间双向的沟通和对员工多维的绩效信息反馈。三是在评价客体上，由于评价内容未能有效地承接组织战略，对部门和员工的评价指标不是基于组织的战略目标，导致评价的结果针对的往往是被评价的员工个人，而不是其工作绩效，更不是能促进组织战略目标实现的工作绩效。因此，适应管理实践的需要，从理论上总结和开发适应绩效管理的战略性工具，就成了历史发展的必然。

此外，绩效管理工具与绩效评价方法不能混为一谈，两者有着本质区别；绩效管理工具主要是提供一种系统的思维，以便将组织战略或高层目标转化为部门、个人的绩效目标或指标，其目的在于构建绩效管理系统；而绩效评价方法主要是提供一种技术手段，以便对特定指标的绩效做出评价，其目的在于衡量绩效。

2. 绩效管理工具的比较

目标管理、关键绩效指标、平衡计分卡等绩效管理工具，都是现代管理实践和理论的产物，有的是管理学家在长期研究管理实践的基础上创造并为实践所检验的，如目标管理和平衡计分卡；有的则是在管理实践中取得成功并上升为普遍适用的理论方法的，如标杆管理和关键绩效指标。这些工具在产生时间上有先后，本身各有优缺点。事实上，各种工具在现代管理中日益呈现出一种综合应用的趋势。

（二）目标管理

目标管理是1954年由美国著名的管理学家彼得·德鲁克在《管理的实践》一书中提出的。德鲁克认为，古典管理学派偏重于以工作为中心，忽视人性的一面；行为科学又偏重于以人为中心，忽视了与工作相结合。目标管理则综合了对工作的兴趣和人的价值，在工作中满足其社会需求，企业的目标也能同时实现，这样就可以把工作和人的需要两者统一起来。德鲁克提出，企业目标只有通过分解成一组更小的目标后才能够实现。现实中经常是组织有一个清晰的战略目标、但是对如何实现目标并不清楚，员工更不清楚他们的工作与组织的战略目标有何关系，从而不知道努力的方向，往往无所适从。解决这一问题的答案在于将目标管理与自我控制结合起来。

1. 目标管理的含义与程序

目标管理是指一种程序或过程，它使组织中的上下级一起协商，根据组织的使命确定一定时期内组织的总目标，由此决定上下级的责任和分目标，并把这些目标作为组织经营、评价和奖励的标准。目标管理是一种以员工为中心、以人性为本位的管理方法，它的本质就是以"民主"代替"集权"，以"沟通"代替"命令"，使组织成员充分切实地参与决策，并采用自我控制、自我指导的方式，进而把个人目标与组织目标结合起来。

目标管理主要有以下四个步骤：

（1）计划目标：通过目标分解，由评价者与被评价者共同制定建立每位被评价者所应达到的目标。

（2）实施目标：对计划实施监控，掌握计划进度，及时发现问题并采取适当的矫正行动。

（3）评价结果：将实际达到的目标与预先设定的目标相比较，使评价者能够找出未能达到目标，或实际达到的目标远远超出预先设定的目标的原因。

（4）反馈：管理者与员工一起回顾整个周期，对预期目标的达成和进度进行讨论，为制定与达成新的目标做准备。

2. 目标管理的优点与不足

与传统的表现性评价相比，目标管理取得了长足的进步。它重视人的因素，通过让下属参与、由上级和下属协商共同确定绩效目标，来激发员工的工作兴趣；而且，以目标制定为起点，以目标完成情况评价为终点，工作结果是评价工作绩效最主要的依据，因此在实施目标管理的过程中，监督的成分较少，控制目标实现的能力却很强。诸多显著优势使得目标管理在第二次世界大战之后风靡全球。

目标管理也存在一些不足：忽视了组织中的本位主义及员工的惰性，对人性的假设过于乐观，使目标管理的效果在实施过程中大打折扣；过分强调量化目标和产出，往往难以操作；使员工在制定目标时，倾向于选择短期目标，即可以在考核周期内加以衡量的目标，从而导致企业内部人员为了达到短期目标而牺牲长期利益。

（三）标杆管理

标杆管理又称基准管理，产生于 20 世纪 70 年代末 80 年代初。首开标杆管理先河的是施乐公司，后经美国生产力与质量中心系统化和规范化。研究表明，1996 年世界 500 强企业中有近 90% 的企业在日常管理活动中应用了标杆管理，其中包括柯达、福特、IBM、施乐、美国电话电报公司等。

1. 标杆管理的含义与意义

标杆管理就是不断寻找和研究同行一流公司的最佳实践，并以此为基准与本企业进行比较、分析、判断，从而使自己的企业不断得到改进，进入或赶超一流公司，创造优秀业绩的良性循环过程。其核心是向业内或业外最优秀的企业学习。通过学习，企业重新思考和改进经营实践，创造自己的最佳实践。根据学习的内容，标杆管理可以分为四类，即内部标杆管理、竞争标杆管理、职能标杆管理和流程标杆管理。每种标杆管理都有其优缺点和适用范围。标杆管理具有以下重要意义：

（1）标杆管理是一种绩效管理工具。通过辨识行业内外最佳企业的绩效及其实践，企业可以制订并实施相应的绩效评价与改进计划。

（2）有助于建立学习型组织。标杆管理有助于企业发现在产品、服务、生产流程以及管理模式方面存在的不足，并学习标杆企业的成功之处，再结合实际将其充分运用到自己的企业当中。

（3）有助于企业的长远发展。标杆管理是企业挖掘增长潜力的工具，经过一段时间的运作，任何企业都有可能将注意力集中于寻求增长的内在潜力，形成固定的企业文化，并且通过对各类标杆企业的比较，不断追踪把握外部环境的发展变化，促进长远发展。

2. 标杆管理的程序

标杆管理的实施有一整套逻辑严密的程序，大体可分为以下五步：

第一步，确认标杆管理的目标。在实施标杆管理的过程中，要坚持系统优化的思想，不是追求企业某个局部的优化，而是着眼于企业整体的最优。而且，要制定有效的实践准则，以避免实施中的盲目性。

第二步，确定比较目标组织。比较目标组织就是能够为企业提供值得借鉴信息的组织或部门，比较目标的规模和性质不一定与企业相似，但应在特定方面为组织提供良好的借鉴作用。

第三步，收集与分析数据，确定标杆。分析最佳实践和寻找标杆为企业找到了改进的目标，标杆的寻找包括实地调查、数据收集、数据分析、与自身实践比较找出差距、确定标杆指标等环节。

第四步，系统学习和改进。这是实施标杆管理的关键。标杆管理的精髓在于创造一种环境，使组织中的人员在愿景、战略下工作，自觉学习和变革，创造出一系列有效的计划和行动，以实现组织的目标。

第五步，评价与提高。实施标杆管理不能一蹴而就，而是一个长期渐进的过程。每一轮完成之后都有一项重要的后续工作，就是重新检查和审视标杆研究的假设、标杆管理的目标和实际达到的效果，分析差距，找出原因，为下一轮改进打下基础。

3. 标杆管理的应用及不足

标杆管理在企业发展中的重要作用已经逐渐被企业认同，其使用范围也从

最初衡量制造部门的绩效发展到不同的业务职能部门，包括客户满意度、物流和

产品配送等方面。标杆管理也被应用于一些战略目的，如衡量一个企业在创造长期股东价值方面与产业内其他公司的差距等。它已经成为改善企业经营绩效、提高全球竞争优势的非常有用的一种管理工具，甚至很多非营利组织也开始采用这一工具。不过，标杆管理也存在一些明显的不足：一是标杆主体选择缺陷，即难以寻找到合适的比较目标；二是瞄准标杆缺陷。标杆瞄准是指系统地界定优秀的经营管理机制与制度、优秀的运作流程与程序以及卓越的经营管理实践的活动。由于最佳实践往往隐藏在员工头脑、企业制度、组织架构甚至企业文化中，因此难以获取。

（四）关键绩效指标

进入20世纪80年代，关键绩效指标应运而生，关键绩效指标是指衡量企业战略实施效果的关键指标，它是企业战略目标经过层层分解产生的可量化的或具有可操作性的指标体系。其目的是建立一种机制，将企业战略转化为内部过程和活动，不断增强企业的核心竞争力，使企业能够得到持续的发展。

关键绩效指标体系通常是采用基于战略的成功关键因素分析法来建立的。成功关键因素分析法的基本思想是分析企业获得成功或取得市场领先的关键成功领域；再把关键成功领域层层分解为关键绩效要素；为了便于对这些要素进行量化考核和分析，必须将要素细分为各项指标，即关键绩效指标。

关键绩效指标体系作为一种系统化的指标体系。包括三个层面的指标：一是企业级关键绩效指标，是通过对企业的关键成功领域和关键绩效要素分析得来的；二是部门级关键绩效指标，是根据企业级关键绩效指标进行承接或分解得来的；三是个人关键绩效指标，是根据部门级关键绩效指标确定的。这三个层面的指标共同构成企业的关键绩效指标体系。

根据指标性质的不同可以将关键绩效指标分为财务指标、经营指标、服务指标和管理指标。其中，财务指标侧重于衡量组织创造的经济价值；经营指标侧重于衡量组织经营运作流程的绩效；服务指标侧重于衡量利益相关者对组织及其所提供的产品和服务的态度；管理指标侧重于衡量组织日常管理的效率和效果。

虽然关键绩效指标根据不同的分类方式可以分为不同的类型，但是在实际构建以关键绩效指标为基础的绩效管理系统的时候，通常以组织关键绩效指标、部门关键绩效指标和个人关键绩效指标为主体，其他分类方式为补充。在管理实践中，关键绩效指标不是绩效指标的全部，还有一类绩效指标来源于部门或个人的工作职责，体现了组织各层次具体工作职责的基础要求，通常被称为一般绩效指标（PI）。在设计基于关键绩效指标的绩效管理体系的时候，通常组织层面的绩效指标都是关键绩效指标（KPI），而部门层面的绩效指标和个人层面的绩效指标则由关键绩效指标和一般绩效指标共同完成。但是，不同部门所承担两类指标的构成不同，有的部门承担的关键绩效指标多,有的部门承担的关键绩效指标少,有的部门甚至不承担关键绩效指标。比如,对于一些支持性部门(如办公室、财务部、人力资源部等)而言,它们的绩效指标更多的是来自部门的职能或职责,而不是源于组织战略的分解,因此这类部门的一般绩效指标所占比重较大,而关键绩效指标所占比重相对较小。个人层面的绩效指标构成也是由关键绩效指标和一般绩效指标构成。

1. 关键绩效指标体系的实施

关键绩效指标体系通常是采用画鱼骨图的方法来建立的。其基本思路是通过对组织战略的分析,找出组织获得成功的关键成功领域,再把关键成功领域层层分解为关键绩效要素;为了便于对这些要素进行量化考核和分析,须将要素细分为各项指标,即关键绩效指标。设计一个完整的基于关键绩效指标的绩效管理系统通常包含如下六个步骤:确定关键成功领域、确定关键绩效要素、确定关键绩效指标、构建组织关键绩效指标库、确定部门 KPI 和 PI 以及确定个人 KPI 和 PI 六个步骤。其中,组织 KPI 的制定涉及关键绩效指标体系建立的前面四步,这四步是设计关键绩效指标体系的关键和核心内容。

(1)确定关键成功领域

通过鱼骨图分析,寻找使组织实现战略目标或保持竞争优势所必需的关键成功领域。为此,必须明确三个方面的问题:一是这个组织为什么会取得成功,成功依靠的是什么;二是在过去那些成功因素中,哪些能够使组织在未来持续获得成功,哪些会成为组织成功的障碍;三是组织未来追求的目标是什么,未来成功的关键因素是什么。这实质上是对组织的战略制定和规划过程进行审视,对所形成的战略目标进行反思,并以此为基础对组织的竞争优势进行分析。某制造企业通过访谈和头脑风暴法,寻找并确定了该企业能够有效驱动战略目标的关键成功领域:优秀制造、市场领先、技术支持、客户服务、利润与增长和人力资源。

(2)确定关键绩效要素

关键绩效要素提供了一种描述性的工作要求,是对关键成功领域进行的解析和细化,主要解决以下几个问题:第一,每个关键成功领域包含的内容;第二,如何保证在该领域获得成功;第三,达成该领域成功的关键措施和手段是什么;第四,达成该领域成功的标准是什么。

(3)确定关键绩效指标

对关键绩效要素进一步细化,经过筛选,关键绩效指标便得以确定。选择关键绩效指标应遵循三个原则:

第一,指标的有效性,即所设计的指标能够客观地、最为集中地反映要素的要求。

第二,指标的重要性,通过对组织整体价值创造业务流程的分析,找出对其影响较大的指标,以反映其对组织价值的影响程度。

第三，指标的可操作性，即指标必须有明确的定义和计算方法，容易取得可靠和公正的初始数据，尽量避免凭感觉主观判断的影响。

（4）构建组织关键绩效指标库

在确定了组织关键绩效指标之后，就需要按照关键成功领域、关键绩效要素和关键绩效指标三个维度对组织的关键绩效指标进行汇总，第一，建立一个完整的关键绩效指标库，作为整个组织进行绩效管理的依据。第二，如何保证在该领域获得成功；第三，达成该领域成功的关键措施和手段是什么，达成该领域成功的标准是什么。

（5）确定部门 KPI 和 PI

部门绩效指标一般由关键绩效指标和一般绩效指标构成。关键绩效指标绝大部分来自对组织关键绩效指标的承接或分解，也有一部分是部门自身独有的指标。一般绩效指标通常来源于流程、制度或部门职能。在一般情况下，组织关键绩效指标需要全部落实到具体的部门，否则必然会导致重要工作遭到忽视。

（6）确定个人 KPI 和 PI

个人关键绩效指标的确定方式同部门关键绩效指标的设计思路一样，主要是通过对部门关键绩效指标的分解或承接来获得。个人绩效指标体系同样包括关键绩效指标和一般绩效指标两类指标。其中一般绩效指标通常来源于员工所承担职位的职责、也有部分来源于对部门一般绩效指标的承接和分解。

2. 指标权重与员工责任

一个岗位的关键绩效指标的数量一般应该控制在 5～10 个。指标过少可能导致重要工作遭到忽略，指标过多可能出现指标重复现象，并且可能分散员工的注意力。每个指标权重一般不高于 30%，但是也不能低于 5%。指标权重过高可能导致员工"抓大放小"，忽视其他与工作质量密切相关的指标；而且权重过高可能造成绩效评价的风险过于集中，如果该指标不能完成，则整个绩效周期的奖金薪酬都会受到影响。指标权重太低则对评价结果影响力小，也容易产生无法突出重点工作的现象。为了便于计算，指标权重一般取 5 的倍数，得分也一般使用线性变化计算比例。

对于处在不同层次和担任不同角色的员工而言，反映其工作绩效结果和行为过程的关键绩效指标所占的比重是不一样的。因此在设置关键绩效指标权重时，就要考虑员工所处的不同层级。由于高层管理者对组织的整体经营管理负责，因此对财务指标负有更大的责任，也就是说，在其评价指标中财务指标所占的权重较大。中层管理者的经营、服务指标的权重应该更大。

在一个企业中，履行不同职能的员工对企业绩效所发挥的作用是不同的，由此决定了其对关键绩效指标的责任有所不同：企业前端部门（销售等）比后端部门（生产等）财务指标权重大；职能部门一般情况下财务指标权重偏小，经营、服务指标权重偏大。

关键绩效指标的主要优点是：强调战略性，推行基于关键绩效指标的绩效管理，有利于组织绩效与个人绩效的协调一致，有助于抓住关键工作。其不足之处是：没有关注组织的使命、核心价值观和愿景，战略导向是不够全面的，也缺乏战略检验和调整的根本标准，各个关键成功领域之间缺少明确的逻辑关系，而且关注结果，忽视了对过程的监控。

（五）平衡计分卡

平衡计分卡是由哈佛商学院的教授罗伯特·S.卡普兰（Robert S.Kaplan）和复兴全球战略集团的创始人兼总裁戴维·P.诺顿（David P.Norton）在《平衡计分卡：良好绩效的评价体系》一文中提出的一种新的绩效评价体系。平衡计分卡自诞生之日起就显现出了强大的生命力，《财富》杂志公布的世界1000强公司中，有70%的公司使用了平衡计分卡系统；《哈佛商业评论》更是将平衡计分卡评为七十五年来最具影响力的战略管理工具。

1. 平衡计分卡的产生和发展

20世纪90年代以来，知识资本的地位日益凸显。信息技术的出现和全球市场的开放改变了现代企业经营的基本前提。价值创造模式已经从依靠有形资产向依靠无形资产转变，对绩效评价系统具有重要的影响。关注无形资产价值创造机制的新经济要求建立新的绩效评价系统，以辨认、描述、监控和反馈那些驱动企业组织成功的各种无形资产的能力。在这种背景下，1990年，卡普兰和诺顿带领研究小组对12家公司进行了为期一年的研究，以寻求一种新的绩效评价方法。他们讨论了多种可能的替代方法，最后决定采用平衡计分卡。当时，平衡计分卡从客户、内部业务流程以及学习与成长三个层面丰富和拓展了绩效测评的指标，弥补了传统财务指标的不足，促使企业在了解财务结果的同时，对自己在增强未来发展能力方面取得的进展进行监督。

平衡计分卡自提出以来，不断完善和发展，这在卡普兰和诺顿出版的五本平衡计分卡系列著作中得到充分体现。两位大师出版的第一本专著——《平衡计分卡：化战略为行动》主要把平衡计分卡视作包括财务、客户、内部业务流程和学习与成长四个层面的指标体系，用来进行绩效评价，随后，大量组织采用平衡计分卡并取得了立竿见影的效果。卡普兰和诺顿发现这些组织不仅用平衡计分卡使财务评价指标与未来绩效动因相结合，而且通过平衡计分卡进行战略沟通及实施，于是出版了《战略中心型组织：如何利用平衡计分卡使企业在新的商业环境中保持繁荣》一书，介绍了早期实施平衡计分卡的公司如何将平衡计分卡运用到战略管理系统中，并提出"五项管理原则"，即"动员""转化""协同""激励"和"管控"。随着实践的推动，卡普兰和诺顿又认识到可以通过平衡计分卡四个层面目标之间的因果关系来描述战略并使之直观化，这就是战略地图，因而在《战略地图：化无形资产为有形成果》一书中描述了内部业务流程、学习与成长流程中创造价值的基本要素，并将无形资产分为人力资本、信息资本和组织资本三大类，提出无形资产只有与战略协调一致，才能创造价值。在该书中，两位大师给出了这样的等式：

突破性成果＝战略地图（描述战略）＋平衡记分卡（衡量战略）＋战略中心型组织（管理战略）

该等式表明，组织取得突破性业绩的三要素之间的关系是"你无法描述的，就无法衡量；你无法衡量的，就无法管理"。

为了进一步拓展"协同"这一原则，卡普兰和诺顿又出版了《组织协同：运用平衡计分卡创造企业合力》一书，论述了如何运用战略地图和平衡计分卡促使组织单元与公司员工等协同公司整体战略，形成组织合力和实现协同效应。为了构建一个综合的战略管理体系，他们又在《平衡计分卡战略实践》（2008年）一书中描述了公司怎样在战略与运营之间建立强有力的连接，使得员工的日常工作能够支持战略目标。该书提出了由"开发战略""诠释战略""组织协同""规划运营""监控与学习"与"检验与调整"六个阶段组成的综合战略管理体系。至此，平衡计分卡形成了一套能够将战略与运营有效联系起来的独立的、全面的管理体系。

2. 平衡计分卡的框架及四个层面

组织的使命、核心价值观、愿景和战略构成了有效平衡计分卡的组成部分。平衡计分卡通过四个层面中每个层面的目标、指标及行动方案，将组织的使命、核心价值观、愿景和战略转化为现实。因此，在确定平衡计分卡的目标和指标时，必须对照组织的使命、核心价值观、愿景和战略，确保目标和指标的协调一致。在明确了组织的使命、核心价值观、愿景和战略后，平衡计分卡战略地图提供了一个简要的框架，用于说明战略如何将无形资产与价值创造流程联系起来。

平衡计分卡是20世纪90年代出现的集大成的理论体系，不仅是一个绩效评价系统与战略管理系统，还是一种沟通工具，而且着重强调四个层面目标因果关系的重要性，强调财务指标与非财务指标、组织内部要素与外部要素、前置指标与滞后指标、长期目标与短期目标的平衡。平衡计分卡之所以具有这些优势或特点，一个主要原因是它具有驱动与衡量战略绩效的四个层面，即财务层面、客户层面、内部业务流程层面和学习与成长层面。

（1）财务层面

平衡计分卡的财务层面的最终目标是利润最大化。企业的财务业绩通过两种基本方式来得到改善：收入增长和生产率改进。收入增长可以通过两种途径实现：一种途径是提高客户价值，即加深与现有客户的关系，销售更多的产品和服务；另一种途径是增加收入机会，企业通过销售新产品或发展新客户实现收入增长。生产率改进也可以通过两种方式实现：一种方式是通过降低直接或间接成本来改善成本结构，这可以使企业生产同样数量的产品却消耗更少的人力和物力；另一种方式是提高资产利用率，通过更有效地利用财务和实物资产，企业可以减少支持既定业务量水平所必需的营运和固定资本。

（2）客户层面

客户层面包括衡量客户成功的滞后指标，如客户满意度、客户保持率、客户获得率、客户获利率、市场份额、客户份额等。但是，仅仅使客户满意并保留客户几乎不可能实现战略，收入增长需要特殊的客户价值主张。企业应当确定特殊的细分客户，即为企业带来收入增长和盈利的目标客户。卡普兰和诺顿总结了四种通用的价值主张或竞争战略：总成本最低战略、产品领先战略、全面客户解决方案、系统锁定战略。

（3）内部业务流程层面

客户层面的目标描述了战略——目标客户和价值主张，财务层面的目标描述了成功战略（收入增长和生产率改进）的结果。内部业务流程有利于实现两个关键的战略要素：向客户生产和传递价值主张；降低并改善成本以实现生产率改进。内部业务流程可以分为四类：运营管理流程、客户管理流程、创新流程以及法规与社会流程。

（4）学习与成长层面

学习与成长层面描述了组织的无形资产及其在战略中的作用。无形资产可以被描述为"存在于组织内，用于创造不同优势的知识"或"组织员工满足客户需要的能力"，包括专利、版权、员工知识、领导力、信息系统和工艺流程等。这些无形资产的价值来自它们帮助企业实施战略的能力，不能被个别或独立地衡量出来。无形资产一般分为人力资本、信息资本与组织资本三大类。

3. 利用战略地图规划战略

（1）战略地图概述

战略地图是平衡计分卡的发展和升华，它提供了一个可视化的表示方法：在一个只有一页的视图中说明了四个层面的目标如何被集成在一起用于描述战略。通过建立战略地图，企业可以厘清战略的逻辑性，明确创造价值的关键内部流程以及支持关键流程所需的无形资产。平衡计分卡将战略地图目标转化为指标和目标值，并为每一目标制定行动方案。通过执行行动方案，战略得以实施每个企业都应该为其特殊的战略目标制定战略地图。但是对采用不同战略的企业来说，客户层面的价值主张、内部业务流程层面、学习与成长层面是截然不同的，它们的战略地图也各有不同。

例如，产品领先战略强调前卫客户看重并愿意支付更高价格的特征和功能。关键内部流程是创新流程，企业必须在预测客户需要和发现新机会方面表现优异。运营管理流程关注的不再是成本最低，而是对新产品的持续开发。客户管理流程有两个关键环节：确定前卫客户并获得关于新思想的信息，以及向客户宣传产品功能提高的好处。在法规与社会流程中，企业必须努力避免新产品的负面影响。同时，企业必须建立良好的政府关系，以保证新产品和服务通过必需的审批。

（2）利用战略地图规划战略的步骤

卡普兰和诺顿基于战略地图的因果关系开发了规划战略的六步骤流程：

第一步，确定利益相关者的价值差距，设定挑战性目标值和必须缩小的差距，主要包括：确定高层的财务（或使命）目标或指标；确定目标值和价值差距；把价值差距分配到增长和生产率目标上。

第二步，调整客户价值主张。确定能提供客户新价值来源的目标客户群和价值主张，主要包括：阐明目标细分客户；阐明客户价值主张；选择指标；使客户目标和财务增长目标协调。成本和生产率改善计划相对容易确定和计划，比较困难的是如何实现收入增长目标。收入增长要求明确关注目标客户群，包括向现有客户销售更多产品和向全新客户销售产品。企业必须明确目标客户以及如何为目标客户创造差异化、可持续的价值。

第三步，确定价值提升时间表。在规划范围内说明如何缩小价值差距，主要包括：确定实现成果的时间表；把价值差距分配给不同的主体。财务目标本身很难内在化和产生激励作用。只有当财务目标值被分解为内部流程和战略主题的目标值，并与具体的时间框架相联系时，总目标的可行性才能在企业内部得到认同。

第四步，确定战略主题。把价值差距分配到各个战略主题，主要包括：确定影响最大的少数关键流程（战略主题）、设定指标和目标值。

第五步，提升战略资产准确度。这一步主要包括：确定支持战略流程所要求的人力、信息和组织资本；评估支持战略资产的准确度；确定指标和目标值。管理团队可以针对第四步中确定的价值创造内部流程提出以下问题：哪些工作组群对这一流程是关键的？哪些信息系统对改进这一流程是关键的？什么样的组织资本对改进这一流程是关键的？对这些问题的思考确定了需要开发的人力、信息和组织资本并使它们与战略协调一致。

第六步，确定战略行动方案并安排预算。这一步主要包括：确定支持流程和开发无形资产的具体行动方案；阐明和保障预算需求G战略地图描述了战略的逻辑，清楚地显示了创造价值的关键流程及支持关键流程的无形资产，平衡计分卡为战略地图的每一个目标确定了指标和目标值。对于平衡计分卡的每个指标，管理者必须确定实现目标值所需的战略行动方案，并为每个方案提供资源（员工、资金和能力）。行动方案是缩小目标业绩与当前业绩之间差距所必需的行动，它们是变革的最终驱动要素。

第三节 绩效评价的方法

一、绩效计划

（一）绩效计划概述

1. 绩效计划的含义与特征

绩效计划是整个绩效管理过程的起点，是绩效管理成功的重要一步。在新的绩效周期开始时，各级管理者与员工一起，就员工在该绩效周期内要做什么、为什么做、需做到什么程度、应何时做完等问题进行讨论，促进相互理解并达成协议。这份协议以及达成协议的过程，就是绩效计划。简言之，绩效计划是管理者和员工的工作目标和标准达成一致意见，形成契约的过程。

绩效计划的主要特征是：第一，绩效计划是管理者与员工双向沟通的过程。绩效计划不同于传统的只由最高管理者制定并分解目标的单向的目标制定过程，而是强调通过互动式的沟通，使管理者与员工双方在制定评价周期内的绩效目标及如何实现预期绩效的问题上形成一致意见。第二绩效计划是关于工作目标和标准的契约。经过绩效计划这一过程后，管理者和员工应该能够就本绩效周期的工作内容、工作职责、工作标准、工作权限、工作效果等问题达成共识，并签订绩效承诺协议。第三，绩效计划是全员参与的过程。绩效计划不同于传统的只由最高管理层向下级分派任务的单向信息流动过程，而是重视吸纳组织内的所有人都参与到绩效计划的过程中，信息双向传递。员工参与是绩效计划得以有效实施的重要保证。

绩效计划具有两个关键点：一是必须与组织战略相承接，就是要将企业的战略目标清晰、明确地转化为部门直至每个员工个人的绩效目标，使每个员工的工作行为、方式和结果都能够有效促进组织绩效的改进；二是承诺，就是要通过沟通，管理者和员工对绩效目标达成共识，签订正式的绩效计划，让员工对自己的绩效计划内容做出公开承诺，促使他们加以履行。

2. 绩效计划的步骤

在战略性绩效管理系统中，需要对绩效计划的步骤和方式做出明确的规定，围绕组织的战略制订绩效计划，以确保制订的计划引导员工沿着实现组织战略目标的方向前进。一般而言，绩效计划应按照以下三个步骤进行：

（1）准备阶段

在新的绩效周期开始之前，由高层管理者组成的一个战略委员会开始对新的组织战略和具体的目标进行规划。当这些新的战略及目标形成时，新一轮的绩效周期也拉开了序幕，实际上这时已经进入绩效计划的准备阶段。这一阶段主要的工作是交流信息和动员工。其内容包括：一是让员工了解"大目标"，即企业的总体战略、近几年的发展目标、年度计划及其所在部门的战略、经营目标和经营计划等。员工拥有的"大目标"信息越多，就越能将个人目标与企业和部门的需要结合起来。二是让员工了解与其个人相关的一些信息，包括所在职位的工作分析和前一绩效周期的情况反馈。三是动员和教育员工，让员工了解绩效管理的目的，使全体员工积极投身到绩效管理中。

（2）沟通阶段

沟通阶段是绩效计划的关键。在正式沟通前，管理者首先应当为员工界定其关键业务绩效领域。接下来就是正式的沟通阶段。在此阶段，召开绩效计划会议是最主要的方式。在会议上，管理者和员工需要确定有效的目标，并就资源分配、权限、协调等可能遇到的困难进行讨论。

（3）制订计划阶段

在经过周密的准备并且与员工进行多次沟通之后，绩效计划初步形成，再通过认真的审定，形成一个经过双方协商讨论的绩效目标协议书，管理者和员工双方在该文档上签字，绩效计划的工作就算成功完成了。

（二）绩效目标的制定

确定各个职位在评价周期的绩效标准和该职位上每个员工的绩效目标，是绩效计划的核心工作。

1. 制定绩效目标的 SMART 原则

在制定绩效目标时应遵循以下五条原则，通常我们将它们简称为 SMART 原则。这五条原则分别是：

（1）绩效目标应该是明确具体的

"S"指的是绩效目标应该尽可能地细化、具体化。组织绩效目标和部门绩效目标必须细化和具体化到每个人的绩效目标上，即必须落实到具体的岗位和人员，或能对应到具体的个人。比如，某客户经理的绩效目标为"3天内解决客户的投诉"，而不是"尽快解决客户投诉问题"；人力资源部培训主管的绩效目标是"第一季度20%的时间用于培训新员工"，而不是"要利用淡季进行员工培训"等。

（2）绩效目标应该是可衡量的

"M"是指将员工实际的绩效表现与绩效目标相比较，亦即绩效目标应该提供一种可供比较的标准。目标必须可以衡量，才能够为人们的行为提供及时有效的反馈，并且在绩效评价的时候才能进行量化。比如，客户经理的绩效目标为"提高客户满意度"，衡量该目标的绩效指标之一是"回复客户投诉率"，绩效标准则是"24小时内答复投诉问题"。不过，可衡量并不一定要绝对量化。

（3）绩效目标应该是可达到的

"A"是指在绩效目标制定过程中，管理者和下属需要充分沟通，共同制定具有很强可行性的绩效目标。过高的目标会使员工失去信心和动力，而目标太低则无法使员工发挥应有的水平。切实可行是在两者之间找到一个最佳的平衡点，即一个员工通过努力可以达到的可行的绩效水平。

（4）绩效目标应该与战略有关联

"R"指个人绩效目标要与组织绩效目标和部门绩效目标相关联。与战略相关联原则要求在制定绩效目标时，应对组织战略有清晰明确的界定，同时在分解和承接过程中，要避免错误推理而制造出看似漂亮，但对组织战略无贡献甚至适得其反的绩效目标。

（5）绩效目标应该有时限性

"T"是指完成目标需要有时间限制。这种时间限制实际上是对目标实现方式的一种引导，要求根据工作任务的权重、事情的轻重缓急，确定完成绩效目标的最后期限，并确定项目的进度安排，并据此对绩效目标进行有效的监控，以便在出现问题的时候，能及时对下属进行绩效辅导。比如，上半年实现大客户增长率5%，这个目标确定的时间限制就是6月30日。绩效目标的时间限制通常是与绩效周期联系在一起的，不同的绩效目标完成的绩效周期不一样。

2. 制定绩效目标应注意的几个问题

（1）不要混淆需要达到的目标和切实可行的目标

管理者提出的绩效目标可能会超越员工的能力与资源的限制。由于员工没有最后的决定权，他们最终将面对这样的绩效目标。这种超越能力限制的目标可能会给员工带来挫折感，从而降低其工作的努力程度。

（2）必须使员工能够有机会参与到确定绩效目标的过程中

只要把员工纳入确定绩效目标的进程中，他们履行承诺的程度就会有所增加。

（3）目标应该是动态的

绩效目标是根据每个绩效周期的现状确定的，而现实情况处在不断的变化中，因此，管理者应注意及时对目标进行动态调整。

（三）绩效评价指标体系设计

绩效计划的一个核心工作就是，根据组织的战略及实际情况设计科学的绩效评价指标体系。绩效评价指标体系的设计是绩效管理中技术性较强的工作之一。

1. 绩效评价指标的含义及类型

评价指标就是评价因子或评价项目。只有通过评价指标，评价工作才具有可操作性。绩效评价指标有多种分类方式，常见的分类有两种：

（1）根据绩效评价的内容，分为工作业绩评价指标和工作态度评价指标。其中，业绩指标通常表现为完成工作的数量指标、质量指标、工作效率指标以及成本费用指标。态度指标通常用来引导鼓励员工改善工作态度，而这恰恰是影响员工业绩的重要因素。

（2）根据绩效评价的量化程度，可分为客观指标和主观判断指标。其中，客观指标是那些以统计数据为基础，把统计数据作为主要评价信息，以数学手段求得的评价结果，并以数量表示评价结果的评价指标；主观判断指标是指主要通过人的主观评价方能得出评价结果的指标。两种指标各有优劣，组织往往不是单纯使用其中的一种进行评价，而是将两种指标加以综合应用，以弥补各自的不足。

2.绩效评价指标的构成

绩效评价指标一般包括四个构成要素：

指标名称：指标名称是对评价指标的内容做出的总体概括。

指标定义：指标定义是指标内容的操作性定义，用于揭示评价指标的关键可变特征。

绩效等级：评价的结果通常表现为将某种行为、结果或特征划归若干等级的其中之一。评价指标中用于区分各个级别的特征规定就是绩效评价指标的等级。

等级描述：等级描述用于对绩效等级所规定的各个等级包含的范围做出规定，或者说，等级描述是用于揭示各等级之间差异的规定。

3.绩效评价指标的选择

绩效评价指标的选择应遵循以下三条原则：

目标一致性原则：绩效评价指标应与绩效评价的目的和评价对象的系统运行目标保持一致。

独立性与差异性原则：独立性原则指的是评价指标之间的界限应清楚明晰，不会发生含义上的重复。差异性原则指的是评价指标之间的内容具有可比性，能明确分清它们的不同之处，在内涵上有明显的差异。评价指标名称的措辞要讲究，使每一个指标的内容界限清楚，以免产生歧义。

可测性原则：为了使评价能够产生不同的结果，评价指标必须是可以测量的。

绩效评价指标的选择依据包括：

绩效评价的目的：评价指标必须忠实于绩效评价的目的，不可贪求面面俱到。

评价对象所承担的工作内容和绩效标准：绩效评价指标应体现评价对象所从事工作的内容和标准，从数量、质量、时间上赋予评价指标一定的内涵，使绩效评价指标的名称和定义与工作内容相符，指标的等级描述与绩效标准相符。

获取评价所需信息的便利程度：绩效评价所需信息的来源必须稳定可靠，获取信息的方式应简单可行。

常见的选择绩效评价指标的方法有工作分析法、个案研究法、问卷调查法、专题访谈法与经验总结法等。

4. 构建绩效评价指标体系的步骤

（1）设计绩效评价指标库

企业应建立一个适合战略需要和特点的绩效评价指标库。这个指标库并不一定能够完全涵盖最终确定的每个职位的绩效评价指标。因为许多指标往往是在下一个步骤中通过不同的操作方法逐一产生并补充到这个指标库中的。

（2）针对不同职位的特点选择不同的绩效评价指标

企业应实施"分层分类的绩效评价体系"，即根据职位种类在横向上的分类与职位等级在纵向上的层次，使用不同的绩效评价指标。

（3）确定不同指标的权重

决定各个评价指标权重的因素主要包括三个：一是评价的目的；二是评价对象的特征；三是企业文化的要求。其中，最重要的因素是绩效评价的目的，不同的评价目的要求对绩效评价中各个评价指标赋予不同的权重。评价对象的特征决定了某个评价指标对于该对象整体工作绩效的影响程度，而企业文化倡导的行为或特征也会反映在绩效评价指标的选择和权重上。

（四）评价周期决策

在绩效计划环节，各级管理者需要考虑的另一个关键决策是如何确定评价周期。评价周期是指多长时间进行一次评价。周期不宜过长，也不宜过短，应针对企业的不同情况和职位采用不同的周期。一般来说，评价周期与以下因素有关：

（1）与评价指标有关

在绩效评价中，针对不同的评价指标设定的评价周期也不一样。例如，业绩指标一般都指向短期内可以取得的成果，因此对于这类指标的评价周期可以适当缩短，可以将一个月作为评价周期；能力指标是关注未来的，实际评价时会将注意力集中在短期内难以改变的人的特质上，因此应该将能力指标的评价周期适当放长一些，一般以半年或者一年以上为宜。

（2）与企业所在行业特征有关

生产和销售日常消费品的企业业务周期一般比较短，可以将评价周期定为一个月。在业务周期非常短的企业（如计件生产工作）中，可能需要每天对业绩进行检查。在生产大型设备的企业或提供项目服务的企业中，业绩改善很难在短期内见到效果，因此评价周期应当长一些，一般可以以半年或者一年为周期进行评价。当然，有些企业的产品生产周期长于一年，如有的企业实施的项目可能会持续几年，在这种情况下，评价周期还可以适当延长。在美国，很多专业化服务机构的合伙人认为一年一度的评价过于频繁。

(3) 与职位职能类型有关

对高层管理者的评价过程实际上就是对整个企业经营与管理的状况进行全面、系统评价的过程，而这些战略实施和改进计划都不是短期内就会取得成果的。因此，管理人员的评价周期必然要适当放长，可以采取半年或一年评价一次的做法，并且随着层级的提高，评价周期一般会逐渐延长。

市场、销售、生产和服务人员一般都属于带有生产性质的人员，对于这类带有生产性质的人员，一般来说应当尽量缩短评价周期，以便及时对他们的工作进行认可和反馈。一般情况下，进行月度评价比较合理，部分稳定发展的企业可以进行季度评价。

研发人员的评价周期相对较为复杂，可按照项目阶段、时间周期及不同科研人员和团队等因素来确定。例如，对研发人员的绩效评价可以安排在每个项目阶段结束后、下一个项目阶段开始前进行；又如，对连续评为优秀的个人和群体，可适当延长其评价周期。

人力资源、财务、计划、秘书等对公司的业务起支撑和辅助作用的行政职能人员的考评标准不像业务人员那样有容易量化的指标，对行政职能人员的评价结果通常也会由于缺乏数据支持而变得没有说服力。因此，对行政职能人员的评价应侧重于过程而非结果。大多数企业都采用随时监督的方式，并以季度或者月度评价为主。

(4) 与绩效管理实施时间有关

绩效管理系统的完善不是一蹴而就的，需要经过几个绩效周期的经验积累，不断从前面绩效周期的管理中吸取教训并总结经验。因此，刚开始实施绩效管理时，评价周期不能过长。因为如果绩效周期过长，绩效管理系统中的问题需要很长时间才能暴露出来，就会影响绩效管理系统的有效性和稳定性。随着绩效管理实施时间的推进，实施绩效管理的经验越来越丰富，绩效管理系统越来越完善，这时考核周期越短越好。

二、绩效监控

绩效监控是绩效管理的第二个环节，是连接绩效计划和绩效评价的中间环节，也是耗时最长的一个环节。在整个绩效周期内，管理者采取恰当的领导风格，积极指导下属工作，与下属进行持续的绩效沟通，预防或解决绩效周期内可能发生的各种问题，以期达到更好地完成绩效计划的目的，这就是绩效监控。绩效监控为任务的分配者和执行者提供了一个定期交流的机会，使双方有机会讨论各自有何期待以及这些期待目前的实现状况。

(一) 绩效监控的目的和内容

传统观念认为，员工在了解绩效计划之后就能够正确地执行计划，应该等到绩效周期结束后再进行绩效评价。这种观点是错误的。事实上，在整个绩效周期内，管理者必须实施有效的绩效监控。绩效监控的目的主要有两个：一是通过持续不断的沟通对员工的工作给予支持，并修正工作任务与目标之间的偏差；二是记录工作过程中的关键事件或绩效数据，为绩效评价提供信息。

按照绩效监控的目的，绩效监控的内容一般是在确定的绩效周期内员工对绩效计划的实施和完成情况，以及这一过程中的态度和行为，具体包括绩效计划环节中确定的评价要素、评价指标和绩效目标等，监控过程中得到的信息也正是绩效周期结束时评价阶段所需要的。对不同性质的组织、不同类型的部门、不同特点的职位、不同层级的管理者而言，绩效监控的具体内容并非固定统一的，而要根据实际工作情况具体确定。

（二）绩效管理者的领导风格

只有管理者知道怎样有效地领导员工，员工的绩效才有可能最大限度地提高。缺乏有效的领导，员工就很难将他们的活动与组织当前的需求有机结合起来。领导权变理论认为，领导的有效性依赖于情境因素，这些情境因素可以分离出来，作为影响领导者行为和业绩结果的中间变量。经常使用的中间变量包括：领导者—成员的关系、下属的成熟度以及下属的工作士气等。最具有代表性的领导权变理论是领导情境理论。

保罗·赫西和肯·布兰查德在1969年提出的领导情境理论是一个影响比较大的领导权变理论，也称领导生命周期理论。领导情境理论把领导划分为任务行为和关系行为两个维度，并根据两个维度组合成四种不同的领导风格：指示、推销、参与和授权。

领导情境理论比较重视下属的成熟度，这实际上隐含了一个假设：领导者的领导力大小实际上取决于下属的接纳程度和能力大小。根据下属的成熟度，也就是员工完成任务的能力和意愿程度，可以将下属分成四种：

R1：工下属既无能力又不愿意完成某项任务，这时是低度成熟阶段。

R2：下属缺乏完成某项任务的能力，但是愿意去从事这项任务。

R3：下属有能力但不愿意去从事某项任务。

R4：下属既有能力又愿意完成某项任务，这时是高度成熟阶段。

领导情境理论的核心就是将四种基本的领导风格与员工的四种成熟度阶段相匹配的过程，对管理者根据员工的不同绩效表现做出适当回应提供了帮助。随着下属成熟度水平的提高，领导者不但可以减少对工作任务的控制，而且可以减少关系行为。具体来讲，就是在R1阶段，采用给予下属明确指导的指示型风格；在R2阶段，领导者需要高任务—高关系的推销风格；到了R3阶段，参与风格的领导最有效；当下属的成熟度达到R4阶段时，领导者无需做太多的事情，只需授权即可。

（三）绩效辅导

绩效辅导就是在绩效监控过程中，管理者根据绩效计划，采取恰当的领导风格，对下属进行持续的指导，确保员工工作不偏离组织战略目标，并提高其绩效周期内的绩效水平。对员工进行指导关注的基本问题是帮助员工学会发展自己：通过监控员工的工作过程，发现员工存在的问题，及时对员工进行指导，培养其工作中所需的技巧和能力。

绩效辅导要把握好指导时机。一般来说，在以下时间对员工进行指导会获得较好的效果：正在学习新技能；正在从事一项任务，而你认为如果他们采取其他方法能够更加有效地完成任务；被安排参与一项大的或非同寻常的项目；面临崭新的职业发展机会；未能按照标准完成任务；弄不清工作的重要性；刚结束培训学习。

此外，绩效辅导还要注意指导方式。每个人都有一种天生的或者具有倾向性的指导风格，管理者需要了解自己的指导风格以及应用时机，这样才能使管理者对员工的指导更加有效。两种较为极端的指导风格分别是"教学型"风格和"学习型"风格。"教学型"指导者喜欢直接告诉员工该如何去做。他们都具有某一方面的专长，并希望通过向员工传授这些专长使其能够完成一项具体的工作。他们凭借自身的经验向员工传授完成工作所必需的技能和知识。这种指导对于在一线工作的员工特别有帮助，这些员工在提供产品或服务时需要取得连续性的、可预见的结果。"学习型"指导者更加喜欢提问和倾听，而不是直接告诉员工如何做。这种指导者传授的是广博的专业知识，而不是实际的技术经验。他们相信每个人都有潜力，为员工提供各种迎接挑战和施展才能以及学习的机会。这种指导对于那些承担新责任、从事全新或非常规项目的员工来说，非常有帮助。

（四）绩效沟通

1.绩效沟通的含义与目的

绩效沟通是指管理者与员工在共同工作的过程中分享各类与绩效有关信息的过程，它是一个充满细节的过程，管理者与员工的每一次交流（不论是书面的还是口头的）都是一次具体的沟通。总的来说，绩效沟通可以分为正式绩效沟通和非正式绩效沟通两大类。正式绩效沟通通常是企业管理制度规定的各种定期实施的沟通，方式主要有正式的书面报告和管理者与员工之间的定期会面；非正式绩效沟通则是员工与管理者在工作过程中的信息交流过程。

绩效沟通的目的就是保证在任何时候，每个人都能够获得改善工作绩效需要的各类信息。为了进行有效的绩效沟通，管理者首先要确定双方之间应沟通的内容，具体包括工作进展、绩效目标的修正、工作改进情况、工作中出现的问题及对策等。

2.绩效沟通的技巧—建设性沟通

绩效沟通是发生在管理者和员工之间的就绩效问题进行的沟通，这种沟通应该是一种建设性沟通，即一种在不损害、最好能够改善和巩固人际关系的前提下进行的，旨在解决特定问题的沟通。建设性沟通是实现组织绩效管理目标的关键，每一名管理者都应该努力掌握建设性沟通的技巧。

（1）建设性沟通的原则

一方面，建设性沟通强调沟通信息的完整性原则和对称性原则。其中，完全性原则是指发出者应该在沟通中注意是否提供了全部的必要信息；是否根据听者的反馈回答了全部问题；是否为了实现沟通的目的提供了必要的额外信息。对称性原则是指提供的信息对沟通双方来说应该是准确对称的。实现对称性原则有两个基本要求：一是对于沟通双方来说，信息来源都应该是准确可靠的；二是沟通者要采取沟通双方都能接受的表达方式，包括能够理解的媒介手段和恰当的语言表达方式。

另外，建设性沟通具有三个合理定位原则：一是对事不对人原则，要求沟通双方针对问题本身提出看法，充分维护他人的自尊，不要轻易对人下结论，要从解决问题的目的出发进行沟通；二是责任导向原则，即引导对方承担责任的沟通模式；三是事实导向的原则，表现为以描述事实为主要内容的沟通方式，避免对人身的攻击及由此引起的双方关系的破坏。

（2）建设性沟通中的积极倾听技巧

在建设性沟通中，沟通中的任何一方都应该具备积极倾听的技巧，以充分获取信息，使整个沟通过程得以顺利进行。积极倾听的技巧一般分为以下五种：

一是解释。即倾听者用自己的词汇解释讲话者所讲的内容，从而检验自己是否理解了。

二是向对方表达认同。即当有人表达某种情感或很情绪化时，对对方的感受表达认同能够帮助对方进一步表达其想法。

三是简要概括对方表达的内容。即把对方所说的内容进行简要的概括，表明确实了解了对方所要表达的内容，并促使对方进一步说明其观点，使谈话更加深入。

四是综合对方表达的内容。得出一个结论，即听话者不仅可以总结概括对方的观点，还可以形成一个总结性的观点，以使话题能够进一步展开。

五是站在对方角度进行大胆的设想。

（3）建设性沟通中的非语言沟通

沟通并不是一个简单的语言传递的过程。在沟通过程中，沟通双方往往需要通过非语言的信息传递各自的想法，这是影响建设性沟通成败的一个重要因素。非语言沟通的一个主要形式是肢体语言。肢体语言必须与具体的沟通环境相联系，否则就是空洞和没有意义的。

（五）绩效信息的收集

在绩效监控阶段，管理者必须持续不断地收集信息，特别是记录员工在实现绩效目标过程中的关键事件。这样是为了保证绩效评价有明确的依据，避免出现传统的绩效评价中根据主观臆断或对绩效表现的回忆来评价员工绩效的现象，确保评价结果的公正及其可信度。更重要的是，通过持续地收集信息，记录关键事件，有助于诊断员工的绩效，进而通过绩效监控、绩效评价和绩效反馈过程中的有效沟通达到改进绩效的目的。

收集什么样的信息，主要取决于组织的目标，而且强调的是与绩效管理有关的信息。主要包括目标完成情况、证明绩效水平的具体证据、对解决问题有帮助的一些数据、关键事件的具体描述等方面的信息。管理者可以通过不同的信息渠道获得信息，主要的渠道有主管、员工、下级、同事以及相关外部人员等。

三、绩效评价

（一）绩效评价概述

1.绩效评价的含义与特点

绩效评价是指评定和评价组织与员工工作绩效的过程和方法。它分为两个层次，即组织绩效评价与员工绩效评价，尤其以后者为主。掌握这个概念，还必须理解其主要特点：

（1）绩效评价是绩效管理系统中最重要的一个环节

为了达到绩效管理的目的，绩效管理系统应能够从企业经营目标和战略出发，对员工的绩效情况进行评价，通过对员工行为的引导，帮助实现组织的发展目标。

（2）绩效评价系统是人力资源管理职能系统的组成部分

它是人力资源管理职能系统的核心，也是技术性最强的环节之一。绩效评价体系运作的结果可以运用于人力资源管理职能的许多环节。

（3）绩效评价包含五个关键决策

评价内容（评价什么）、评价主体（由谁来评价）、评价方法（如何评价）、评价周期（在何时评价）、评价应用（如何使用评价结果）。

2.绩效评价的程序

绩效评价就是一个收集信息、整合信息、做出判断的过程，主要包括以下五个步骤：

（1）确立目标

绩效评价作为绩效管理系统中的关键子系统，其最核心的目标就是通过它的选择、预测和导向作用实现组织的战略目标，而且根据目标选择评价对象，并制订评价计划。

（2）建立评价系统

就是确立合理的评价指标和评价标准，选择适当的评价主体与评价方法等。

（3）整理数据

就是将绩效监控阶段收集的零散的数据整理成系统的体系。

（4）分析判断

就是应用评价方法确定评价对象评价结果的过程。

（5）输出结果

就是使用适当的评价方法对评价对象进行评价后，得出一个具体的评价结果。

3.组织绩效评价系统

了解组织绩效评价系统的构成，能够帮助我们更好地站在实现组织战略目标的高度，设计员工绩效评价指标体系。

组织的发展战略及经营目标是决定整个绩效评价系统指标体系和价值取向的核心因素。在组织发展战略明确的前提下，组织绩效评价指标、部门绩效评价指标和个人绩效评价指标构成了一个金字塔形的指标体系。该评价指标体系构成了整个组织绩效评价系统的核心内容。

由于整个绩效评价系统是企业控制系统的一部分，因此组织的绩效评价系统必然要根据企业战略规划、组织架构以及信息的流向与流量进行设计。其关键在于从确定组织的战略规划入手，通过对关键成功要素的层层分解，找出各层次上的评价标准和评价指标，进而确定整个绩效评价体系。要充分认识并运用绩效评价主体、评价周期、评价标准、评价指标等对员工行为的引导作用，使员工的行为与企业的发展目标保持一致。

4.绩效评价的内容

绩效评价的内容可分为工作业绩评价和工作行为评价两类。这两个方面并不是孤立存在的，它们相互联系，为实现特定的管理目的而形成绩效评价系统。

（1）业绩评价

业绩是员工职务行为的直接结果。业绩评价就是对员工职务行为直接结果进行评价的过程。业绩评价的过程不仅要说明各级员工的工作完成情况，更重要的是，通过这些评价指导员工有计划地改进工作，达到组织发展的要求。业绩评价一般从数量、质量、时间、成本四个方面来进行。

（2）行为评价

工作行为是工作能力向工作业绩转换过程中的重要调节变量，因此通过对工作行为的评价引导员工改善工作态度，是促进员工达成绩效目标的重要手段。行为评价一般采用过程评价的方式进行，它不管员工职位高低和能力大小，只评价员工是否努力、认真地工作，工作中是否有干劲、有热情，是否遵守各种规章制度等。

（二）绩效评价主体

绩效评价主体是指对被评价者做出评价的人。绩效评价主体既可以是组织内部的人员，也可以是组织外部的人员。组织内部的评价主体主要有四种，即上级监督者、同级同事、员工本人以及下属。组织外部的评价主体主要有两种，即客户和供应商。

（1）上级评价

大多数组织中，上级评价是最常用的评价方式。研究表明，目前大约有98%的组织将绩效评价视为员工直接上级的责任。这是由于员工的直接上级通常是最熟悉下属工作情况的人，而且比较熟悉评价的内容。可以说，直接上级在观察和评价其下属人员的工作绩效方面占据着最有利的位置，同时也承担了更多的管理责任。

（2）同级评价

这里的同级不仅包括评价对象所在团队或部门的成员，还包括其他部门的成员。研究表明，同级评价的信度与效度都很高。上级与员工的接触时间毕竟有限，而同级同事总能看到员工真实的表现，这是同级评价最有意义的地方。但是，同级评价也存在一些不足，主要表现为，同级之间会产生某种利益上的冲突，从而影响到良好的工作氛围及对对方评价，而且同级之间较易串通起来相互标榜，也容易做出与事实不符的评价。

（3）本人评价（自我评价）

本人评价有利于员工参与管理和开发，激励员工在自我技能开发方面变得更加积极和主动，但是多数研究表明，员工对自己的工作绩效做出的评价一般比主管或同事对他们做出的绩效评价等级要高。通常只有不到1%或2%的人将自己列入低绩效等级范围，那些总是将自己列入高绩效等级的员工，在很多时候其绩效往往是低于一般绩效水平的。

（4）下属评价

下属评价这种自下而上的绩效反馈更多地是基于管理者提高管理技能的考虑。但是，由于下属不承担管理工作，因此很难对"事"进行评价，其评价结果的信度通常会很低。此外，由于下属评价与传统的自上而下的管理方式相悖，同时担心下属评价会削弱管理者的权力，因此真正采用这种评价方式的组织不多。

（5）客户和供应商评价

客户和供应商评价作为组织外部人员评价的主要方式，是为了解那些只有特定外部成员才能掌握的绩效情况，或通过引入特殊的评价主体引导评价对象的行为。

通过以上分析可知，各种评价主体并不是孤立、相互排斥的，同时使用多种评价主体是可行的。使用多种评价主体进行绩效评价必然具有单一主体进行绩效评价所不具备的许多优点。不过在选择评价主体时，一定要确保评价主体对所评价的内容、所评职位的工作有一定的了解，否则评价结果肯定是不准确的。此外，最好要有利于管理者了解并控制员工的绩效表现，更好地整合所有员工的工作，从而更好地实现团队或部门的整体工作目标。

（三）评价者培训

评价者就是评价主体。绩效评价的效果不仅取决于评价系统本身的科学性，还取决于评价者的评价能力。评价者的主观失误或对评价指标和评价标准的认识误差，都会在很大程度上影响评价的准确性，进而影响人力资源管理其他环节的有效性。因此，一个完整的绩效评价制度不能缺少评价者培训这一重要的环节。

评价者培训要达到以下目的：

第一，使评价者认识到绩效评价在人力资源管理中的地位和作用，认识到自身在绩效评价过程中的作用。

第二，统一各个评价者对于评价指标和评价标准的理解。

第三，使评价者理解具体的评价方法，熟悉绩效评价中使用的各种表格，并了解具体的评价程序。

第四，使评价者了解如何尽可能地消除误差与偏见。

第五，帮助管理者学习如何进行绩效反馈和绩效指导。

1. 评价者误区

评价者误区是在介绍评价者培训时涉及的一个新的概念。它特指在评价过程中，由于评价者的主观原因而导致的各类常见的误差。评价者培训的一个重要目的就是要避免评价者误区的发生。常见的评价者误区一般有以下九种。

（1）晕轮效应

当我们以个体的某一种特征形成对个体的一个总体印象时，就会受到晕轮效应的影响。晕轮效应具体就是指由于个别特征评价而影响整体印象的倾向。例如，某位管理者对下属的某一绩效要素（如口头表达能力）的评价较高，导致该管理者对这位员工其他所有绩效要素的评价也较高。

（2）逻辑误差

逻辑误差指的是评价者在对某些有逻辑关系的评价要素进行评价时，使用简单的推理而造成的误差。在绩效评价中产生逻辑误差的原因是由于两个评价要素之间的高相关性。例如，很多人认为"社交能力与谈判能力之间有很密切的逻辑关系"。于是，他们在进行绩效评价时，往往会依据"既然社交能力强，谈判能力当然也强"而对某员工做出评价。晕轮效应与逻辑误差的本质区别在于：晕轮效应只在同一个人的各个特点之间发生作用，在绩效评价中是在对同一个人的各个评价指标进行评价时出现的；逻辑误差则与评价对象的个人因素无关，是由于评价者认为评价要素之间存在一致的逻辑关系而产生的。

(3) 宽大化倾向

宽大化倾向是最常见的评价误差行为。受这种行为倾向的影响，评价者对评价对象所做的评价往往高于其实际成绩。这种现象产生的原因主要有：第一，评价者为了保护下属，避免留下不良绩效的书面记录，不愿意严格地评价下属；第二，评价者希望本部门员工的成绩优于其他部门员工的成绩；第三，评价者对评价工作缺乏自信心，尽量避免引起评价争议；第四，评价要素的评价标准不明确。

(4) 严格化倾向

严格化倾向是与宽大化倾向相对应的另一种可能的评价者行为倾向，是指评价者对员工工作业绩的评价过分严格的倾向。现实中，有些评价者在评价其下属员工时，喜欢采用比企业制定的标准更加苛刻的标准。严格化倾向产生的原因有：第一，评价者对各种评价因素缺乏足够的了解；第二，惩罚顽固的或难以对付的员工；第三，促使有问题的员工主动辞职；第四，为有计划地裁员提供证据；第五，减少凭业绩提薪的下属的数量。

(5) 中心化倾向

中心化倾向是指评价者对一组评价对象做出的评价结果相差不多，或者都集中在评价尺度的中心附近，导致评价成绩拉不开差距。例如，在图示量表法中，设计者规定了从第一等级到第五等级的五个评价等级。管理者很可能会避开较高的等级（第五等级）和较低的等级（第一等级），而将他们的大多数下属都评定在二、三、四这三个等级上。中心化倾向产生的原因有：第一，人们往往不愿意做出"极好""极差"之类的极端评价；第二，对评价对象不甚了解，难以做出准确的评价；第三，评价者对评价工作缺乏自信心；第四，评价要素的说明不完整，评价方法不明确；第五，有些组织要求评价者对过高或过低的评价写出书面鉴定，以免引起争议。

(6) 首因效应

首因效应亦称第一印象误差，是指员工在绩效评价初期的绩效表现对评价者评价及其以后的绩效表现会产生延续性影响。例如，有一名员工在刚刚进入某个部门时工作热情很高，一下子达到了很好的业绩，给他的上级留下了深刻的印象。实际上他在整个绩效评价期间的工作绩效并不是很好，但上级还是根据最初的印象给了他较高的评价。首因效应会给评价工作带来消极的影响，使评价结果不能正确反映评价对象的真实情况。

(7) 近因效应

近因效应是指评价者只根据员工的近期行为表现，即员工在绩效评价期间的最后阶段绩效表现的好坏进行评价，导致评价者对其在整个评价期间的业绩表现得出相同的结论。

（8）评价者个人偏见

偏见是指评价者在进行各种评价时，可能在员工的个人特征，如种族、民族、性别、年龄、性格、爱好等方面存在偏见，或者偏爱与自己的行为或人格相近的人，造成人为的不公平。评价者个人偏见可能表现在：对与自己关系不错、脾气相投的人会给予较高的评价；对女性、老年人等持有偏见，给予较低的评价等。

（9）溢出效应

溢出效应是指因评价对象在评价期之前的绩效失误而降低其评价等级。例如，一名生产线上的员工在上一绩效评价周期出现了生产事故，影响了他上一期的工作业绩。在本评价期间他并没有再犯类似的错误，但是，评价者可能会由于他上一评价期间的表现不佳而在本期的评价中给出较低的评价等级。

2. 避免评价者误区的方法

避免上述评价者误区最好的方法就是：通过培训使评价者认识到各种评价误区，避免进入这些误区。具体来说，为了避免上述评价者误区，可以采用以下方法。

（1）清晰界定绩效评价指标。在评价指标界定清晰的情况下，评价者能够根据所要评价的指标的含义有针对性地做出评价，从而避免晕轮效应、逻辑误差以及各种错误倾向的发生。

（2）通过培训使评价者正确认识绩效评价目的、了解评价系统的科学性和重要性、加强对评价对象的了解以及增强信心。这样有利于避免宽大化倾向、严格化倾向和中心化倾向。

（3）通过培训使评价者学会如何收集资料作为评价依据，以避免首因效应、近因效应和溢出效应。上述三类误差都是由于作为评价依据的事实依据不充分或不准确。应该通过培训使评价者学会如何科学地收集评价中使用的事实依据，来避免这三类误差的发生。

此外，人力资源管理部门还应该通过各种宣讲和培训的方式，要求评价者从组织发展的大局出发，抛弃个人偏见，进行公正的评价，避免严格化倾向和评价者个人偏见的不良影响，确保整个绩效评价制度得到所有员工的认同。

3. 评价者培训的主要内容与时间安排

评价者培训主要包括以下六个方面的内容：

（1）评价者误区培训。

（2）关于绩效信息收集方法的培训。

（3）绩效评价指标培训。

（4）关于如何确定绩效标准的培训。

（5）评价方法培训。

（6）绩效反馈培训。

评价者培训的主要内容根据组织不同的情况确定，并没有统一的模式，每一次的培训可以针对不同的问题来进行。

评价者培训有下面四种可能的时间：

（1）管理者刚到任时。

（2）进行绩效评价之前。

（3）修改绩效评价办法之后。

（4）日常管理技能培训的同时。

四、绩效反馈

绩效反馈就是使员工了解自身绩效水平的各种管理手段。心理学家发现，反馈是使人产生优秀表现的最重要的条件之一。如果没有及时、具体的反馈，人们往往会表现得越来越差。因为没有反馈，人们无从对自己的行为进行修正，从而无法逐步提高，甚至可能丧失继续努力的愿望。

（一）几种常见的绩效反馈方法

反馈包括反馈信息、反馈源和反馈接受者三个要素。在绩效反馈中，上级为反馈源，员工为反馈接受者，而整个绩效周期内的工作绩效和绩效评价结果就是绩效反馈的反馈信息。一般根据绩效反馈信息的内容以及反馈源态度的不同，将绩效反馈分为三类：负面反馈、中立反馈和正面反馈。其中，中立反馈和负面反馈都是针对错误的行为进行的反馈，正面反馈则是针对正确行为进行的反馈。

1. 对错误行为进行反馈的方法

管理者对员工错误行为进行反馈的目的，是通过让员工了解自身存在的问题引导其纠正错误。对错误行为进行的反馈就是人们通常所说的批评。在多数人的印象中，批评往往是消极的，实际上批评应该是积极的和建设性的。美国心理学家亨德里·温辛格提出了能够促成建设性批评的七个要素：

（1）建设性的批评是战略性的，即有计划地对错误的行为进行反馈。

（2）建设性的批评是维护对方自尊的。实际上要做到维护员工的自尊，最简单的方法就是在批评对方之前进行换位思考。

（3）建设性的批评发生在恰当的环境中。绩效反馈应当选择合适的环境因素，充分考虑沟通的时间、地点以及周围环境，寻找最佳时机，以保证员工能够接受这种批评。

（4）建设性的批评是以进步为导向的。批评不是最终目的，批评的目的是促使员工取得进步；绩效反馈应着眼于未来，而不应抓住过去的错误不放。

（5）建设性的批评是互动的。管理者应当通过有效的引导让员工提出自己的看法和建议。

（6）建设性的批评是灵活的。管理者在批评时应当根据不同的对象和不同的情况采用不同的方式，并在批评的过程中根据对方的反应进行方式的调整。

（7）建设性的批评能够传递帮助信息。管理者应该让员工感受到对他们的关注以及信心，并使员工相信自己能够得到来自管理者的充分的帮助。

2. 对正确的行为进行反馈的方法

对正确行为的反馈与对错误行为的反馈同等重要，两者的最终目的都是提高员工的绩效。对错误行为的反馈将注意力集中于减少不好的行为，而对正确行为的反馈是为了强化这种正确行为，合理、有效地运用两者能够提高员工的绩效水平。管理者在进行正面反馈时应遵循四个原则：

第一，用正面的肯定来认同员工的进步，如应针对"成功率的提高"而不是"失败率的降低"。

第二，明确地指出受称赞的行为。

第三，当员工的行为有进步时，应给予及时的反馈。

第四，正面的反馈中应包含这种行为对团队、部门乃至整个组织的效益。

3. 有效的自我反馈机制

自我反馈是一种特殊的绩效反馈方式，是管理者进行绩效反馈的重要补充。自我反馈机制的首要前提是制定一套员工反馈时使用的绩效标准，然后建立一套机制或办法，使员工能够自觉地根据这一标准对自己的工作情况进行自我检视。很显然，这种自我反馈的方法在高重复性或例行的工作上比较容易实施。对于创新型工作而言，这种机制同样也是十分重要的，因为管理者不可能每时每刻都注意员工的行为。

4. 360度反馈计划

现今，在各类工作组织中，人们越来越倾向于向各类相关者征求关于员工个人的意见，评价主体可能是管理者、同事、组织内部和外部的客户及其他人。这种在绩效管理中进行全面的信息反馈的做法被称作360度反馈计划。具体来说，360度反馈计划是指帮助一个组织的成员（主要是管理人员）从与自己发生工作关系的所有主体那里获得关于本人信息反馈的过程。

与传统的单一直线式的反馈相比，360度反馈计划具有以下优点：第一，360度反馈强调组织关心人们付出的行动甚于他们达到的结果。因此，采用这种形式的反馈，一方面可以避免对量化绩效指标的过分依赖，另一方面也避免了只重视评价双方意见的危险做法。360度反馈能帮助人们通过各种"软性"的尺度对绩效做出评价，这一点相当具有吸引力。第二，如果360度反馈出自对被评价人有帮助的人，就能向评价对象提供全面且有价值的信息，从而起到积极的作用。与只有上级和员工两人介入的方法相比，这种方式更有可能发现问题或员工的优点。第三，360度反馈计划有利于提高员工对反馈信息的认同程度。在传统的反馈方法中，只有管理者评价，员工有可能对反馈的信息持怀疑态度,认为它可能带有个人的偏见。但是在360度反馈计划中,如果员工从上级、同事和客户等渠道都得到同样的信息,那么这个信息是很难让人怀疑的。

当然,这种反馈方式还存在一些缺陷,如果过分地依赖360度反馈,将会削弱绩效目标的意义,人们会更加习惯于"不是你做了什么,而是你做的方式"的说法。另外,我们知道,360度反馈涉及的信息比单渠道反馈要多得多。这个优点本身就可能是个问题,因为收集和处理信息的成本很高。同时,由于有大量的信息要汇总,这种方法有可能使反馈的过程变得机械化(填写大量标准化的表格),使人们只注重文字材料,从两人的直接沟通演变成表格和印刷材料的沟通。

360度反馈最重要的价值在于开发,而不是评价。大多数专家都认同,用360度评价法的结论来决定提升薪酬是一种冒险的做法。如果组织采用360度反馈,谨慎的做法是将它作为一种为员工提供绩效信息的方法,而不是据此做出最后的管理决策。360度反馈计划虽已被广泛采用,仍要格外小心。要记住任何方法(包括360度反馈计划)的成败都是由人而不是由技术来决定的。从这种方法得到的并不主要取决于各方所填写的那些表格,而是取决于通过这些信息发现员工的长处和不足,以帮助员工提高绩效。

(二)绩效反馈面谈

在绩效评价之后进行的绩效反馈面谈是一种正式的绩效沟通。绩效反馈面谈是管理者就上一绩效周期中员工的表现和绩效评价结果与员工进行正式面谈的过程。在许多企业中,绩效反馈面谈并没有得到足够的重视,他们往往将填写评价表格、计算评价结果视为绩效评价乃至绩效管理的全部。实际上,如果缺少了将评价结果和管理者的期望传达给被评价者的绩效反馈面谈这个环节,就无法实现绩效评价和绩效管理的最终目的。

1.绩效反馈面谈的前期准备

(1)选择合适的面谈时间

管理者应该根据工作安排确定一个面谈双方都有空闲的时间,尽量不要安排在临近上下班的时间,时间的长短要适宜,而且一定要征求员工的意见,共同确定面谈的时间。

(2)选择合适的面谈地点和环境

绩效反馈面谈的地点一般要远离电话和传真等,不易被干扰,可以选在办公室、会议室等地方进行,其中,小型会议室或接待室一般是最理想的场所。此外,还要注意安排好双方在面谈时的空间距离和位置。面谈双方的距离要适当,距离太远会影响信息传递的效果,距离太近又会使交谈双方有压抑感。

（3）收集、整理面谈所需要的信息资料

这些资料主要包括绩效评价表格、员工日常工作情况的记录和总结、该绩效评价周期的绩效计划以及对员工的绩效评价结果（包括各评价主体对员工的评价和经过加权处理的各个绩效评价标准的评价结果）等。

2. 设计面谈的过程

前面谈到，人力资源管理部门可能会提供一个面谈提纲，但是具体进行面谈的管理人员要在面谈提纲的基础上，对面谈的内容进行详细的计划。设计面谈过程计划时可以从以下几方面入手：

（1）设计好开场白

管理者可以从一个轻松的话题入手，帮助员工放松心情，以使员工在下面的面谈中更好地阐明自己的看法。如果员工能够很好地了解面谈的目的，并已经为面谈做好了充分的准备，就可以采用开门见山的方式。

（2）明确面谈目的与预期效果

管理者事先要清楚面谈要达到什么样的效果。

（3）确定面谈顺序

管理者要确定先谈什么、再谈什么的问题。一般而言，首先要列出被评价者的所有关键工作要项；其次，分别根据重要性、有效性以及员工的初步评价结果对这些工作要项进行排列；最后，综合以上因素确定面谈顺序。

3. 分析和诊断绩效问题并确定解决方法

在绩效面谈过程中，管理者要获取导致员工最终绩效的真正原因，在此基础上寻求解决问题的办法，以纠正错误、改进绩效。例如，如果是由于员工缺乏知识与技能导致的不良绩效，可以通过培训或让员工自学的方式使员工掌握工作所必需的知识与技能；对于像流程不合理、资源匮乏所导致的绩效问题，就需要尽量合理地规划流程与资源的分配，或者进行必要的职位调整。

4. 绩效反馈面谈中应该注意的问题

绩效反馈面谈应该注意以下问题：

（1）重视设计好开始的谈话内容及方式，最初的几分钟谈话往往决定了面谈的成功与否。

（2）及时调整反馈方式。管理者的反馈方式主要有指示型、指导型和授权型，要根据情况的变化及时调整反馈方式。

（3）强调员工的进步与优点。只有充分地激励员工，才能真正实现绩效反馈的目的。

（4）注意倾听员工的想法。倾听有助于全面了解情况，纠正或改变管理者自己的想法。

（5）坦诚与平等应该贯穿面谈的始终。隐瞒的方式并不能解决任何问题，最好的方式就是向员工展示评价信息。

（6）避免冲突与对抗。冲突与对抗可能彻底摧毁员工对主管的信任，导致员工产生抵触情绪。

（7）形成书面的记录并确定改进计划。这样不仅能让员工感到管理者对他们的看法是重视的，还可以避免遗忘带来的问题。面谈结束后，员工应当根据面谈的内容制订绩效改进计划和个人发展计划。

（三）绩效评价结果的运用

绩效管理是人力资源管理职能系统的核心环节，而绩效评价结果能否被有效利用关系到整个绩效管理系统的成败。如果绩效评价结果没有得到相应的应用，在企业中就会出现绩效管理与人力资源管理其他环节（晋升调动、培训、薪酬等）脱节的情况，产生绩效管理"空转"现象。久而久之，员工就会认为评价只是例行公事，对自己没有什么影响，绩效管理就失去了应有的作用。在企业管理实践中，绩效评价结果主要运用于两个方面：一是用于绩效改进；二是用于人力资源管理决策。

1. 绩效评价与绩效改进

绩效改进是指采取一系列行动提高员工的绩效，通常它的步骤是：先分析员工的绩效评价结果，找出员工绩效不佳的原因，然后，针对存在的问题制订合理的绩效改进计划。绩效改进计划是针对员工的绩效表现和评价结果，着眼于改进其绩效而制订的一系列具体的行动计划，是绩效计划的有力补充，以促使绩效管理实现开发的目的。绩效改进的主要过程如下：

（1）绩效诊断和分析

绩效诊断和分析是绩效改进过程的第一步，也是绩效改进最基本的环节。诊断绩效问题通常有两种思路：一是"四因素法"，即主要从知识、技能、态度和环境四个方面分析绩效不佳的原因；二是"三因素法"，即主要从员工、主管和环境三个方面分析绩效问题。

（2）绩效改进计划的制订

制订绩效改进计划一般有以下三个步骤：一是选择绩效改进要点，最好能选择一项重要且容易做的事项开始进行；二是考虑解决问题的途径，包括向他人学习，参加企业内外的有关培训，以及改善工作环境和条件等；三是制订绩效改进计划，即在管理者和员工充分沟通的基础上，就计划的时间、需要改进的问题及原因与所要达到的目标等相关内容进行比较具体的阐述与约定。

（3）绩效改进计划的实施和评价

在制订了绩效改进计划后，管理者应该通过绩效监控和沟通、实现对绩效改进计划实施过程的控制。管理者应该督促员工实现绩效改进计划的目标，并且主动与员工沟通，了解员工在改进过程中遇到了哪些困难，需要提供什么样的帮助等。此外，绩效改进计划作为绩效计划的补充，同样需要加强评价和反馈。

2.绩效评价结果在人力资源管理其他主要职能中的运用

绩效评价的结果可以作为人力资源管理系统中的工作分析、招聘与甄选、培训与开发、职位变动与辞退退休以及薪酬福利等决策依据。

第七章　员工薪酬与福利管理

第一节　薪酬与薪酬管理

一、薪酬的概念

薪酬是员工因向其所在组织提供劳务而获得的各种形式的酬劳。其实质是一种公平的交易或交换关系，是员工向组织让渡其劳务使用权后获得的报偿。在这个交换关系中，组织承担的是劳务购买者的角色，员工承担的是劳务出卖者的角色，薪酬是劳动或劳务的价格表现。

薪酬包括工资、福利和社会保险、企业补充保险等各种直接或者间接的报酬。薪酬有不同的表现形式，如精神的、物质的、有形的、无形的、货币的、非货币的，以及内在的与外在的。

货币薪酬可以分为直接薪酬和间接薪酬。直接薪酬包括基本工资、绩效工资、奖金、津贴等，一般以现金形式支付；间接薪酬则包括社会保险、员工福利、股票期权等，一般以非现金形式支付。非货币薪酬则指由工作本身、工作环境、身份标志和组织特征带来的满足感，主要是一种心理效应。由此可见，薪酬的外在表现是十分广泛的，如果将薪酬狭义地理解为货币，势必影响薪酬管理激励作用的充分发挥。

二、薪酬的功能

薪酬的功能可以从三个方面来看：

（一）薪酬对企业的功能

1. 增值功能
薪酬是能够为企业和投资者带来预期收益的资本。
2. 控制企业成本。
由于企业所支付的薪酬水平的高低会直接影响到企业在劳动力市场上的竞争力，

企业保持相对较高的薪酬水平对吸引和留住员工无疑是有利的。但是，较高的薪酬水平又会对企业成本产生压力，从而对企业的市场竞争力产生不利的影响。因此，有效地控制薪酬成本支出对于大多数企业来说具有重要的意义。

3. 改善经营绩效

薪酬实际上是企业向员工传递的一种特别强烈的信息，即什么样的行为和态度受到鼓励，什么业绩是对企业有贡献的，从而引导员工的工作行为和态度以及最终的绩效朝着企业期望的方向发展。

4. 塑造企业文化

合理和富有激励性的薪酬制度有助于企业塑造良好的企业文化，或者对已存在的企业文化起到积极的强化作用。

5. 支持企业改革

薪酬可以通过作用于员工个人、工作团队和企业整体来创造出与变革相适应的内部和外部环境，从而有效推动企业变革。

6. 配置功能

薪酬是企业合理配置劳动力并提高企业效率的杠杆。

7. 导向功能

企业可以通过薪酬战略和薪酬计划将战略目标表达出来。薪酬不仅是企业当前管理的有效工具，也是未来管理的导向器。

（二）薪酬对员工的功能

1. 保障功能

在市场经济条件下，薪酬仍是企业员工获得本人及其家庭生活费用、满足物质生活需要的主要来源。

2. 激励功能

所谓激励功能，是指企业用来激励员工按其意志行事而又能加以控制的功能。现实中，员工一方面要追求自身的价值，获得归属感和认同感；另一方面更重视追求实在的利益，而劳动则是员工获得收入以提高自己生活水平的基本手段。

3. 社会信号功能

薪酬作为流动社会中的一种市场信号，说明了一个人在社会上所处的位置。员工对这种信号的关注实际上反映了对自身在社会以及企业内部的价值的关注。从这方面来说，薪酬的社会信号功能也是不可忽视的。

（三）薪酬对社会的功能

薪酬作为一种特殊的商品，其价格会随着市场规律而变动。比如，当某个地区或者某种职业劳动力市场供过于求时，就会导致该地区或职业劳动力价格即薪酬下降；

当某个地区或者某种职业劳动力市场供不应求时，又会导致该地区或职业劳动力价格即薪酬上升。

这种薪酬的升降必然会造成劳动力的自然流动，使人力资本随着市场的变换自然地从劳动力剩余的区域或者职业流向劳动力紧缺的区域或者职业，最终达到平衡。通过薪酬的这种调节，可以实现全社会劳动力资源的优化配置。同时，薪酬的高低也会对不同职业和岗位的评价造成影响，进而调节着人们的岗位价值判断和岗位就业的流向。

三、薪酬管理的含义和意义

薪酬管理是指根据企业总体发展战略的要求，通过管理制度的设计与完善，薪酬激励计划的编制与实施，最大限度地发挥各种薪酬形式如工资、奖金和福利等的激励作用，为企业创造更大的价值。

薪酬管理对企业有重要的意义，现通过以下三个方面来说明薪酬管理的意义：

（一）薪酬管理有助于人力资源的合理分配和使用

薪酬是合理分配人力资源的基本手段之一。在企业管理中，一种有限和稀缺的资源，当之无愧是人力资源。因此，企业通过薪酬这个最重要的参数的应用，可以对企业人力资源的流动带来很大的影响。另外，借助市场竞争力和劳动力流动，薪酬管理可以指引人力资源的合理分配，能够充分利用其功效，使其发挥最大的效率。

（二）薪酬管理对劳动效率起着直接决定作用

传统的薪酬管理只是合理分配物质报酬，管理者很少会关注被管理者的行为特征。现代薪酬管理中，激励员工，除了注重物质奖励，还特别重视精神报酬。例如，企业通过对劳动者的自我实现给予肯定或认可，使他们获得成就感。这使得薪酬以一种激励杠杆形式存在，达到一种从薪酬的管理过程到劳动者的激励过程的转换。对于劳动者来说，通过自身的高效劳动，除了提高薪酬水平外，还使得名誉、个人在组织中的声誉和地位得到很大的提升，劳动者的团队奉献和合作精神也得到加强。

（三）薪酬管理对社会的稳定有直接关系

薪酬是劳动者自身生活和消费需要的主要经济来源。在薪酬管理中，如果制定的薪酬水平过低，就会对劳动者的基本生活造成直接影响，使得劳动力的耗费不能完全得到补偿；如果薪酬水平定得过高，势必在一定程度上影响产品成本，从而造成劳动力的市场需求不足和失业者队伍逐渐扩大，有时还可能会形成由于成本推动而导致的通货膨胀，对人们的日常生活产生严重的影响。

在现代薪酬管理中，要注意以下三个方面：第一，在确定薪酬时，尤其要注意把劳动力扩大再生产的要求考虑在内,从而引起一系列的社会问题;第二,由于"工资-物价"的螺旋式上升,会影响到人们的社会生活,所以我们要对社会动荡的产生有所防备;第三,薪酬水平还必须兼顾社会就业水平,一定要做一个有社会责任感的企业,防止过度扩大失业队伍,影响社会的稳定。

四、薪酬管理的发展历程

国内外学者对薪酬管理的发展历程进行了研究和阐述,总体来说,薪酬管理的发展呈现出四个阶段。

(一)早期工厂制度阶段

在前工业革命时期,工人们不习惯工厂工作的束缚,喜欢自给自足、工作时间比较随意的家庭生活或者农耕生活,因此摆在工厂面前急需解决的问题是:培养工人们的"工业习惯"。在这个特定时期下,重商主义经济学派得出以下结论:"工人拥有的收入与工作的时间之间是负相关的。当工资上升时,工人选择花掉他们的钱,等钱花光以后再去工作。"在这个时期,工厂采用的是简单的家族制计件付酬方式。在那些属于劳动密集型的工厂里,工资激励被广泛地使用,在总成本中,劳动力成本所占的比例最大,劳动报酬紧密地联系着个人表现。

为使工资的激励作用得到充分发挥,少数管理学者提出了利润分享计划,以期补充固定工资的局限性。比如,巴比奇提出,通过两个方面来进行:①工人的部分工资要依据工厂的自身利润;②工人提出任何有利于工厂的改进建议,可以获得额外的奖金。除了分享利润外,按照所承担的任务的性质,工人们还可以取得固定工资。这样,工人作业组合就要行动,让那些使他们利润减少的工人惨遭淘汰。可以说,伴随着工厂制度的逐步成熟,薪酬在管理中的地位和作用也随之被工厂主认可。

(二)科学管理阶段

该阶段的主要观点是通过提高工资来使生产效率提高,进而让产品单位成本降低。这个观点认为,薪酬要与劳动表现紧密相连。我们知道,收益分享能够使员工获得更多分红,源于它能促进员工不计成本发挥最大工作效率。泰勒提出的利益分享计划不利于个人成就的实现,该计划不论员工的个人成就有多大,都能得到好处,不能体现个人成就。后来他改进了原来的观点,提出了差别计件工资制。这个工资制包括三个方面:第一,工资标准依据对员工工作的研究来制定;第二,依据个人的能力支付薪酬,而不是单凭其所处的职位;第三,针对不同产品采用不同的计件标准。这种工资制可以达到两个效果:一方面,对确实达到工作标准的员工给予较高的薪酬,体现个人成就;另一方面,对没有达到工作标准的员工,只能给予较低的报酬。

（三）行为科学阶段

行为科学理论认为员工的个人需求应受到重视。员工不仅是经济人，还是社会人，他们需要得到一些除了金钱以外的回报。他们不仅在生活中需要得到别人的认可，而且在工作时也需要得到肯定。员工关心他们的高工资，但这不再是最重要的关注点，员工更希望大家对他工作的重要性给予认同。此时，企业开始寻求满足员工个人精神层次的需求。

（四）现代薪酬管理阶段

传统的薪酬管理关注的是员工的工作效率，付酬的目的是减少员工的偷懒行为。到了20世纪中后期，美国员工持股运动已经持续了约10个年头，"员工可以拥有公司所有权"的思想逐步被很大一部分企业认可。尤其是委托代理理论开始被经济和管理学界所接受，并应用于经理人报酬问题，要求经理人的薪酬与企业的业绩紧密联系，并分担企业的一部分业绩风险，从而使企业的业绩得到改善，进而使经理人的目标趋同于企业所有者的目标。

在这个阶段，企业对薪酬的理解，不仅仅关注物质层面，而是转向非经济报酬。依据企业业绩和企业竞争力，企业会给予员工一些精神激励。出现这种转变的原因是，员工对薪酬的认知观念改变了。员工除了注重物质激励外，更加看重一些间接薪酬。此时，薪酬制度在利润分享计划的基础上有了一些创新。

1. 宽带薪酬制度

宽带薪酬制度是先对各岗位分类，然后给每个岗位的薪酬设置多个职位等级，允许不同岗位的员工拥有相同的薪酬水平。如果在绩效考核中表现足够优秀，处于下一级岗位的员工，也有可能获得与上一级岗位等级相同的薪酬；如果在绩效考核中表现较差，处于上一级岗位的员工，也可能得到与下一级岗位相比较低的薪酬水平。这使得员工不一定必须通过晋升来获得更高的薪酬水平，只要在本职位表现优秀，一样可以得到自己追求的薪酬标准。这种薪酬体系中，每个岗位的薪酬幅度较大，有利于更好地激励员工，使得员工能够在一种工作领域中做得更精更好，不会因为没有晋升而产生失落感。它比较适合组织结构扁平化的企业。

2. 以技能与业绩为基础的薪酬体系

到了20世纪末期，技能薪酬体系和利润分享体系在西方国家迅速崛起。技能薪酬体系以员工技能为衡量标准来确定薪酬，以此激励员工更多地提高自身工作能力、知识技能。同时，为了进一步地充分激励优秀员工，许多企业还给员工设定了奖金和员工持股计划，优秀的员工可以分享企业的红利。这种以业绩为基础的利润分享体系，不仅给企业节省了劳动支出，还提高了员工忠诚度和贡献度。这样，员工可以真正感受到自己在企业神圣而不可替代的地位。

3. 泛化的薪酬政策

约翰·特鲁普曼提出了整体薪酬体系，它具有多样性和整合性。他提出把非经济薪酬成分和物质薪酬成分都结合起来，以整体薪酬体系来思考。此外，这种计划是基于"业绩为主"的薪酬理念，使得投入和奖励得到全面平衡，以便通过非经济薪酬成分让员工满意。

第二节 薪酬战略及其模式

一、薪酬战略模式概述

（一）马克思主义经济学的薪酬决定理论

传统的马克思主义薪酬理论可以分为两大部分：第一部分是资本主义薪酬理论，主要是分析和揭露资本主义薪酬的剥削实质和运动规律；第二部分是全面阐述社会主义个人消费品分配应实行按劳分配的思想，创立了按劳分配学说，但严格来说并未形成社会主义薪酬理论。而有关社会主义薪酬的理论是在社会主义社会诞生以后才在实践中创立起来的。该理论的核心始终贯彻按劳分配的基本原则，明确社会主义薪酬实施国家统一的管理制度和标准，强调政府集权管理，国家是薪酬的唯一分配主体。每个劳动者所提供的劳动具有直接的社会性，在社会做了必要的扣除之后，以全社会为分配单位，按照等量劳动领取等量报酬的原则，由社会制定统一的按劳分配制度，根据每个劳动者所提供的劳动质量与数量进行分配，多劳多得，少劳少得。

从 20 世纪 50 年代起，一些学者和实际工作者从社会主义社会现实的客观条件出发，吸收了资本主义社会的一些薪酬理论和管理技术，对社会主义薪酬理论做了进一步的研究和发展。其主要内容如下：

第一，社会主义薪酬仍以按劳分配为基本原则，但要借助于商品、货币、价值和市场等范畴来运行。

第二，企业是独立的经济实体，所以薪酬分配应以企业为单位，企业有决定与分配的自主权。

第三，决定劳动者个人薪酬水平的因素不再是单纯的个人劳动量，而是由企业的有效劳动量与个人劳动贡献双重因素决定。

第四，薪酬水平取决于劳动力市场劳动供求状况与经济效益。

第五，建立薪酬谈判机制，薪酬水平及其增长以及薪酬构成等由劳动力市场主体双方谈判决定。

目前，我国正致力于建设社会主义市场经济，确立劳动、资本、技术和管理等生产要素按贡献参与分配的薪酬分配和管理方式，社会主义薪酬理论对研究和设计我国企业的薪酬体系仍具有重要的指导意义。

(二) 薪酬战略的西方古典理论

1. 亚当·斯密的薪酬理论

亚当·斯密是最早对薪酬进行分析的学者之一。他认为，薪酬是在财产所有者与劳动相分离的情况下，作为非财产所有者的劳动者的报酬。因此，薪酬水平的高低取决于财产所有者即雇主与劳动者的力量对比。对于影响薪酬增长的因素，斯密认为主要是由于每年增加的就业机会，即对劳动者的需求大于劳动者的供给，导致雇主们竞相出高价雇用劳动者。斯密进一步分析了决定劳动需求的因素。按照他的看法，对劳动者的需求，必定随着预定用来支付劳动薪酬的资金的增加而成比例地增加，资金增加的原因是生产扩大和国民财富的增加。

此外，斯密对薪酬差别进行了解释，认为造成不同职业和雇员之间薪酬差别的原因主要有两大类：一是职业性质，由于各种不同职业的劳动者的心理、学习成本、安全程度、责任大小和职业风险五个方面的差异造成不同性质的职业的薪酬差别；二是薪酬政策，政府的薪酬政策影响了劳动力市场的供求关系，导致薪酬差别。

斯密的薪酬理论是以后众多薪酬理论研究的基础，其对薪酬差别的理论解释，对现代企业的薪酬设计具有一定的借鉴意义。例如，职业性质是现代职位和职务薪酬制的基础；而政府不适当的薪酬政策则会扭曲劳动力市场的供求关系，从而使作为劳动力价格的薪酬反映出不合理的差别。

2. 维持生存理论

这一理论最初由古典经济学创始人威廉·配第提出。该理论的主要观点是，产业社会中工人的薪酬应该等同或略高于能维持生存的水平。工人应获得必需数量的生活用品，以维持自己及其家属的生活，从而为社会的未来扩大再生产提供足够数量的劳动力。如果出于某种原因薪酬暂时提高到维持生存的水平以上，那么，由于工人阶级的人口增长率上升而使劳动力供应增加，薪酬最终仍会降到维持生存的水平。如果将薪酬降低到维持生存的水平以下，它不会持续多久，因为劳动力供应将会因疾病、营养不良、出生率下降而减少，薪酬最终会提高到维持生存的水平。维持生存理论是政府宏观薪酬调节和企业微观薪酬管理的主要理论依据之一。迄今为止，包括中国在内的许多国家制定和保留有最低薪酬保障法律。

(三) 薪酬战略的西方现代理论

1. 边际生产率薪酬理论

被誉为现代薪酬理论鼻祖的克拉克利用边际分析方法，创立了边际生产率薪酬理论。该理论认为，按照边际生产率概念，薪酬取决于劳动边际生产率。这就是说，雇主雇用的最后那个工人所增加的产量的价值等于该工人的薪酬。如果工人所增加的产量小于付给他的薪酬，雇主就不会雇用他；相反，如果工人所增加的产量大于付给他的薪酬，雇主就会增雇工人。只有在工人所增加的产量等于付给他的薪酬时，雇主才既不增雇也不减少工人。因此，工人的薪酬水平由最后雇用的工人的产量决定。

该理论以劳动力市场完全竞争和劳动力自由流动的理想假设为前提。但现实情况并非如此，企业中各种复杂的因素使得边际生产率难以计算。薪酬并不决定于劳动者的边际生产率，而是在一个较长的时间内围绕边际生产率摆动。尽管存在上述不足，但边际生产率薪酬理论是迄今对长期薪酬水平的基本要素做出的最好的一种解释，它致力于企业和厂商层次的微观分析，建立起薪酬和生产率之间的本质联系，开创了薪酬问题研究的新时代。

边际生产率薪酬理论的前提是一个充满竞争的静态社会，主要有以下特征：

（1）在整个经济社会中，价格和工资不由政府和传统的协议操纵。

（2）年年都是用不同的方法生产出同等数量的相同产品。

（3）假定资本、设备的数量是固定不变的，但设备的形式可以改变。

（4）完全没有分工，对同行业的工人只有单一的工资率。

劳动边际生产力递减是指，随着工人的人数不断增加，刚开始产量会增加，但人数增加到一定数量后，每增加一个人，工人所分摊到的设备数量减少，从而每一单位劳动力的产品数量减少，追加的新工人的边际生产力递减，最后增加的工人的边际生产力最低。

2. 均衡价格薪酬理论

边际生产率薪酬理论只是从劳动力的需求方面揭示了工资水平的决定，而没有考虑劳动力的供给方面对工资的影响作用。

英国经济学家阿弗里德·马歇尔从劳动力供给和需求两个方面研究了工资水平的决定，他是均衡价格工资理论的创始人。

从劳动力的需求看，工资取决于劳动的边际生产力。从劳动力的供给看，工资取决于两个因素：一是劳动者及其家属的生活费用以及接受培训和教育的经费；二是劳动的负效用。

3. 集体谈判薪酬理论

集体谈判薪酬理论由美国的约翰·克拉克、英国的庇古和约翰·希克斯等经济学家创立。该理论认为，薪酬决定于劳动力市场上劳资双方的力量的对比，是劳资双方在薪酬谈判中的交涉力量抗衡的结果，最终确定的薪酬率取决于双方的谈判技巧和实力。集体谈判薪酬理论就如何确定短期货币薪酬而言，是迄今做出的最好的一种理论解释。在一定程度上来讲，它是集体谈判制度以及工会作用的理论基石和实践总结，是现代企业薪酬理论的一个较重要的理论学说,主要适用于企业的高层技术人员和管理人员。

4. 人力资本理论

人力资本投资是多方面的:

第一,有形支出,又称为直接支出、实际支出,主要投资形式包括教育支出、保健支出、劳动力国内流动支出或用于移民入境的支出等,其中最主要的投资形式是教育支出。

第二,无形支出,又称为机会成本,是指因为投资期间不可能工作,至少不能从事全日制工作而放弃的收入。

第三,心理损失,又称为精神成本、心理成本,如学习艰苦、令人厌烦;寻找职业令人乏味、劳神;迁移,要远离朋友等。

工资是人力资本投入的经济产出,所以,劳动能力高的劳动者在接受教育培训后从事工作的收入应该比劳动能力低的劳动者获得的工资收入多,这可以看作两种不同的人力资本投资所形成的工资差别。

在劳动力市场上,一个人的人力资本含量越高,其劳动生产率就越高,边际产品价值也越大,因而得到的报酬也越高。而人力资本投资的目的是获取收益,只有当预期收益的现值不低于投资支出的现值时,政府、企业和个人才愿意投资。也就是说,人力资本投资必须得到补偿。人力资本投资理论不仅关系到雇员的收入差异,还关系到企业人力资源的开发和利用,因此在企业管理中日益受到重视。

5. 效率薪酬理论

效率薪酬理论的基本观点是工人的生产率取决于薪酬率。该理论认为,在一定程度上,薪酬通过刺激效应、逆向选择效应、劳动力流通效应和社会伦理效应影响生产率,薪酬越高,劳动效率就越高,企业产出就越大。高于劳动率产出水平的薪酬,被称为"效率薪酬"。薪酬率的提高将导致工人生产率的提高,故有效劳动的单位成本反而可能下降。因此,企业降低薪酬不一定会增加利润,提高薪酬也不一定会减少利润。

此外,比较具有代表性的薪酬理论还有劳动力市场歧视理论、知识资本理论和购买力理论等。各种理论或多或少存在不足之处,但对现代企业薪酬体系的制定仍具有不可低估的指导意义。

二、薪酬战略的内涵及特点

(一)薪酬战略的内涵

薪酬战略通过薪酬管理达到提升组织绩效的目的,一般从薪酬决策、薪酬技术与薪酬目标三个方面来理解。薪酬决策是在薪酬管理过程中,企业对环境中的机会与威胁做出适当的反应，并且配合或支持组织全盘的、长期的发展方向和目标。它是薪酬战略要素与薪酬政策类型的组合。薪酬战略要素包括薪酬分配的原则、薪酬水平、薪酬结构、薪酬等级构成、奖励的重点及薪酬管理与控制等。薪酬政策是各企业按照各自人力资源的不同特点自行拟定的，是薪酬战略要素所要遵循的纲领和法则。薪酬技术是在薪酬战略的框架下达到薪酬目标所采取的程序与方法，属于执行层面的薪酬管理；薪酬目标是薪酬管理所要达到的最终目的，主要包括效率、公正与合法：

薪酬战略是组织根据外部环境存在的机会与威胁及自身的条件所做出的具有总体性、长期性、关键性的薪酬决策。凡是具有战略性的薪酬决策都属于薪酬战略，但不能简单地认为薪酬战略等于薪酬决策。其一，薪酬战略不仅指薪酬决策，也包含薪酬管理；其二，并非所有的薪酬决策都是薪酬战略，薪酬技术与业务管理方面的决策不属于薪酬战略，只有对组织绩效与发展具有重大影响的战略性薪酬决策才属于薪酬战略。

（二）薪酬战略的特点

薪酬战略的特点主要体现在以下三个方面：

1. 薪酬战略是与组织总体发展战略相匹配的薪酬决策

薪酬战略作为组织总体战略系统的一个子战略，它必须与组织总体发展战略的方向、目标相一致，必须体现和反映组织发展模式与趋势，贯穿并凝聚组织文化和经营理念，反映和体现组织发展不同阶段的特征。薪酬战略应依据组织总体发展战略来制定，根据组织总体战略来确定薪酬的水平与结构、薪酬的文化理念、薪酬的管理与政策。这样，薪酬战略与组织总体发展战略才能形成一种整体协调、相互促进的互动关系。例如，某公司总体发展战略是一种多元化经营战略，那么，相应地在薪酬方面应采取富有弹性、以绩效薪酬为主、分权式管理的薪酬战略。

2. 薪酬战略是一种具有总体性、长期性的薪酬决策与薪酬管理

总体性指薪酬战略是对整个组织的薪酬从总体上构建一个系统性的决策与管理模式，而不是针对某个部门、某些人员的薪酬决策与管理。长期性是指这种薪酬决策与管理模式的构建不能仅考虑组织目前的状态，还要考虑组织长远发展的趋势，适应组织长期发展的需要。所以，一个组织的薪酬战略要特别重视两个原则：一是系统性原则，把一个组织的薪酬基础、薪酬结构、薪酬水平、薪酬管理及组织内各部门、各种人员的薪酬关系作为一个系统综合考虑；二是动态发展原则，一个组织的薪酬战略不是静态的，而是一个不断改革、不断完善的过程。

3. 薪酬战略对组织绩效与组织变革具有关键性作用

并非任何薪酬决策都属于薪酬战略，只有那些对组织绩效与组织变革具有重大影响的薪酬决策才属于薪酬战略的内容。例如，薪酬技术层次的具体计量和薪酬执行层

次的日常管理对组织绩效与组织变革虽有影响，但并非重大影响，所以并不属于薪酬战略的范围。而诸如薪酬的基础是年资、技能还是绩效，薪酬的设计是倾向内部公平性还是外部竞争性，薪酬管理是集权式还是分权式，对高层管理人员是否实行年薪制、延期支付或股票期权等，这些决策对组织绩效与组织变革具有重大影响，起关键性作用，属于薪酬战略的主要内容。薪酬战略对组织绩效与组织发展的关键作用主要体现为，强化对员工的激励，激发员工的积极性与创造力，增强组织的外部竞争力，强化组织的团队精神与凝聚力，提高薪酬成本的有效性。

三、影响薪酬战略的因素

薪酬战略的内容包含两个方面：一是薪酬战略要素。并不是所有与薪酬决策相关的要素都是薪酬战略要素，最核心的薪酬战略要素有五个方面：薪酬基础、薪酬水平、薪酬结构、薪酬文化及薪酬管理。二是薪酬政策。它是薪酬决策中所要遵循的基本规则与原则。薪酬政策具有多样性，在同一薪酬要素中，不同组织的特点不同，管理的模式不同，领导者的风格各异，其薪酬政策的选择既有共性，也会有较大的差异。

（一）薪酬基础及政策

薪酬基础指确定薪酬的依据与条件，即员工的薪酬由什么来确定。显然，这是确定员工薪酬的基础，对薪酬战略至关重要，它影响整个组织薪酬分配的格局，对所有员工的薪酬都有重大影响。在薪酬战略中，薪酬基础与相应政策主要考虑两个方面：一是薪酬的确定主要依据哪些要素，是员工的年资还是技能，是员工的职务还是绩效；与其相应的薪酬政策，是选择年资薪酬模式还是技能薪酬模式，是职务薪酬模式还是绩效薪酬模式。二是年资、技能、职务、绩效等各种要素在整个薪酬构成中的地位与作用程度。它决定着薪酬构成中各种要素的报酬率，即各种要素在整个薪酬中所占的比重。

（二）薪酬水平及政策

薪酬水平指组织对自身总体薪酬的定位。在薪酬战略中，薪酬水平的决策主要考虑三个要素。其一，市场薪酬水平与竞争对手的薪酬水平。在市场竞争及人才流动条件下，组织必须参照市场与竞争对手的薪酬水平来给自己的薪酬水平定位。其二，组织自身的绩效与财务状况。一般而言，组织自身的绩效、财务状况与薪酬水平是正相关的。其三，组织自身所处的发展阶段。在不同的发展阶段，薪酬水平的定位不同。与薪酬水平相应的薪酬政策有领先型、跟随型和滞后型三种类型。领先型即高于市场与竞争对手的薪酬水平；跟随型即与市场和竞争对手的薪酬水平大致相当；滞后型即低于市场和竞争对手的薪酬水平。薪酬水平的定位是个两难抉择。较高薪酬有利于吸纳人才，激励员工的积极性，但必然使薪酬成本增加；较低薪酬有利于降低薪酬成本，但不利于员工的稳定和积极性的发挥。较高薪酬能吸纳高素质的员工，激发员工的积极性，所产生的绩效可能大于高薪酬增加的成本；反之，较低薪酬不利于员工稳定，带来的损失可能远大于低薪酬所节省的薪酬成本。

（三）薪酬结构及政策

薪酬结构主要指薪酬的具体形式及构成。不同形式的薪酬，其特征与功能不同，对员工的行为及组织发展具有不同的影响。因此，研究薪酬结构及政策最重要的是分析各种薪酬的特征与功能作用，选择能充分体现各类员工的贡献并有利于激励员工和组织发展的薪酬形式。薪酬的具体形式与政策主要包括：

1. 基本薪酬与可变薪酬

基本薪酬是相对稳定的，保障员工的基本需要，使员工产生安全感，但基本薪酬过高会削弱薪酬的激励功能。可变薪酬是变动的，具有较强的激励作用，但可变薪酬过高、基本薪酬过低，又会使员工缺乏安全感及保障。

2. 经济性薪酬与非经济性薪酬

前者属于外在性薪酬，包括工资、奖金、津贴、福利、保险等，主要用来满足员工的物质生活与安全方面的需要；后者属于内在性薪酬，包括晋升机会、荣誉、工作环境等，主要用来满足员工心理与精神方面的需要。

3. 短期薪酬与长期薪酬

短期薪酬主要包括员工的基本工资、津贴、短期奖金等；长期薪酬主要包括股票期权、延期支付等。显然，前者主要满足员工的现实需要，而后者的主要功能是长期激励。

4. 工资与福利

工资主要体现员工的劳动贡献与绩效，而福利更有利于组织的团队精神与凝聚力，但福利带有平均主义色彩，过高的福利不利于组织效率的提高。

（四）薪酬文化及政策

薪酬文化指组织的薪酬战略所贯穿的思想理念，对组织的薪酬战略起引导作用。薪酬文化与组织文化相互联系、相互依存，一方面，薪酬文化受组织文化的指导，同时又可促进组织文化的发展；另一方面，薪酬文化也是组织文化在薪酬战略中的一种体现，有它具体的内容与表现形式。薪酬文化及政策所讨论的问题主要是薪酬决策与管理的目标导向与思想理念，包括：把薪酬看成"人力成本"还是"人力资本"；薪酬模式的设计是以人为基础还是以岗位为基础；薪酬理念是"物质报酬"还是"全面报酬"；薪酬的目标是倾向成本控制还是重在激励；薪酬决策是侧重公平还是效率，强调外部竞争性还是内部公平性。

(五)薪酬管理及政策

薪酬管理可分为战略性的薪酬管理与技术性的业务管理,战略性的薪酬管理研究的是整个组织薪酬管理的总体模式、核心制度与主体方式。薪酬管理及政策要讨论的内容主要有三个方面。其一,薪酬信息的公开透明程度,其核心问题是实行保密薪酬制度还是公开薪酬制度。其二,薪酬管理权限的划分,即薪酬的管理是集权式还是分权式。其三,员工参与薪酬决策的状况,即薪酬的决策模式是集权型还是民主型。对这几个方面的不同选择,决定着薪酬管理的模式是封闭式还是开放式。显然,保密薪酬制度、集权式的管理属于封闭式管理模式,而公开薪酬制度、分权式管理、民主型决策属于开放式管理模式。

第三节 战略薪酬体系设计

一、战略薪酬体系概述

(一)战略薪酬体系的概念

战略薪酬体系的概念有狭义与广义之分。狭义的战略薪酬体系是指薪酬中相互联系、相互制约、相互补充的各个构成要素形成的有机统一体,其基本模式包括基本工资、津贴、奖金、福利、保险等形式。其主要任务是确定企业的基本薪酬以什么为基础。

本书所提到的战略薪酬体系,是极其宽泛的概念,涉及企业薪酬战略、薪酬制度、薪酬管理的方方面面。薪酬战略是人力资源部门根据企业最高管理层的方针拟定的,它强调的是相对于同规模的竞争性企业来讲其薪酬支付的标准和差异。薪酬制度是企业薪酬体系的制度化、文本化,也是薪酬战略的集中体现。薪酬管理是指一个组织针对所有员工所提供的服务来确定他们应当得到的薪酬总额以及薪酬结构、薪酬形式的过程。

(二)战略薪酬体系的类型

1. 岗位薪酬体系

岗位薪酬体系是应用最为广泛同时也是最为稳定的薪酬体系类型。所谓岗位薪酬体系,就是指根据员工在组织中的不同岗位特征来确定其薪酬等级与薪酬水平。岗位薪酬体系以岗位为核心要素,建立在对岗位的客观评价基础之上,对事不对人,能充分体现公平性,操作相对简单。

2. 技能薪酬体系

技能薪酬又可分为技术薪酬和能力薪酬两种类型。技术薪酬体系是指组织根据员工所掌握的与工作有关的技术或知识的广度和深度来确定员工的薪酬等级和水平。对于科技型企业或专业技术要求较高的部门和岗位，这种薪酬体系具有较强的适用性。能力薪酬体系是以员工个人能力状况为依据来确定薪酬等级与薪酬水平的。这种制度适用于企业中的中高级管理者和某些专家。与岗位薪酬体系相比，技术或能力薪酬体系的最大特征体现在薪酬决定的依据上。

3. 绩效薪酬体系

绩效薪酬体系是将员工个人或者团体的工作绩效与薪酬联系起来，根据绩效水平的高低确定薪酬结构和薪酬水平。员工工作绩效主要体现为完成工作的数量、质量，所产生的收益，以及对企业的其他可以测评的贡献。这种薪酬体系主要适用于工作程序性、规则性较强，绩效容易量化的岗位或团队，以便能够清楚地将绩效与薪酬挂钩。

上述三种类型的薪酬体系各有利弊。在进行薪酬体系的选择与设计时，主要看这种薪酬体系能否与企业的内外环境相适应，是否有利于激发员工的工作热情，能否提高企业竞争力，是否有助于企业战略目标的实现。

（三）薪酬体系设计的基本要求

1. 薪酬体系设计要体现薪酬的基本职能

薪酬职能是指薪酬在运用过程中的具体功能的体现，是薪酬管理的核心，包括补偿职能、激励职能、调节职能、效益职能和统计监督职能。

2. 薪酬体系设计要体现劳动的基本形态

薪酬体系设计首先要体现劳动的基本形态。

（1）潜在劳动

可能的贡献。潜在劳动是指蕴含在个体身上的劳动能力。它是企业在人力资源招聘和配置时对个体价值进行预测的基本依据，也是区分不同人力资源对企业未来贡献大小的重要指标。

（2）流动劳动

现实的付出。流动劳动是指人力资源个体在工作岗位上的活动是已经付出的劳动。企业用它作为发放劳动报酬的依据。

（3）凝固劳动

实现的价值。凝固劳动是指劳动付出后的成果，如产量是多少、销售额有多少等。这是劳动创造价值的具体体现，因而应当是劳动价值衡量的最好方式。

以上三种劳动形态各有特点，也各有优势和不足。按潜在劳动计量薪酬，有利于鼓励员工进行人力资本投资，也能够在一定程度上增强组织对人才的吸引能力；按流动劳动计量报酬，适用于那些难以计算或者不必计算工作定额、不存在竞争关系而只要求按时出勤的工种或岗位；按凝固劳动计量薪酬，能够比较准确地表明劳动价值的大小，也便于发挥薪酬管理的激励功能，但其适用的范围有限。因此，企业组织在考虑薪酬分配依据和制定薪酬制度时，应该综合考虑，取长补短，配合使用。

（四）薪酬体系设计的前期准备工作

1. 明确企业的价值观和经营理念

企业价值观和经营理念统率着企业的全局，指导着企业经营管理的诸多方面，对企业薪酬管理及其策略的确定具有重大的影响。

2. 明确企业总体发展战略规划的目标和要求

企业战略规划的内容：

（1）企业的战略目标。

（2）企业实现战略目标应具备的和已具备的关键成功因素。

（3）具体实现战略的计划和措施。

（4）对企业实现战略有重要驱动力的资源（人、财、物），明确实现企业战略时需要的核心竞争力。

（5）根据企业战略，确定激励员工具备企业需要的核心竞争力的方法论；确定员工实现战略、激励员工产生最大绩效的方法论。

3. 掌握企业生产经营特点和员工特点

企业生产经营特点和员工特点也影响企业薪酬管理。

4. 掌握企业的财务状况

根据企业战略目标、企业价值观等方面的总方针和总要求，从企业的财务实力和状况出发，切实合理地确定企业员工的薪酬水平。

5. 明确掌握企业劳动力供给与需求关系

了解企业所需要的人才在劳动力市场上的稀缺性，如果供大于求，薪酬水平可以低一些；如果供小于求，薪酬水平可以高一些。

6. 明确掌握竞争对手的人工成本状况

为了保持企业产品的市场竞争力，应进行成本与收益的比较，通过了解竞争对手的人工成本状况，决定本企业的薪酬水平。

（五）岗位薪酬体系设计

岗位薪酬体系是根据每个岗位的相对价值来确定薪酬等级，通过市场薪酬水平调查来确定每个等级的薪酬幅度。这种薪酬体系的基本思想是：不同岗位有不同的相对价值，相对价值越高的岗位对企业的贡献就越大，因而就应该获得更高的报酬。

岗位薪酬体系以岗位评价为基础。岗位薪酬与组织结构、岗位设置、岗位特征密切相连，实质上是一种等级薪酬。

一般来说，岗位薪酬体系的设计包括以下八个步骤：

1. 环境分析

通过调查分析，了解企业所处的内外环境的现状和发展趋势。环境分析是薪酬体系设计的重要步骤，为后面几个步骤提供了重要的基础性材料。所以，环境分析的质量直接影响到薪酬战略的选择、工作分析以及岗位评价等重要过程的工作质量。

2. 确定薪酬战略

在对组织环境进行系统分析的基础上，通过对薪酬体系设计的必要性和可行性、激励重点和设计目标的分析论证，得出怎样的薪酬战略才符合企业的实际情况和企业战略的要求。

3. 岗位分析

一般通过问卷调查法、参与法、观察法、访谈法、关键事件法、工作日志法等获取相关岗位信息，并据此编制包含该岗位基本信息、工作环境、任职资格等内容的岗位说明书，从而为确定每个岗位的相对价值提供重要的依据。

4. 岗位评价

在薪酬体系设计中，岗位评价可使特定岗位的相对价值得以公示，为薪酬等级的划分建立基础，体现薪酬分配的公平性原则。常用的岗位评价方法有排序法、归类法、因素比较法、计点法、海氏评估法等。

5. 岗位等级划分

一般来说，等级数目少，薪酬阔度大，员工晋升慢，激励效果差；等级数目多，岗位层次多，管理成本就会增加。可见，薪酬等级与组织结构密切相关。

6. 市场薪酬调查

市场薪酬调查主要就是通过收集、分析市场薪酬信息和员工关于薪酬分配的意见、建议，来确定或者调整企业的整体薪酬水平、薪酬结构、各具体岗位的薪酬水平的过程。

7. 确定薪酬结构与水平

狭义的薪酬结构是指同一组织内部不同岗位薪酬水平的对比关系；广义的薪酬结构还包括不同薪酬形式在薪酬总额中的比例关系，如基本薪酬与可变薪酬、福利薪酬之间的不同组合。薪酬水平是指组织整体平均薪酬水平，包括各部门、各岗位薪酬在市场薪酬中的位置。

8. 实施与反馈

薪酬体系设计完成之后，必须制度化、标准化为企业薪酬管理制度、通过实施才能实现薪酬的战略及目标。

（六）技能薪酬体系设计

技能薪酬体系以员工所掌握的与职位相关的知识和技术的深度与广度的不同为依据来确定薪酬等级和薪酬水平。

技能分析的基本内容包括技能单元、技能模块和技能种类。

1. 技能单元

技能单元是技能分析的基本元素，是最小的分析单元，是对特定工作的具体说明。

2. 技能模块

技能模块是指从事某项具体工作任务所需要的技术或者知识。技能模块是技能薪酬设计的基础，是技能薪酬区别于岗位薪酬的显著特征。技能模块的形式决定了技能薪酬的不同类型，它包括技能等级模块和技能组合模块两种。

3. 技能种类

技能种类反映了一个工作群的所有活动或者一个过程中各步骤的有关技能模块的集合，本质上是对技能模块进行的分组。

（七）绩效薪酬体系设计

绩效薪酬属于高激励薪酬，薪酬数额会随着既定绩效目标的完成而变化。

绩效薪酬体系的核心内容在于绩效评估。

绩效薪酬在现实运作中也有不少缺点：

第一，对员工行为和成果难以进行准确的衡量，在绩效考核体系指标设置不合理的情况下，容易使绩效薪酬流于形式，可能导致更大的不公平；

第二，如果绩效薪酬设计不合理，就会演变为一种固定薪酬，人人有份；

第三，绩效薪酬制度多以个人绩效为基础，这种以个人为中心来获得奖励薪酬的制度不利于团队合作，而与团队绩效挂钩的薪酬制度也只适用于人数较少、强调合作的组。

二、战略薪酬体系设计原则和程序

（一）战略薪酬体系设计原则

1. 公平性原则

根据亚当斯的公平理论，一种比较称为横向比较，即员工将自己所获得的报酬与自己投入的比值与组织内其他人的这一比值做比较。另一种比较称为纵向比较，就是员工将自己目前所获得的报酬与目前投入的比值，同自己过去的这一比值进行比较。只有前者大于或等于后者时，他才感觉到是公平的。企业薪酬的公平性可以分为三种：内部公平性、外部公平性、个人公平性。

2. 激励性原则

激励性就是差别性，即根据工作的差别确定报酬的差别，体现薪酬分配的导向作用及多劳多得原则。这要求在企业内部各类各级岗位上的薪酬水平要适当地拉开差距，真正体现按照贡献大小分配的原则。

3.竞争性原则

在一般情况下,企业员工的薪酬水平应该比行业的平均水平高15%,这样既不会使企业的负担过重,又可以达到吸引、激励和保留员工的目的。

4.经济性原则

提高企业的薪酬标准,固然可以提高其激励性,但同时也不可避免地会导致人工成本的上升,所以薪酬制度还要受经济条件的制约。

5.合法性原则

企业的薪酬制度必须符合党和国家的政策与法律,如国家对最低薪酬标准、工作时间、经济补偿金、加班工资的有关规定等。

(二)战略薪酬体系设计程序

战略薪酬体系设计的要点在于"对内具有公平性,对外具有竞争力"。建立这样一套薪酬体系,是企业人力资源管理的当务之急。要设计出科学合理的薪酬体系和薪酬制度,一般要经历以下几个步骤:

1.岗位评估

(1)岗位评估内容

岗位评估的内容包括每一职位的名称、职位设置的目的、职位职责、任职者基本素质要求等。目前国内的职位体系比较混乱,在进行薪酬调查时一定要注意所调查职位的职位描述,而且应将调查所获得的职位描述与公司相应的职位进行比较,只有当两者的重叠度大于70%时,才能根据所调查职位的结果来确定公司相应职位的薪酬水平。

(2)岗位评估原则

岗位评估的对象是岗位而不是岗位中的员工,要让员工积极地参与到岗位评估中去,让他们认可岗位评估的结果,同时应公开岗位评估的结果。

(3)岗位评估方法

常用的岗位评估方法有岗位参照法、分类法、排序法、评分法和因素比较法。其中分类法、排序法属于定性评估,岗位参照法、评分法和因素比较法属于定量评估。

2.薪酬调查

(1)薪资调查的含义

薪资调查就是通过各种正常的手段获取相关企业各职务的工资水平及相关信息。对薪资调查的结果进行统计分析,就能为企业的薪资管理决策提供有效依据。

(2)企业什么时候需要进行薪资调查

薪酬调查是一个不小的项目,从涉及的人员和占用的时间来看都是一笔不小的投入。从实践看,建议只在调薪、企业结构重组、遇到特定的问题时才考虑薪酬调查工作。

（3）薪资调查应掌握的原则

一是在被调查企业不知情的情况下获取薪资信息。由于薪资管理政策及数据在许多企业属于商业机密、不愿意让其他企业了解，所以在进行薪资调查时要由企业人力资源部门通过某种关系与对方对应部门或总经理直接联系，利用某种特殊关系获取真实信息。二是调查的资料要准确。由于很多企业对薪资情况守口如瓶，所以有些信息很可能是道听途说得来的，这样肯定不全面，准确率也低，三是调查资料要随时更新。随着市场经济的发展和人力资源市场的完善，企业的薪资情况经常变化，要调查及时更新的资料才有参考价值。

（4）薪资调查的渠道

一是企业之间的相互调查。薪资调查的对象，最好是选择与自己有竞争关系的企业或同行业的类似企业，重点考虑员工的流失去向和招聘来源。只有采用相同的标准进行职位评估，并各自提供真实的薪酬数据，才能保证薪酬调查的准确性。二是委托专业机构进行调查。薪酬调查重在解决薪酬的对外竞争力问题。企业在确定工资水平时，需要参考劳动力市场的工资水平，可以委托比较专业的咨询公司进行这方面的调查。三是从公开的信息中了解。

3. 薪酬定位

在分析同行业的薪酬数据后，需要做的是根据企业状况选用不同的薪酬水平。同产品定位相似的是，在薪酬定位上企业可以选择领先策略和跟随策略。薪酬上的领头羊未必是品牌最响的企业，因为这类企业可以依靠其综合优势，不必花费最高的工资也可能找到最好的人才。往往是那些财大气粗的后起之秀最宜采用高薪策略，它们多处在企业初期或快速上升期，投资者愿意用金钱买时间，希望通过挖到一流人才来快速拉近与行业巨头的差距。因此，薪酬定位必须充分考虑企业的实际情况和薪酬影响力。

4. 薪酬结构设计

许多企业在确定人员工资时，一般都要综合考虑三个方面的因素：一是职位等级；二是个人的技能和资历；三是个人绩效。在工资结构上与其相对应的，分别是职位工资、技能工资、绩效工资。

职位工资由职位等级确定，它是一个人工资高低的主要决定因素，职位工资是一个区间，而不是一个点。企业可以从薪酬调查中选择一个数据作为这个区间的中点，然后根据这个中点确定每一职位等级的上限和下限。

相同职位上不同的任职者由于在技能、经验、资源占有、工作效率、历史贡献等方面存在差异，导致他们对公司的贡献并不相同（由于绩效考核存在局限性，这种贡献不可能被完全量化并体现出来），因此技能工资有差异。所以，同一等级内的任职者，基本工资未必相同，这就增加了工资变动的灵活性，使员工在不变动职位的情况下，随着技能的提升、经验的增加而在同一职位等级内逐步提升工资等级。

绩效工资是对员工完成业务目标而进行的奖励,即薪酬必须与员工为企业创造的经济价值相联系。绩效工资可以是短期性的,如销售奖励、项目浮动奖金、年度奖励,也可以是长期性的,如股票期权等。薪酬的确定与企业的绩效评估制度密切相关。

5. 薪酬的实施和修正

在确定薪酬调整比例时,要对总体薪酬水平做出准确的预算。目前大多数企业都是由财务或计划部门进行测算,为准确起见,最好由人力资源部做测算。人力资源部需要建好工资台账,并设计一套比较好的测算方法。在制定和实施薪酬体系过程中,及时的沟通、必要的宣传或培训是保证薪酬改革成功的因素之一。从本质意义上讲,劳动报酬是对人力资源成本与员工需求之间进行权衡的结果。世界上不存在绝对公平的薪酬方式,只存在员工是否满意的薪酬制度。人力资源部可以利用薪酬制度问答、员工座谈会、满意度调查、内部刊物甚至 BBS 论坛等形式,充分介绍企业的薪酬制度和管理思想。为保证薪酬制度的适用性,规范化运作的企业都对薪酬的定期调整做了规定。

三、战略薪酬管理制度

(一)薪酬制度

薪酬制度是一个比较宽泛的概念,它涉及企业的薪酬战略、薪酬体系、薪酬结构、薪酬政策、薪酬水平以及薪酬管理等方方面面的内容。

1. 薪酬战略

薪酬战略是企业管理人员根据具体的经营环境选择的支付方式,这些支付方式对企业绩效和有效使用人力资源产生很大的影响。

2. 薪酬体系

薪酬体系是指员工从企业获取的薪酬组合,一般包括基本薪酬、绩效薪酬、加班薪酬、长期薪酬、福利、各类津贴等。

3. 薪酬结构

薪酬结构是指薪酬的各个构成部分及其比重,通常指固定薪酬和变动薪酬、短期薪酬和长期薪酬、非经济薪酬和经济薪酬两者之间的比重。

4. 薪酬政策

薪酬政策是指企业为了把握员工的薪酬总额、薪酬结构和薪酬形式,所确立的薪酬管理导向和基本思路的文字说明或者统一意向。

5. 薪酬水平

薪酬水平是指企业如何根据竞争对手或劳动力市场的薪酬水平给自身的薪酬水平

定位，从而与之相抗衡。

6. 薪酬管理

薪酬管理是指对薪酬体系运行状况进行控制和监督，以减少运行过程中的偏差。薪酬管理涉及两个方面：一是薪酬设计的科学化和薪酬决策的透明度；二是员工参与度。

（二）设计单项薪酬制度的基本程序

第一，准确标明制度的名称。

第二，明确界定单项工资制度的作用对象和范围。

第三，明确工资支付与计算标准。

第四，涵盖该项工资管理的所有工作内容，如支付原则、等级划分、过渡办法等。

（三）岗位工资或能力工资的制定程序

第一，根据员工工资结构中岗位工资或能力工资所占比和工资总额，确定岗位工资总额或能力工资总额。

第二，根据企业战略等确定岗位工资或能力工资的分配原则。

第三，进行岗位分析与评价或对员工进行能力评价。

第四，根据岗位（能力）评价结果确定工资等级数量以及划分等级。

第五，进行工资调查与结果分析。

第六，了解企业财务支付能力。

第七，根据企业工资策略确定各工资等级的中点。

第八，确定每个工资等级之间的工资差距。

第九，确定每个工资等级的工资幅度。

第十，确定工资等级之间的重叠部分的大小。

第十一，确定具体计算办法。

（四）奖金制度的制定程序

第一，按照企业经营计划的实际完成情况确定奖金总额。

第二，根据企业战略、企业文化等确定奖金分配原则。

第三，确定奖金发放对象及范围。

第四，确定个人奖金计算办法。

（五）奖金的设计方法

1. 佣金的设计

在设计佣金时要注意以下事项：比例要适当；不要轻易改变比例；兑付要及时。

2. 绩效奖的设计

绩效奖指由于员工达到某一绩效，企业为了激励员工这种行为而支付的奖金。在设计绩效奖时要注意以下事项：

（1）绩效标准要明确、合理。

（2）达到某一绩效标准后的奖金要一致。

（3）以递增方法设立奖金，鼓励员工不断提高绩效。

3. 超时奖的设计

超时奖指由于员工在规定时间之外工作，企业为了鼓励员工这种行为而支付的奖金。在设计超时奖时要注意以下事项：

（1）尽量鼓励员工在规定时间内完成任务。

（2）明确规定何时算超时，何时不算超时。

（3）明确规定哪一类岗位有超时奖，哪一类岗位没有超时奖。

（4）允许在某一段时间内，由于完成特殊任务而支付超时奖，如果员工劳动一直超时，则应考虑增加员工。

4. 特殊贡献奖的设计

特殊贡献奖指员工为企业做出了特殊贡献，企业为了鼓励员工这种行为而支付的奖金。在设计特殊贡献奖时要注意以下事项：

（1）制定标准时要有可操作性，即内容可以测量。

（2）为企业做出的贡献（如增加的收益或减少的损失）要大。

（3）要明确规定只有在他人或平时无法完成而某员工却完成的情况下，该员工才能获奖。

（4）受奖人数较少，金额较大。

（5）颁奖时要大力宣传，使受奖人和其他人均受到鼓励。

5. 超利润奖的设计

超利润奖指员工全面超额完成利润指标后，企业给有关员工的奖金，有时又称为红利。在设计超额利润奖时要注意以下事项：

（1）只奖励与超额完成利润指标有关的人员。

（2）根据每个员工对超额完成利润指标的贡献大小发放奖金，切忌平均主义。

（3）明确规定超出部分的多大百分比作为奖金，一旦决定后，不要轻易改变，否则易挫伤员工的积极性。

6. 合理化建议奖的设计

合理化建议奖指由于员工提出合理化建议，企业为了鼓励员工多提建议而支付的奖金。在设计建议奖时要注意以下事项：

（1）只要是出于达到组织目标的动机，都应该获奖。

（2）奖金的金额应该较低，而获奖的面要宽。

（3）如果建议重复，原则上只奖励第一个提此建议者。

（4）如果建议被采纳，除建议奖外，还可以给予其他奖金。

四、岗位评价

作为人力资源管理的一项专业技术，岗位评价有广义和狭义之分。狭义的岗位评价是指通过系统地设计评价指标、评价标准，应用特定的评价方法对组织中所需的岗位数量进行设计，进而运用特定的方法逐一对岗位进行分析，最终确定岗位价值量的高低的一系列方法和技术的总称。岗位评价的结果直接应用于薪酬体系设计、员工的招聘和培训等。广义的岗位评价是以狭义的岗位评价工作为核心，以组织设计、岗位等级体系设计、绩效考核、薪酬体系设计、人员管理、岗位说明书的编写、岗位手册的编制为依托，全面分析各项要素和评价过程中收集到的信息，系统地分析岗位内涵价值，最终实现岗位配置合理、人岗匹配程度较高、薪酬分配公平、员工发展有序、岗位规范明晰、员工权责明确的综合目标任务的一项系统工程。

（一）岗位评价的基本理论

岗位评价，也称为职务评价或者工作评价，是指在岗位分析的基础上，采用一定的方法对企业所设岗位需承担的责任大小、工作强度、难易程度、所需资格条件等进行评价，并利用评价结果对企业中各种岗位的相对价值做出评定，以此作为薪酬管理的重要依据。

1.岗位评价的特点
（1）岗位评价以岗位为评价对象。
（2）岗位评价是对企业各类具体劳动的抽象化、定量化过程。
（3）岗位评价需要运用多种技术和方法。

2.岗位评价的原则
（1）系统原则。
（2）实用性原则。
（3）标准化原则。
（4）能级对应原则。

3.岗位评价的基本功能

为实现薪酬管理的内部公平、公正提供依据。员工的劳动报酬是否能够体现效率优先、兼顾公平的原则，是影响员工士气及生产积极性、主动性的一个很重要的因素。因此，在企事业单位中，要使员工的薪酬更好地体现内部公平、公正的原则，就应当实现"以事定岗、以岗定人、以职定责、以职责定权限、以岗位定基薪、以绩效定薪酬"。

量化岗位的综合特征。对岗位工作任务的繁简难易程度、责任权限大小、所需资格条件等因素，在定性分析的基础上进行定量测评，从而以量化数值表现出工作岗位的综合特征。

横向比较岗位的价值使单位内各个岗位之间能够在客观衡量自身价值的基础上进行横向、纵向比较，并具体说明其在单位中所处的地位和作用，为企事业单位岗位归级列等奠定基础。

（二）岗位评价的信息来源

进行岗位评价所需的信息可通过两个渠道获得：

直接的信息来源，即直接通过组织现场岗位调查，采集有关数据资料。这种方法所获得的岗位信息真实可靠，详细全面，但需要投入大量的人力、物力和时间。

间接的信息来源，即通过现有的人力资源管理文件，如工作说明书、岗位规范、规章制度等，对岗位进行评价。这样虽节省时间和费用，但所获取的信息过于笼统、简单，有可能影响评价的质量。

（三）岗位评价与薪酬等级的关系

岗位评价的结果可以是分值形式，也可以是等级形式，还可以是排序形式，但最重要的是岗位与薪酬的对应关系。这种对应关系可以是线性关系。

（四）岗位评价的程序

第一，组建岗位评价委员会。

第二，制定、讨论、通过"岗位评价体系"。

第三，制定"岗位评价表"，评价委员人手一份。

第四，评委会集体讨论岗位清单，并充分交流岗位信息。

第五，集体讨论：按照评价要素及其分级定义，逐一确定每个岗位的等级。

第六，代表性岗位试评，交流试评信息。

第七，评委打点：每一个评委根据"岗位说明书"和日常观察掌握的岗位信息，按照岗位评价标准体系，逐一按要素对岗位进行评价，并得出每个岗位的评价总点数。

第八，制定岗位评价汇总表，汇总各位评委的评价结果，求出每一岗位的算术平均数。

第九，根据汇总计算的平均岗位点数，按升值顺序排列。

第十，根据评价点数情况，确定岗位等级数目，并确定岗位等级划分点数幅度表。

第十一，根据岗位等级点数幅度表，划岗归级，作为初评岗位等级序列表。

第十二，将初评岗位等级序列表反馈给评委，对有争议的岗位进行复评。

第十三，将复评结果汇总，形成岗位等级序列表，岗位评价委员会结束工作。

第十四，将岗位等级序列表提交工资改革决策委员会讨论，通过后形成最终的岗位等级序列表。

（五）岗位评价系统设计

岗位评价是一项系统工程，包括评价指标、评价标准、评价方法、数据处理四个子系统。这四个子系统相互联系、相互衔接、相互制约，构成具有特定功能的有机整体。

1. 评价指标

评价指标就是评价因子或评价项目，是在评价过程中，对被评价对象的各个方面或各个要素进行可测定和评估的描述。只有借助评价指标，评价工作才具有可操作性。只有正确选择合适的指标，才能达到科学、全面评价的目的。选择的评价指标必须满足几个基本要求：

（1）内涵明确、定义清晰

每个评价指标都应有明确、清晰的定义，以便评价人员把握各评价指标，准确无误地知晓该指标的含义，而没有一种模棱两可的感觉。

（2）系统、全面

评价指标必须系统、全面地反映出要评价岗位的特性，不能忽视岗位要素中重要的内容。

（3）独立性

作为一个评价指标系统，各指标之间必然会存在一定的联系，有相互影响、相互交叉的内容。因此，在确定评价指标时，要注意尽量避免指标重叠。各指标要有独立的内容、内涵和界定。

2. 评价标准

任何事物在进行相互比较时，都必须建立一个统一的标准，否则，比较就缺乏依据，不能体现公正性，也没有任何可比性。岗位评价是对企业内所有岗位进行比较，以确定各个岗位在整个组织的岗位系统中的序列及相对价值，因此岗位评价也需要一个统一的评价标准。评价标准由有关部门或企业对评价指标进行定义，包括确定评价指标的含义，明确各级别的评价标准。评价标准是岗位评价人员进行岗位评价的依据，要明确、详细，概念的界定要清晰，不能模糊，另外，评价标准不能过于简单或笼统，否则评价人员无法做出正确的评比和估计。

3. 评价方法

工作岗位评价的方法主要有四种：排列法、分类法、评分法和要素比较法，前两个一般称为"非解析法"，后两个称为"解析法"。两者的主要区别是：前两个不把工作岗位划分成要素来分析，而后两个则是岗位内各要素之间的比较。

排列法是较早使用的方法，也是最简单、快捷，最容易被员工理解的方法。该评价方法费用最低，它从整体上将一种岗位与另一岗位的重要性和必要性进行比较。常用的排列法又分为交替排序法和配对比较法。

分类法类似于排列法，通过制定一套岗位级别标准并与岗位进行比较，将各个岗位归到各个级别中去。

评分法是目前应用最广泛的岗位评价方法。大量的调查表明，美国50%~85%的岗位评价方案采用评分法。评分法就是选择一组评价要素并为每个要素定义若干个评价指标，然后对这些指标的不同水平进行界定，同时给各个水平赋予一定的分值，最后依据评价指标给每个岗位打分，汇总分数就可以得出该岗位的价值，以此可以确定薪酬水平。

要素比较法起初只是评分法的一个分支。该方法把岗位划分成许多评价项目等级，然后由评价委员会以关键岗位应得报酬为基础，与其进行比较，得出各评价岗位应得的货币价值。

四种评价方法中，只有要素比较法能直接确定岗位工资。四种方法各有优缺点，不同的组织可以根据其规模、经济情况以及管理者的偏好选择不同的评价方法。

4. 数据处理

数据处理是岗位评价的重要子系统。数据处理主要包括方案的设计、评价指标权重的确定以及评价结果的处理。数据的处理过程是一个揭示被掩盖的各岗位间的相互关系，并通过整理将这种岗位间固有的内在关系以明显的数量化的形式表现出来的过程。这种关系反映了各岗位在整个组织内的相对价值排列。

数据处理过程是整个岗位评价工作的重要环节，关系到整个岗位评价能否成功。没有经过正确的数据处理过程，岗位评价的方法再成熟、评价指标设计得再合理、评价的过程再公正、客观，都不能保证岗位评价的完整性和有效性。

（六）岗位评价指标的构成与分级

1. 岗位评价指标的构成

岗位评价指标是指标名称和指标数值的统一。

一般来说，影响岗位员工工作的数量和质量的要素，可以概括为劳动责任、劳动技能、劳动强度、劳动环境以及社会心理等几个方面。

（1）劳动责任

劳动责任是指岗位在生产过程中的责任大小，主要反映岗位劳动者智力的付出和心理状态，主要包括质量责任、产量责任、看管责任、安全责任、消耗责任、管理责任。

（2）劳动技能

劳动技能是指岗位在生产过程中对劳动者技术素质方面的要求，主要反映岗位对劳动者智能要求的程度，主要包括技术知识要求、操作复杂程度、看管设备复杂程度、品种质量难易程度、处理预防事故复杂程度。

（3）劳动强度

劳动强度是指岗位在生产过程中对劳动者身体的影响，主要反映岗位劳动者的体力消耗和生理、心理紧张程度，主要包括体力劳动强度、工时利用率、劳动姿势、劳动紧张程度、工作轮班制。

（4）劳动环境

劳动环境是指岗位的劳动卫生状况，主要反映岗位劳动环境中的有害因素对劳动者健康的影响程度，主要包括粉尘危害程度、高温危害程度、辐射热危害程度、噪声危害程度、其他有害因素危害程度等。

（5）社会心理

社会心理是指某类岗位的各种社会舆论对该类岗位人员在心理上所产生的影响，主要采用人员流向指标来衡量。

按指标的性质和评价方法的不同，岗位评价指标可分为两类：一类为评定指标，即劳动技能和劳动责任及社会心理要素等12个岗位评价指标；另一类为测评指标，即涉及劳动强度和劳动环境要素的10个岗位评价指标。

2. 确定岗位评价要素和指标的基本原则

（1）少而精原则

岗位评价要素及指标的设计和选择应当尽量简化。

（2）界限清晰，便于测量的原则

对每个要素以及所包含的具体的评价指标都要给出明确的定义，使其内涵明确、外延清晰、范围合理。

（3）综合性原则

要素及其所属评价指标的设计，一定要符合"用尽量少的指标反映尽可能多的内容"的要求，将若干相近、相似的项目归结为同一个具有代表性的项目指标。

（4）可比性原则

可比性应当体现在：不同岗位之间可以在时间上或空间上进行对比，各个不同岗位的任务可以在数量或质量上进行对比，各个不同岗位的评价指标可以从绝对数或相对数上进行对比等。

3. 岗位评价要素权重系数的确定

权重即权数，就是加权的数目值，也称权值、权重值。对权数的理解：一是在加权算术平均数的计算中，由于各变量值出现的次数多少对其平均数的大小起着权衡轻重的作用，因此通常将各变量值出现的频数（次数）称为权数。权数可以用绝对数来表示，也可以用比重来表示。二是权数也是同度量因素，即将不能相加的总体过渡到能够相加的总体的因素。例如，质量指标指数计算中的产量、销售量等数量指标，数量指标指数计算中的成本、价格等质量指标，都属于同度量因素。

（1）权重系数的类型

从权数的一般形态来看，有自重权数（绝对权数）与加重权数（相对权数）之分。自重权数，是以权数作为评价要素及指标的分值（分数）；加重权数，是在各要素已知分值（自重权数）之前增设的权数，它是双重权数，采用权上加权的方法，能够适当地反映出岗位之间的各种差异，因此也被称为相对权数。从权数的数字特点来看，它可以采用小数、百分数和整数。

小数是常用形态，能细致反映岗位的差别；百分数是小数的变形；整数实际上是加倍数，虽便于计算，但反映岗位差别比较粗略，一般不采用。从权数使用的范围来看，可将权数分为三大类：第一，总体加权。主要作用是对计量误差进行调整，分为按测评次数加权和按测评角度加权。第二，局部加权。它是对评价要素结构的加权，也称结构加权。第三，要素指标（项目）加权。它是对各个评价要素的各个具体标准（项目）的加权，权数大小取决于各个指标的地位和作用对各要素的影响程度。

（2）权重系数的作用

第一，反映岗位的性质和特点，突出不同类别岗位的主要特征；第二，便于评价结果的汇总；第三，使同类岗位的不同要素的得分可以进行比较；第四，使不同类岗位的同一要素的得分可以进行比较；第五，使不同类岗位的不同要素的得分可以进行比较。

4. 岗位评价指标的分级标准设定

（1）劳动责任、劳动技能要素所属岗位评价指标的分级标准

它包括质量责任指标分级标准、产量责任指标分级标准、看管责任指标分级标准、安全责任指标分级标准、消耗责任指标分级标准、管理责任指标分级标准、知识经验要求分级标准、操作复杂程度分级标准、看管设备复杂程度分级标准、产品质量难易程度分级标准、处理预防事故复杂程度分级标准。

在确定岗位评价指标分级标准时，分级的数目一般应控制在5～9个为宜，过少或过多都不利于岗位评价结果的区分度：

（2）劳动强度、劳动环境和社会心理要素所属岗位评价指标的分级标准

它包括体力劳动强度分级标准、工时利用率分级标准、劳动姿势分级标准、劳动紧张程度分级标准、工作轮班制分级标准、粉尘危害程度分级标准、高温作业危害程度分级标准、噪声危害程度分级标准、辐射热危害程度分级标准、其他有害因素危害程度分级标准、社会心理评价指标。

第四节 战略福利体系设计

一、福利概述

（一）福利的概念

在企业员工的薪酬体系中，除了基本工资、绩效工资和激励工资外，还有比较重要的一部分内容就是福利。所谓福利就是企业向所有员工提供的、用来创造良好工作环境和方便员工生活的间接薪酬。

福利的发展历史可以追溯到19世纪初甚至更早时期的欧洲和北美。19世纪80年代，德国政府相继颁布了一系列社会保险法令，这标志着世界上第一个社会保险体系的建立。

20世纪40年代，员工福利在工业化国家得到迅速发展。20世纪中叶以来，随着企业员工福利项目的增加和水平的提高，企业员工的福利支出不断增加。

1949年以来，我国员工福利的发展受计划经济与市场经济体制改革的影响，人们将其划分为统筹阶段、过渡阶段和创新阶段。

与基本工资、绩效工资和奖金相比，福利具有稳定性、潜在性、延迟性这三个明显的特点。

（二）福利的作用

1. 福利对企业的作用

（1）员工福利可以为企业合理避税。

（2）员工福利可以为企业减少成本支出。

（3）员工福利成为企业吸引和保留人才的有效工具。

（4）员工福利可以起到提高员工工作效率的作用。

（5）福利设计可以起到激励员工的作用。

2. 福利对员工的作用

（1）增加员工的收入。

（2）解除员工的后顾之忧。

（3）保障员工的身心健康和家庭和睦。

（4）增加员工对企业的认同感，提高员工对企业的忠诚度，从而激励员工充分发挥自己的潜能，为企业的发展做贡献。

(三)福利的种类

根据福利项目的提供是否具有法律的强制性,可以分为法定福利和自愿性福利;根据福利项目的实施范围,可以分为全员性福利、特种福利和特困补助;根据福利的接受者对福利项目是否具有可选择权,可以分为固定性福利和弹性福利。

福利的构成一般包括以下几个部分:

1.法定保险福利

这部分是由国家相关法律和法规规定的福利内容,包括基本养老保险、基本医疗保险、失业保险、工伤保险、生育保险和住房公积金。

2.非工作日福利

(1)公休假日和法定假日。目前我国实行每周休息两天的公休日制度。国务院于2013年12月公布了《关于修改〈全国年节及纪念日放假办法〉的决定》,并于2014年1月1日起施行。

(2)带薪休假。

(3)病假。

3.员工补充保险福利

(1)企业年金

企业年金也叫企业补充养老保险、私人养老金、职业年金计划等,是企业及其职工在依法参加国家基本养老保险的基础上,在国家的相关法律法规框架内,根据本企业特点自愿建立的补充养老保险计划,是员工福利制度的重要组成部分。我国企业年金计划属于缴费确定型,实行完全积累,采用个人账户方式进行管理,职工达到退休年龄后才能一次性或按月领取年金。

(2)团体人寿保险

团体人寿保险是由企业为员工提供的集体保险福利项目,是市场经济国家比较常见的一种企业福利形式。

(3)补充医疗保险计划

1)补充医疗保险计划的意义。第一,补充基本医疗保险的不足,负担封顶线以上的医疗费用开支。第二,保证企业职工队伍稳定,增强企业的凝聚力和竞争力。第三,适应不同群体的需求,建立多层次医疗保障制度。

2)我国补充医疗保险的模式。目前我国的补充医疗保险主要有三种模式:第一,社会保险机构经办的职工补充医疗保险;第二,商业保险公司经办的职工补充医疗保险;第三,工会组织开展的职工补充医疗保险。

4.员工服务福利和其他福利

除了以货币形式提供的福利,企业还会为员工或员工家庭提供旨在帮助员工克服生活困难和支持员工事业发展的服务形式的福利，主要包括为员工提供心理咨询、家庭援助等福利安排。

企业通常还会为员工提供定期健康检查福利计划。

常见的其他福利项目包括员工个人发展福利、住房补助福利等。

此外，集体文化活动、交通费补贴、午餐补贴等都是比较常见的企业福利项目。随着社会的发展，有些企业还为员工提供事件福利等比较有特色的福利项目。

二、战略福利计划的设计

（一）战略福利计划的设计原则

1. 成本控制原则

在现代企业的财政支出中，福利在薪酬分配中占有很大比重，企业既要满足员工的多元福利需求，也要合理控制福利成本。所以企业要制定切实可行的成本预算，在企业经济状况允许的范围内，尽可能为员工提供符合其需要的福利项目。

2. 组织战略导向原则

企业传统的福利项目具有普惠性，基本上属于保健因素，只能从一定程度上消除员工的不满，收不到很好的激励效果。科学的福利设计，在很大程度上能够增强福利对员工的激励作用，更能调动员工的积极性。企业福利的设计要与组织的战略发展目标相吻合，这样才能确保企业发展目标的实现。

3. 系统设计原则

在企业薪酬管理制度的制约下，福利设计不是盲目进行的，而是要进行系统的设计，不仅要考虑不同福利项目之间的匹配性，还要实现报酬激励与福利导向的一致性。系统的福利设计，能够实现企业整体绩效与福利总额的结合，使用有限的成本获得最大的效益。

4. 动态调整原则

随着企业内部结构的调整和外部环境的变化，员工的需求在不同时期也有很多不同之处，福利设计也应该随之做出适当的调整。福利内容和结构的调整，要把企业的现实状况和员工的实际需要作为出发点，在维持福利体系平衡的基础上，保持一定的弹性。同时，还要进行动态跟踪和调查，及时调整不合适之处，更好地满足员工需求。

（二）战略福利计划的作用

战略福利计划对企业的发展具有重要的作用，主要体现在保障员工利益方面，只有确保了员工的利益，才能有效地吸引并留住优秀的人才。

1. 有利于增强企业对人才的吸引力和凝聚力，从而提高企业的竞争力

在企业发展的初期，福利项目主要由企业领导者主观决定，员工服从。随着企业

对人才价值的认知不断深化,人力资源成为企业的核心资源和关键竞争优势。随着资本市场的不断成熟和科学技术的不断推广,资金和技术对于大多数企业而言已存在趋同性,而人才的决定性作用在企业竞争中日益凸显。福利设计的多样化和结构的多元化其实就是重视人才价值的一种体现,可以大大提高企业对人才的吸引力和凝聚力,从而有效提高企业的竞争力。

2. 有利于实现企业发展与员工成长的双重目标

福利将职业生涯设计、培训、工作与生活平衡等诸多内容视为薪酬的一部分支付给员工。员工在为企业承担责任、创造价值、促进企业绩效目标实现的同时,也强调企业要创造机会来促进员工的能力提升和职业发展。换言之,企业与员工进行交换的载体不仅仅是现金报酬,更多的是一种相互的支持和发展,这反映了人力资源管理的一个最重要的新趋势,即实现企业发展与员工成长的双重使命,达到企业绩效和员工满意的双赢目标。有效地福利设计,正是实现企业人力资源管理使命与目标的核心手段。

3. 有利于构筑凝聚人才的内在系统

福利作为企业维系员工的方式,包含了广泛的内涵和多样化的形式。员工成长、工作变化和组织环境等诸多内容相互关联,构筑起一个人才维系的内部系统。以一系列的福利设计作为吸引和凝聚员工的措施,构建完善的福利策略,成为企业人才战略的重要组成部分。通过福利设计中相互关联的不同项目,构筑出符合员工需求的福利体系,才有助于培养敬业的员工,进而创造满意的客户,达到企业的经营目标。

(三)战略福利计划的类别

为了实现福利对员工的有效激励,必须杜绝"大锅饭福利""整齐划一的福利",按员工的需要层次对福利项目进行划分,有利于实现企业的激励目标。

1. 企业员工法定福利

这部分福利也称为基本福利,是根据国家的政策、法律和法规,企业必须为员工提供的各项福利,以维持员工在遇到各种困难和风险时的基本生活,主要包括养老保险、失业保险、医疗保险、工伤保险、生育保险五大险种以及住房公积金。这个层次的企业员工福利主要体现了国家的政策安排,体现了人权平等的原则,激励作用不明显。

2. 企业员工普通福利

这部分福利也称为企业自主福利,是根据企业自身的管理特色、财务状况和员工的内在需求,向员工提供的各种补充保障计划,如企业年金、补充医疗计划以及向员工提供的各种服务、实物和带薪休假等,它是为了最大限度满足员工对企业福利的迫切需要而建立的。这个层次介于基本福利和企业员工高层次福利之间,企业通过采用合理的分配方式可以实现较好的激励效果。

3.企业员工高层次福利

这部分福利是指与企业的组织管理目标更为接近的、具有高层次激励意义的企业员工福利。这个层次的员工福利目前在我国的许多企业并未得到相应的重视。但随着生产力的不断发展和知识经济时代的到来，它必将成为企业员工福利发展的主流。这种福利主要包括给员工提供高层次的教育福利、以促进工作为直接目的的休假制度和出国旅游，以及让员工参加有利于建立企业文化的员工俱乐部等。这个层次的企业员工福利将随着企业的发展、员工需求的提升而不断向纵深发展，有着广阔的发展前景。

（四）企业制订战略福利计划应该注意的几个问题

我国企业传统的福利政策没有从员工个性化、多样化需求的角度出发，对所有员工提供了几乎相同的福利待遇，不但使企业不堪重负，而且没有激发和调动员工的工作积极性，因此，要充分发挥员工福利的激励功能。企业在制订福利计划时，应注意以下几个问题：

1.正确处理公平与效率的关系，福利尽可能体现与绩效挂钩的原则

虽然绝大多数的福利计划具有人人都能享受的特点，但是福利项目本身也是员工广义薪酬的一部分。从公平理论看，员工的公平感有一方面是源于自己的投入与所得和他人的投入与所得的比较，如果福利计划完全脱离于员工的工作业绩，而且福利水平又高的话，必然会使员工之间的收入差距变小，这有可能导致业绩高的员工产生不公平感，从而降低工作积极性，而业绩低的员工则会产生满足心理，不思进取，所以，不仅应适当控制福利水平，而且应将法定福利以外的员工福利的享受标准适当与员工的工作业绩挂钩。从另一个角度看，这也有助于增强员工的成就感，因为这种与他人不同的待遇，会使员工感到受到赏识、得到认可，产生一种成就感，从而获得激励。所以，企业在根据其战略目标和经营策略制定福利政策时，必须使福利政策能激励员工提高绩效，否则，福利就会演变成平均主义，不但起不到激励作用，反而会助长不思进取、坐享其成的工作作风。

2.实行弹性福利制，满足员工个性化和多样化的需求

由于员工需求的复杂性和多样性，福利计划必须考虑到不同员工的需求差异，增强员工福利计划的针对性和灵活性，使福利计划更好地发挥积极作用。为此，企业可以实行弹性福利制度。弹性福利制也称为自助餐式的福利，是指组织提供一份福利菜单，菜单的内容由每一位员工参与选择，在一定的金额限制内，员工可以依照自己的需求和偏好自由选择、组合福利项目。在实际的操作过程中，弹性福利制逐渐演变成五种类型，包括附加型弹性福利计划、核心加选择型弹性福利计划、弹性支用账户、福利套餐和选高择低型企业可根据自身的情况选择合适的类型。弹性福利制为员工提

供了不同种类的福利项目，允许员工根据自身需求自主选择，真正体现企业以人为本的宗旨，满足了员工的不同需求，有利于凝聚人心，增强员工的归属感，激发员工的工作动力和活力。在实际工作中，企业在设计福利项目时一定要深入调查，所选项目要符合员工的实际需要，切忌华而不实。由于员工的需求是不断变化的，所以应采取员工参与机制，及时与员工沟通，了解员工需求，有针对性地调整原有的福利项目和设置新的福利项目，以维持较长时间的激励效果。

3. 重视员工高层次的福利需求，将培训作为福利的一种形式

对于企业来说，通过培训能够提高员工的工作绩效、传递企业的经营理念，最终提高企业的凝聚力。作为员工，通过培训可以不断更新知识和技能，使自己的人力资本价值不断增值。给员工提供较多的培训机会是现代企业激励员工的一项重要举措，企业可以将培训纳入整个福利架构中，形成一套较为完善的员工培训体系，对不同层次的员工提供不同内容的培训，体现出员工培训的全员性、全程性和针对性。一些国外知名企业积极激励员工接受继续教育，如 MBA 教育和博士、硕士学位教育，并为员工负担学习费用，这样为企业的可持续发展和市场竞争力的不断提高提供了人才保证。另外，企业在设计员工福利计划时应重视员工精神上的福利需求，如丰田公司为了消除员工"精神上的孤立感"并进行灵活的非正式教育，成立了"丰田俱乐部"，通过这种寓教于乐的形式，使公司员工加强了沟通，提高了工作效率。面对现代企业以人为中心的柔性管理的发展趋势，现代企业员工福利管理可以大有作为。

4. 正确认识员工福利支出与企业效益的关系，寻求二者的最佳平衡点

员工福利支出是企业雇佣成本的一个重要组成部分，福利水平的高低直接影响企业的生产成本，进而影响企业的市场竞争力。企业设计员工福利计划的目的在于激励员工，进而实现企业的发展目标。但员工的福利具有刚性，而企业面临的市场竞争具有很大的不确定性，当企业经济效益下滑时，员工的福利待遇却不容易往下降，这样企业就会面临两难的选择：如果降低福利水平会导致员工激励不足，不利于企业走出困境；如果保持福利水平不变，企业的成本会进一步加大，也不利于企业增强市场竞争力。企业在设计福利计划时，一定要以自身的经济实力为依托，不可不切实际地追求高福利、全福利，否则即便是利用高福利政策吸引到高素质人才，由于企业的高效运营需要各种资源的有效整合和良好的市场环境，一旦某个环节出现问题，将不利于企业及时灵活地调整政策，所以一定要站到战略高度权衡员工福利水平与企业效益的关系，找到二者的最佳平衡点。

总之，制订良好的员工福利计划是当前企业改革发展的必要措施，注意以上问题有助于企业更好地发挥员工的积极性，构造长效激励机制。

（五）企业员工福利计划模式的选择

员工福利计划模式在分类上也有多种角度，通常可以从福利提供的水平、福利项目的内容以及福利提供的灵活性这几个角度来划分。

1. 确定员工福利的水平

按照企业所提供的员工福利水平的不同，可以将员工福利计划划分为市场领先型、市场匹配型和市场落后型三种模式。经济效益好的企业有能力选择市场领先型福利计划，反之，就要在市场匹配型和市场落后型中做出抉择。在快速发展阶段，企业更愿意采用市场领先型福利计划；在成熟期，企业更多地采取市场匹配型福利计划。

2. 确定员工福利项目的内容

按照企业提供福利项目的内容，可以将企业的福利计划划分为经济型福利模式和非经济型福利模式。经济性福利通常以金钱或实物为其形式，包括住房性福利、交通性福利、饮食性福利、教育培训性福利、医疗保健性福利、有薪节假日、文化旅游性福利、金融性福利、其他生活性福利、企业补充保险与商业保险等。非经济性福利是指采用服务或改善环境等形式所带来的福利，不涉及金钱与实物，其基本目的在于全面改善员工的"工作生活质量"，包括咨询性服务、保护性服务、工作环境保护等。

3. 确定员工福利计划的灵活性

依据福利提供的灵活性，可以将企业的福利计划划分为固定福利模式和弹性福利模式。弹性福利不同于传统的固定式福利，员工可以从企业所提供的一份列有各种福利项目的"菜单"中自由选择其所需要的福利。弹性福利地出现在很大程度上解决了企业成本管理和员工满意度的矛盾。

（六）员工福利计划的制订

1. 福利总量的选择

福利总量的选择常常牵涉它与整体薪酬中其他部分的比例，也就是它和基本薪酬、奖励薪酬的比率。

2. 福利构成的确定

当要确定整套福利方案中应包括哪些项目时，应该至少考虑如下三个问题：

（1）总体薪酬战略。

（2）企业发展目标。

（3）员工队伍的特点。

（七）弹性福利计划的制订与实施

1. 弹性福利计划的制订

弹性福利计划的基本内容与集体制作方法如下：

首先，应了解员工的需求。一般采用问卷调查的方式对员工进行调查，从而掌握员工的具体需要。

其次，对所有的福利项目进行明码标价。

最后，除了政府规定的必须设立的福利项目（如养老保险、医疗保险等）是人人都有的之外，其他福利项目并非无限度供给，而应依员工的职等制定个人福利费用的预算，职等越高福利越高。

弹性福利计划的基本思想是让员工对自己的福利组合计划进行选择，但这种选择受到两个方面的制约：一是企业必须制定总成本约束线；二是每一种福利组合中都必须包括一些非选择项目，如社会保险、工伤保险以及失业保险等法定福利项目。

因此，在制订企业的福利计划时，不仅要考虑现在市场上流行什么样的福利计划，更要对自己的组织进行深入的分析。

（1）提供什么样的福利

在考虑设立什么样的福利计划时，企业应着重从以下几个方面入手：一是了解国家立法；二是开展福利调查；三是做好企业的福利规划与分析；四是对企业的财务状况进行分析；五是了解集体谈判对员工福利的影响。

（2）为谁提供福利

大多数企业至少都有两种福利组合，一种适用于管理人员，另一种适用于其他普通员工。

2. 弹性福利计划的实施

（1）福利沟通

定期向员工公布有关福利的信息，包括福利计划的适用范围、福利水平，以及这些福利计划对每个员工的价值是什么和组织提供这些福利的成本。建立网络化的福利管理系统，在企业组建的内部局域网上发布福利信息，可以开辟专门的福利板块，与员工进行有关福利问题的双向交流，减少因沟通不畅导致的福利纠纷。

（2）福利监控

首先，组织需要关注有关福利的法律规定的变化，检查自己是否必须遵守某些法律规定。其次，员工的需要和偏好也会随员工队伍构成的不断变化以及员工自身职业生涯的不同发展阶段而处于不断变化中。再次，与外部市场的直接薪酬状况的变化类似，了解其他企业的福利实践也是企业在劳动力市场上竞争的一种重要手段。最后，最复杂的问题莫过于由于外部组织提供的福利成本所发生的变化。

第八章 员工激励

第一节 激励概述

一、激励的概念

"激励"（Motivate）一词作为心理学术语，指的是持续激发人的动机，使人有一股内在动力，朝着所希望的目标前进的心理过程。通过激励，在某种内部或外部刺激的影响下，使人始终处于一个兴奋的状态。从管理的角度来讲，激励指的是以满足个体的某些需要为条件，努力实现组织目标的过程。其实质是调动人的积极性，提高工作绩效，使个体目标与组织相统一，在实现个体目标的同时，有效地实现组织目标。激励的定义中隐含着个体需求必须和组织目标需求相一致的要求，否则，即使是个体表现出高水平的努力，却与组织利益背道而驰。

在一般情况下，激励表现为外界所施加的吸引力与推动力，即通过多种形式对人的需要给予不同程度的满足或限制。通过激励来调动工作人员的积极性、创造性，是从事管理工作的一项重要任务。

激励同时也是人力资源管理中的重要问题，不管是从事激励研究的学者，还是从事企业经营的管理者都非常关注激励问题的研究。因为每个人都需要激励，需要自我激励，需要来自同事、群体、领导和组织方面的激励。企业中的管理工作需要创造并维持一种激励的环境，在此环境中使员工完成组织目标。在工作中，一个主管人员如果不知道如何去激励人，便不能提高员工的工作绩效和工作效率，挖掘员工的内在潜力，挽留住人才，也就不能很好地完成管理工作。

二、激励的基本特征

当一个人在被激励的过程中，我们通常可以看到被激励者会有三类表现：第一，被激励者十分努力地工作；第二，被激励者长时间坚持某种行为；第三，被激励者目标明确稳定。我们可以把上面三类表现归结为三种基本的激励特征：

（一）努力程度

激励的第一个特征是指被激励者在工作中表现出来的工作行为的强度或努力程度的总和。例如，员工受到激励后能够提高工作效率，使产量提高一倍。

（二）持久程度

激励的第二个特征是指被激励者在努力完成工作任务方面表现出来的长期性。例如，某位同志被评选为优秀工作者后，长期保持认真负责的工作态度。

（三）方向性

激励的第三个特征是指被激励者能否按激励的方向去努力，激励者有时的激励行为能够使被激励者的行为按自己设计的方向去发展，但有时也可以使激励行为得到相反的作用。

三、激励的类型

（一）按激励的内容分为物质激励和精神激励

物质激励主要是针对人的生理要求进行的。这种激励如果运用不当会使人走上"唯利是图"之路，变得鼠目寸光，忘掉自己的历史责任和社会责任。精神激励主要是针对人的"向上"心理进行的，这是人类社会进化的内在动力。

（二）按激励的性质分为正激励与负激励

正激励是继续强化人的行为的激励。它一般是在人的行为符合社会需要的情况下，为了进一步提高人们的积极性、创造性、工作效率而进行的。正激励的手段可以是物质手段方面的，如奖金、津贴或其他方面的物质奖励；也可以是精神方面的，如表扬、树立先进类型等。

负激励是抑制，甚至禁止某种行为的激励。负激励是针对不符合社会需要的行为进行的，目的是改变其行为方向，使其符合社会需要。因此，当进行负激励时，往往伴随着正激励的因素，即指明何种行为才是社会所需要的，并鼓励其按社会所需要的方向前进。

激励的手段可以是物质的，如降低工资级别、罚款等；也可以是精神方面的，如批评、通报、记过等。一般来说，以精神方面的手段为主，即使是采取物质方面的手段，也要结合精神方面的手段。

（三）按激励的形式分为内滋激励和外附激励

内滋激励是指在管理过程中，通过引导组织成员的内发性欲求，鼓励其工作行为动机的过程。外附激励是指借助外在刺激后达到激发组织成员的工作行为动机的过程。

和外附激励相比，在人事管理中，内附激励更为重要。坚持外附激励和内滋激励两者的相互关系，使外附激励起到增强组织成员对工作活动本身及完成任务的满足感，是激励的重要原则。

（四）按激励的效用时间分为短效激励与长效激励

不同的激励内容，起作用的时间是不同的。有的只在激励过程中起作用，有的在激励过程结束之后相当长的时间内仍起作用。一般来说，物质方面的激励起作用的时间较短，精神方面的激励起作用的时间较长。这是因为精神方面的激励是与提高人的素质相结合的。

四、激励的基本原则

（一）目标结合的原则

目标结合是指激励目标与组织目标相结合的原则。在激励机制中，设置目标是一个关键环节，目标设置必须同时体现组织目标和员工需求。

（二）物质激励和精神激励相结合的原则

从前面的分析中我们可以了解到，物质激励是基础，精神激励是根本。单纯的物质激励与精神激励都不能完整地调动员工的工作积极性，因此要将这两种激励方式结合起来，在两者结合的基础上，逐步过渡到以精神激励为主的激励方式。

（三）合理性的原则

激励的合理性原则包括两层含义：其一，价值大小确定适当的激励量，"超量激励"和"欠量激励"不但起不到激励的真正作用，有时甚至还会起反作用。其二，奖惩要公平。

消除不公平现象，正确的做法是领导者要做到公平处事、公平待人，不以好恶论人。对激励对象的分配、晋级、奖励、使用等方面，要努力做到公正合理。

（四）明确性的原则

激励的明确性原则包括三层含义：其一，明确。明确激励的目的，需要做什么和必须怎么做。其二，公开。特别是分配奖金等大量员工关注的问题时，更为重要。其三，直观。实施物质激励和精神激励时都需要直观地表达它们的指标，总结给予奖励和惩罚的方式，直观性与激励影响的心理效应成正比。

（五）时效性的原则

要把握激励的时机，须知"雪中送炭"和"雨后送伞"的效果是不一样的，激励的时机是激励机制的一个重要因素，激励在不同时间进行，其作用与效果是有很大差别的，打个比方：厨师炒菜时，不同的时间放入调味料，菜的味道和质量是不一样的。

激励越及时,越有利于将人们的激情推向高潮,使其创造力连续有效地发挥出来。超前的激励可能会使下属感到无足轻重,迟到的激励可能会让下属觉得画蛇添足,都失去了激励应有的意义。

(六)正激励与负激励相结合的原则

正激励是从正方向给予鼓励,负激励是从反方向予以刺激,它们是激励中不可缺少的两个方面,俗话说"小功不奖则大功不立,小过不戒则大过必生",讲的就是这个道理。在实际工作中,只有做到奖功罚过、奖优罚劣、奖勤罚懒,才能真正调动起员工的工作热情,形成人人争先的竞争局面。如果良莠不齐、是非不明,势必形成"干多干少一个样、干与不干一个样"的心理。所以,只有坚持正激励与负激励相结合的原则,才会形成一种激励合力,真正发挥出激励的作用,在两者结合使用的同时,一般来说应该以正激励为主。

(七)按需激励的原则

按需激励是指激励的针对性,即针对什么样的内容来实施激励,它对激励效果也有显著的影响。马斯洛的需要层次理论有力地证明,激励方向的选择与激励作用的发挥有着非常密切的联系。当某一层次的优先需要基本上得到满足时,应该调整激励方向,将其转移到满足更高层次的优先需要,这样才能够更有效地达到激励的目的。例如,对一个具有强烈自我表现欲望的员工来说,如果要对他所取得的成绩予以奖励,奖给他奖金和实物不如为他创造一次能充分体现自己才能的机会,使他从中得到更大的鼓励。还有一点需要指出的是,激励方向的选择是以优先需要的发现为其前提的,所以及时发现下属的优先需要是管理人员实施正确激励的关键。

五、激励理论的类型

根据激励理论研究激励问题的不同方面,可将激励理论分为以下几种类型:

(一)内容型激励理论

内容型激励理论着重研究激励动机的因素,由于这类理论的内容具体到对人的需要的研究上,所以也称之为需要理论。西方的需要理论主要包括:马斯洛(Maslow)的需要层次理论;赫茨伯格(Herzberg)的双因素理论;奥尔德弗(Alderfer)的生存、关系和成长理论及麦克莱兰(McClelland)的成就需要理论等。

(二)过程型激励理论

过程型激励理论着重研究从动机的产生到采取具体行动的心理过程。这类理论都试图通过弄清人们对付出努力、功效的要求和对奖酬价值的认识,以达到激励的目的。它主要包括弗鲁姆(Froom)的期望理论、洛克(Locke)的目标设置理论、亚当斯

（Adams）的公平理论、俞文钊的公平差别理论等。

（三）行为改造型激励理论

行为改造激励理论以斯金纳（Skinner）的操作性条件反射为基础，着重研究对被管理者行为的改造修正。这类理论主要有强化理论、挫折理论及凯利（Kelly）的归因理论等。

（四）综合型激励理论

在以上三类激励理论的基础上，一些学者又提出一类综合型激励理论。它主要包括波特（Porter）和劳勒（Lawler）的综合激励模式和迪尔（Dill）的综合激励模式。这两种理论是综合运用多种激励理论来探讨复杂的激励问题的尝试。

六、激励的作用

（一）吸引人才

发达国家的许多组织，特别是那些竞争力强、实力雄厚的组织，都是通过各种优惠政策、丰厚的福利待遇、快捷的晋升途径等方法来吸引组织需要的人才。

（二）开发员工潜能

员工的工作绩效除受员工能力的影响外，还和受激励程度有关。激励制度如果把对员工的创造性、革新精神和主动提高自身素质的意愿的影响考虑进去的话，激励对工作绩效的影响就大了。

（三）留住优秀人才

每一个组织都需要三个方面的绩效：直接的成果、价值的实现和未来的人力资源发展。

缺少任何一方面的绩效，组织注定失败。因此，每一位管理者都必须在这三方面均有贡献，在这三方面的贡献中，对未来的人力资源发展的贡献就来自激励制度。

（四）造就良性的竞争环境

科学的激励制度包含一种竞争精神，它的运行能够创造出一种良性的竞争环境，进而形成良性的竞争机制。在具有竞争性的环境中，组织成员就会受到环境的压力，这种压力将转化为员工努力工作的动力。正如麦格雷戈所说："个人与个人之间的竞争是激励的主要来源之一。"员工工作的动力和积极性变成了激励工作的间接结果。

第二节　激励理论

由于激励广泛存在于各种类型的组织当中，所以心理学家、管理学家、组织行为学家从各自不同的角度来研究激励，产生了许许多多的激励理论。这些激励理论着重研究激励人的规律，探讨激发人的内在能力、调动员工积极性的有效方法，激励理论是行为科学的重要内容，它是在行为科学发展过程中逐步产生和发展起来的。

一、内容型激励理论

（一）需要层次理论

美国著名的人本主义心理学家马斯洛认为，人的一切行为都是由需要引起的，他出版的《调动人的积极性的理论》一书中提出了著名的需要层次理论。马斯洛把人的多种多样的需要归纳为五大类，并按照它们发生的先后次序分为五个等级。

1. 生理需要

生理需要是人类最原始的也是最基本的需要，如吃饭、穿衣、住宅、医疗等。只有在生理需要基本满足之后，其他的需要才能成为新的激励因素，而在未满足之时生理需要是调动人们行为的最大动力。

2. 安全需要

当一个人的生理需要得到满足后，满足安全的需要就会产生。个人追求生命、财产等个人生活方面免于威胁、侵犯并得到保障的心理就是安全的需要。

3. 归属与爱的需要

这是一种社会需要，包括同人往来，进行社会交际，获得伙伴之间、朋友之间的关系融洽或保持友谊和忠诚。人人都希望获得别人的爱，给予别人爱，并希望受到别的团体与社会所接纳，成为其中的一员，彼此相互支持与关照。

4. 尊重的需要

尊重的需要包括受人尊重与自我尊重两方面。前者是希望得到别人的重视，获得名誉、地位；后者是希望个人有价值、有能力，成就得到社会的承认。

5. 自我实现的需要

自我实现的需要是指实现个人理想、抱负，最大限度地发挥个人的能力的需要，是需要理论层次的最高层次。马斯洛认为：为满足自我实现的需要所采取的途径是因人而异的。有人希望成为一位成功的商人，有人希望成为体育明星，还有人希望成为画家或音乐家。简而言之，自我实现的需要是指最大限度地发挥一个人的潜能的需要。

马斯洛把五种需要分为高层次需要和低层次需要。生理需要和安全需要是低层次需要；归属与爱的需要、尊重的需要和自我实现的需要是高层次需要。区分这两个层次的需要的前提是：较高层次的需要从内部使人得到满足，较低层次的需要从外部使人得到满足。

马斯洛认为各层次的需要之间有以下一些关系：

一般来说，这五种需要像阶梯一样，从低到高，低一层次的需要获得满足后，就会向高一层次的需要发展；这五种需要不是每个人都能满足的，越是靠近顶部的成长型需要，满足的百分比越少，但是激励力量越强；同一时期，个体可能同时存在多种需要，因为人的行为往往是受多种需要支配的，每一时期总有一种需要占支配地位。

近来的研究有些新发现：缺乏型需要几乎人人都有，而成长型需要并不是所有人都有。尤其是自我实现的需要，相当部分的人没有。满足需要时不一定先从最低层次开始，有时可以从中层或高层开始，有时个体为了满足高层次的需要而牺牲低层次的需要，任何一种需要并不因为满足而消失，高层次需要发展时，低层次需要仍然存在，在许多情境中，各层次的需要相互依赖和重叠。

（二）双因素理论

1. 双因素理论的基本内容

双因素理论是美国心理学家赫茨伯格于20世纪50年代后期提出来的。赫茨伯格认为，影响人的行为积极性的因素有两类，即激励因素和保健因素，简称为双因素理论。

激励因素是指能够在工作中激励员工、给员工带来满意感的因素，它一般包括工作本身的挑战性、工作所富有的成就感、工作成绩能够得到大家的认可、工作所需要担负的责任及职业生涯中的晋升等因素。当具备了这类因素时，工作热情，产生较高的绩效，能产生满意的感觉。

保健因素是指能够在工作中安抚员工、消除员工不满意感的因素，它一般包括公司的政策与管理、技术监督方式、工资薪金、工作环境、人际关系及地位等因素。这类因素涉及员工对工作的消极感情，同时与工作氛围和工作环境有关。当这类因素得到改善时，只能消除员工的不满意，安抚员工，使消极对抗行为消失，却不会使员工感到非常满意。一旦处理不好这类因素，就会使员工产生不满意的感觉，带来沮丧、缺勤、离职、消极怠工等结果。相比较而言，就工作本身来说，保健因素是外在的，激励因素是内在的，或者说是与工作相联系的内在因素。

2. 双因素理论在管理中的应用

（1）保健因素与激励因素在一定条件下可以互相转化

具备必要的保健因素才不会使职工产生不满情绪，从而调动和保持员工的积极性，赫茨伯格提出的成就、责任心、发展、成长等因素的确应引起管理者的重视。

（2）注重"内在满足"和"外在满足"的问题

即"内在激励"和"外在激励"或"正激励"和"反激励"的问题。内在满足是指个人从工作本身得到的满足；外在满足是指个人在工作之后得到的满足。人们工作动机的强弱、工作热情的高低在很大程度上依附于对工作满足感的期望。满足感来自管理人员所提供的外在报酬和工作带来的内在满足。内在满足的激励作用比外在满足的激励作用持久稳定，所以经营者、管理者要创造条件，尽量满足人们的内在需要。

（3）采取激励因素调动员工积极性

人们通过努力取得了成绩，就会有荣誉感和胜利感，有较高的士气和精神状态，有的人会沿着正确的方向，继续努力争取更大的成就；有的人会沾沾自喜，骄傲自大，故步自封。如果通过努力没有取得所预期的成就，心理上就会有一种失败感，有的人会总结教训，继续努力；有的人会因此萎靡不振。从工资待遇、奖金津贴这两个因素来看，它们也有正激励和反激励的作用。工资和奖金收入，不仅是保障人们生理需求的条件，而且还是社会地位、角色扮演、个人成就、贡献的象征，有很大的心理意义，对人们也有较大的激励作用。但是，奖金如果不同内在因素、工作成就、工作表现相结合，就不会有多大的激励作用，只能是其中的一个保健因素。

在管理实践中根据双因素理论，可以采用扩大员工的工作范围，使员工在工作计划和管理中负有更大的责任等激励措施来调动员工的积极性。具体做法有工作丰富化、工作扩大化、弹性工时等。

①工作丰富化

让员工有机会参加工作的计划和设计，得到信息反馈，以正确估计和修正自己的工作，并使员工对工作本身产生兴趣，获得责任感和成就感。

②工作扩大化

增加员工的工作种类，让其同时承担几项工作或完成更长的工作量，以增加其对工作的兴趣，克服因精细专业化和高度自动化带来的工作单调与乏味。

③弹性工时

这种制度规定员工除一部分时间须按规定时间上班外，其余时间在一定范围内可以让其自行安排，以提高员工的工作情绪和工作效率。

（三）ERG 理论

美国耶鲁大学克雷顿·奥尔德弗（Clayton Alderfer）在马斯洛提出的需要层次理论的基础上，进行了更接近实际经验的研究，提出了一种新的人本主义需要理论。奥尔德弗认为，人们共存在三种核心的需要，即生存（Existence）的需要、相互关系（Relatedness）的需要和成长发展（Growth）的需要，因而这一理论被称为 ERG 理论。

生存的需要，这类需要关系到机体的存在或生存，包括衣、食、住及工作组织为使其得到这些因素而提供的手段,这实际上相当于马斯洛理论中的生理需要和安全需要。

相互关系的需要,这是指发展与他人关系的需要。这种需要通过工作中或工作以外与其他人的接触和交往得到满足,它相当于马斯洛理论中归属于爱的需要和一部分尊重的需要。

成长发展的需要,这是个人自我发展和我完善的需要,这种需要通过发展个人潜力和才能,从而得到满足,这相当于马斯洛理论中的需要和尊重需要。

除了三种需要替代了五种需要以外,与马斯洛低层次需要理论不同的是,奥尔德弗的"ERG"理论还表明:人在同一时期可能有不止一种需要起作用,如果较高层次需要的满足受到抑制的话,那么人们对较低层次的需要的渴望会变得更加强烈。

马斯洛低层次需要理论是一种刚性的阶梯式上升结构,即认为较低层次的需要必须在较高层次的需要满足之前得到充分的满足,二者具有不可逆性。而相反的是,"ERG"理论并不认为各类需要层次是刚性结构,比如说,即使一个人的生存和相互关系需要尚未得到完全满意,他仍然可以为成长发展的需要而工作,而且这三种需要可以同时起作用。

此外,"ERG"理论还提出了一种叫作"受挫——回归"的思想,马斯洛认为当一个人的某一层次需要尚未得到满足时,他可能会停留在这一需要的层次上,直到获得满足为止。相反的,"ERG"理论则认为,当一个人在某一更高等级的需要层次受挫时,那么作为替代,他的某一较低层次需要可能会有所增加。例如,如果一个人在社会交往方面得不到满足,可能会增强他对得到更多金钱或更好的工作条件的愿望。与马斯洛层次需要理论类似的是,"ERG"理论认为较低层次的需要满足之后,会引发出对更高层次需要的愿望。不同于需要层次理论的是,"ERG"理论认为多种需要可以同时作为激励因素起作用,并且当满足较高层次需要的愿望受挫时,会导致人们向较低层次需要回归。因此,管理措施应随着人的需要结构的变化而做出相应的改变,并且根据每个人不同的需要制定出相应的管理措施。

(四)成就需要理论

美国哈佛大学教授戴维-麦克利兰是当代研究动机权威心理学家。他从20世纪四五十年代起就开始对人的需求和动机进行研究,提出了著名的"三种需要理论",并提出了一系列重要的研究结论。

麦克利兰提出了人的多种需要,他认为个体在工作情境中有三种重要的动机或需要。

1. 成就需要:争取成功,希望做到最好的需要

麦克利兰认为,具有强烈的成就需要的人渴望将事情做得更为完美,提高工作效

率，获得更大的成功。他们追求的是在争取成功的过程中克服困难、解决难题、努力奋斗的兴趣，以及成功之后的个人成就感，他们并不看重成功所带来的物质奖励。个体的成就需要与他们所处的经济、文化、社会、政府的发展程度有关，社会风气也制约着人们的成就需要，麦克利兰发现高成就需要者的特点是：

（1）及时明确反应

高成就者希望他们的行为能够得到及时明确的反馈，告诉他们自己的行为效果。因此，高成就需要者一般会选择业绩比较容易考核的职业。

（2）适度挑战性的目标

高成就需要者一般设置中等挑战性目标，因为他们通过克服困难来证明成功结果是由于他们自己的努力行为引起的，高成就需要者对于自己感到成败机会各半的工作，表现最为出色，他们不喜欢成功的可能性非常低的工作，这种工作碰运气的成分非常大，那种带有偶然性的成功机会无法满足他们的成功需要；同样，他们也不喜欢成功性很大的工作，因为这种轻而易举就取得的成功对于他们的自身能力不具有挑战性，他们喜欢设定通过自身努力才能达到的奋斗目标。对他们而言，当成败可能性均等时，才是一种能从自身的奋斗中体验成功喜悦与满足的最佳机会。

2. 权力需要：影响或控制他人且不受他人控制的需要

权力需要是指影响和控制别人的一种愿望或驱动力。不同的人对权力的渴望程度也有所不同，权力需要较高的人喜欢支配、影响他人，喜欢对别人发号施令，注重争取地位和影响力，他们喜欢具有竞争性和能体现较高站位与场合的情境。他们也会追求出色的成绩，但他们这样做并不像高成就需要的人那样是为了个人的成就感，而是为了获得地位和权力或与自己具有的权力和地位相称。权力需要是管理成功的基本要素之一。

3. 亲和需要：建立友好亲密的人际关系需要

亲和需要就是寻求被他人喜爱和接纳的一种愿望，高亲和需要者渴望友谊，喜欢合作而不是竞争的工作环境，希望彼此之间的沟通与理解，他们对环境中的人际关系更为敏感。有时，亲和需要也表现为对失去某些亲密关系的恐惧和对人际关系的回避，亲和需要是保持社会交往和人际关系和谐的重要条件。

在大量的研究基础上，麦克利兰对成就需要与工作绩效的关系进行了十分有说服力的推断。首先，高成就需要者喜欢能独立负责、可以获得信息反馈和独立冒险的工作环境。他们会从这种环境中获得高度激励，麦克利兰发现，在小企业的经理人员和在企业中独立负责一个部门的管理者中，高成就需要者往往会取得成功。其次，在大型企业或其他组织中，高层次者不一定就是一个优秀的管理者，原因是高成就需要者往往只对自己的工作绩效感兴趣，并不关心如何影响别人去做好工作。再次，亲和需要和权力需要与管理的成功密切相关。麦克利兰发现，最优秀的管理者往往是权力需要很高而亲和需要很低的人。如果一个大企业经理的权力需要、责任感和自我控制相结合，那么他很有可能成功。最后，可以对员工进行训练来激发他们的成就需要。如果某项工作要求高成就需要者，那么管理者可以通过直接选拔的方式找到一名高成就需要者，或者通过培训的方式培养自己的原有下属。

麦克利兰的动机理论在企业管理中很有应用价值。首先，在人员选拔和安置上，通过测量和评价一个人动机体系的特征，从而决定如何分配工作和安排职位。其次，由于具有不同需要的人需要不同的激励方式，了解员工需要与动机有利于合理建立激励机制。最后，麦克利兰认为动机是可以训练和激发的，因此可以训练和提高员工的成就动机，以提高生产效率。

二、过程激励理论

（一）期望理论

著名心理学和行为科学家维克托·弗鲁姆，深入研究了组织中个人的激励和结果，率先提出了形态比较完备的期望理论模式。

1. 期望理论的基本假设

对组织行为原因的四种假设构成了期望理论基础：第一，个人和环境的组合力量决定一个人的行为，仅有个人或仅有环境是不可能决定一个人的行为的。人们带着各种各样的期望加入组织，对他们的事业、需求、激励和过去的历史期望，所有这些期望将影响他们对组织的回报。第二，人们决定他们自己在组织中的行为受到许多限制（如规章、制度、规定等），尽管如此，人们还是做出两个清醒的决定：首先，决定是否来工作，是留在原公司还是跳槽到新公司（成员决定）；其次，决定他们在完成工作时付出努力的程度（效率、努力程度、同事关系等）。第三，不同的人有着不同类型的需求和目标，人们希望从他们的工作中得到不同的成果。第四，人们根据他们对一个假设的行为将导致希望获得成果的程度，在变化的情况中做出他们的决定，人们倾向于做那些他们认为将导致他们所希望的回报的事情，而避免做那些他们认为将导致他们所不希望的后果的事情。

弗鲁姆认为，职工要是相信目标的价值并且可以看到做什么才有助于实现的目标时，他们就会受到激励去工作以达到企业目标。

2. 期望理论的基本内容

期望理论是研究需要与目标之间的规律的一种理论，弗鲁姆认为："人类渴求满足一定的需要和达到一定的目的，对一个人来说，调动他的工作积极性的动力有多大，即激励力量有多大，取决于期望值与效价的乘积。"

3. 期望理论对实施激励的启示

弗鲁姆认为，员工选择做与不做某项工作主要基于三个具体因素：

（1）员工对自己做某项工作的能力的认知

如果员工相信他能够胜任某项工作，动机就强烈；如果认为自己不能胜任某项工作，动机就不足。

（2）员工的期望

如果员工相信从事这项工作会带来期望的结果，做这项工作的动机会很强烈。相反，员工若认为不能带来所期待的结果，则工作动机不足。

（3）员工对某种结果的偏好

如果一位员工真的渴求加薪、晋升或其他结果，则动机会很强烈。如果员工认为这会导致一个消极的结果，如额外压力、更长的工作时间或合作者的嫉妒，那么他就不会受到激励。

根据弗鲁姆的理论，员工的动机依赖于员工认为他们是否能够达到某种结果，这种结果是否能带来预期奖赏及员工认为此奖赏是否有价值。如果员工对这三个因素的评价都很高，则动机强度便可能很高，如果员工对某个因素不感兴趣，激励作用就会降低甚至毫无意义。这个理论告诉管理者：应该努力让员工感到他们具有完成工作任务的能力，而且要经常对他们的成绩给予有价值的奖赏。

管理者实施这种激励时需要注意以下几点：第一，管理者不要泛泛地实施一般的激励措施，而应当实施多数组织成员认为效价最大的激励措施。第二，设置某一激励目标时应尽可能加大其效价的综合值。如果每个人的奖金多少不仅意味着当月的收入状况，而且与年终分配、工资调级挂钩，将大大增加这种激励方式效价的综合值。第三，适当加大不同人实际所得效价的差值，加大组织希望行为与非希望行为之间的效价差值，如奖罚分明等。第四，适当控制期望概率与实际概率。

（二）公平理论

公平理论又称社会比较理论，它是美国行为科学家斯塔西-亚当斯在《工人关于工资不公平的内心冲突同其生产率的关系》《工资不平等对工作质量的影响》《社会交换中的不公平》等著作中提出来的一种激励理论，该理论侧重于研究工资报酬分配的合理性、公平性及对职工生产积极性的影响。

1. 公平理论的基本观点

当一个人做出了成绩并取得了报酬以后，他不仅关心自己所得报酬的绝对量，而且关心自己所得报酬的相对量。因此，他要进行种种比较来确定自己所获报酬是否合理，比较的结果将直接影响今后工作的积极性。

2. 公平理论产生的原因

我们看到，公平理论提出的基本观点是客观存在的，但公平本身是一个相当复杂的问题，这主要是由于以下几个方面的原因产生的：

第一，它与个人的主观判断有关，上面公式中无论是自己的或者他人的投入和报偿都是个人感觉，而一般人总是对自己的投入过高、对别人的投入估计过低。第二，它与个人所持的公平标准有关，上面的公平标准是采取贡献率，也有采取需要率、平均率的，例如，有人认为助学金改为奖学金才合理，有人认为应平均分配才公平，也有人认为按经济困难程度分配才合适。第三，它与业绩的评估有关，我们主张按绩效付报酬，并且个人之间应相对平等，但如何评定绩效？是以工作成果的数量和质量，还是按工作能力、技能、学历？不同的评定方法会得到不同的结果，最好是按工作成果的数量和质量，用明确、客观、易于核实的标准来度量，但这在实际工作中往往难以做到，有时不得不采用其他方法。第四，它与评定人有关，绩效由谁来评定？是领导者，还是群众或自我评定？不同的评定会得出不同的结果，因为同一组织内往往不是统一评定，因此会出现松紧不一、回避矛盾、姑息迁就、抱有成见等现象。

3. 员工面对不公平会出现的行为

改变自己的投入，减小绩效努力，以消除负面的不公平感；改变自我认知（比如，发现自己比其他人努力多了）；改变用于比较的参照对象（如比上不足，比下有余）；主观上进行歪曲或改变比较方法，合理地设想不公平只是暂时的，在不久的将来将得到解决；设法改变他人的投入或产出，使他人工作不那么努力；离开工作场所（如辞职、换工作）。

4. 公平理论的启示及其在管理中的应用

（1）公平理论的启示

①影响激励效果的不仅有报酬的绝对值，还有报酬的相对值。

②激励应力求公正并考虑多方面的因素，避免因个人主观判断造成不公平感。

③在激励过程中应注意被激励者公平心理的疏导，引导其树立正确的公平观。第一，使大家认识到绝对的公平是没有的；第二，不要盲目攀比，所谓盲目性起源于纯主观的比较，多听听别人的看法，也许会客观一些；第三，不要按酬付劳是在公平问题上造成恶性循环的主要杀手。

（2）公平理论在管理中的应用

①管理人员应该理解，下属对报酬做出公平比较是人的天性，应了解下属对各种报酬的主观感觉。

②为了使员工对报酬的分配有客观的感觉，管理人员应该让下属知道分配的标准。

③要达到理想的激励作用，应在工作前便让下属知道这个标准。

④管理人员应该能够预料到下属可能因为感到不公平做出一些行为所导致的负面

效应，这时应与下属多做沟通，在心理上减轻他们的不公平感。

⑤正确诱导，改变认知，公平与不公平来源于个人的感觉，易受个人偏见的影响。人们都有一种"看人挑担不吃力"的心理，易过高估计自己的成绩和别人的收入，过低估计别人的绩效和自己的收入；把实际合理的分配看成不合理，把本来公平的差别看成不公平。

⑥科学考评，合理奖励。

（三）目标设置理论

美国马里兰大学管理学兼心理学教授洛克在研究中发现，外来的刺激（如奖励、工作反馈、监督的压力）都是通过目标来影响动机的，目标能引导活动指向与目标设置的行为，使人们根据难度的大小来调整努力的程度，并影响行为的持久性。

1. 目标设置理论的基本模式

目标有两个基本的属性：明确度和难度。

从明确度来看，目标内容可以是模糊的，如仅告诉被试者"请你做这件事"；目标也可以是明确的，如"请在十分钟内做完这25道题"。明确的目标可使人们更清楚怎么做，付出多大的努力才能达到目标。目标设定明确，也便于评价个体的能力。很明显，模糊的目标不利于引导个体的行为和评价他人的成绩。因此，目标设定得越明确越好。事实上，明确的目标本身就有激励作用，这是因为人们有希望了解自己行为的认知倾向。对行为目的和结果的了解能减少行为的盲目性，提高行为的自我控制水平。另外，目标的明确与否对绩效的变化也有影响。也就是说，目标明确的被试者的绩效变化很小，而目标模糊的被试者绩效变化则很大，这是因为模糊目标的不确定性容易产生多种可能的结果。

2. 目标设置理论的扩展模式

在目标设置与绩效之间还有其他一些重要的因素产生影响。这些因素包括对目标的承诺、反馈、自我效能感、任务策略、满意感等。

（1）承诺

承诺是指个体被目标所吸引，认为目标重要，持之以恒地为达到目标而努力的程度。

心理学家彼得·戈尔维策等人发现个体在最强烈地想解决一个问题的时候，最能产生对目标的承诺，然后真正解决问题。研究发现，有权威人士指定目标，或是个体参与设置目标，哪一种方式更能导致目标承诺，增加下属的绩效呢？合理制定目标（所谓合理，即目标有吸引力，也有可能达到）与参与设置的目标有着相同的激励力量，这两者都比只是简单地设置目标或者不考虑目标的合理性要更有效。

（2）反馈

目标与反馈结合在一起更能提高绩效。目标给人们指出应达到什么样的目的或者结果，同时它也是个体评价自己绩效的标准。反馈则告诉人们这些标准满足得怎么样，哪些地方做得好，哪些地方尚有待改进。

反馈是组织里常用的激励策略和行为矫正手段。许多年来，研究者们已经研究了多种类型的反馈。其中研究得最多的是能力反馈，它是由上司或同事提供的关于个体在某项活动上的绩效是否达到了特定标准的信息。能力反馈可以分为正反馈和负反馈。正反馈是指个体达到某项标准而得到的反馈，负反馈是个体没有达到某项标准而得到的反馈。例如，研究者在研究反馈类型对创造性的影响时，给予的正反馈就是告诉被试者的反应很有创造性，而给予的负反馈则是告诉被试者的创造性不强。

另外，反馈的表达有两种方式：信心方式和控制方式。信心方式的反馈不强调外界的要求和限制，仅告诉被试者任务完成得如何，这表明被试者可以控制一次的行为和活动，因此，这种方式能加强接受者的内控感。控制方式的反馈则强调外界的要求和期望，如告诉被试者他必须达到什么样的标准和水平。它使被试者产生他的行为或活动是由外人控制的感觉。

用信息方式表达正反馈可以加强被试者的内部动机，对需要发挥创造性的任务给予被试者信息方式的正反馈，可以使被试者最好地完成任务。

（3）自我效能感

自我效能感的概念是由班杜拉提出的，目标激励的效果与个体自我效能感的关系也是目标设置理论中研究得比较多的内容。自我效能感就是个体在处理某种问题时能做得多好的一种自我判断，它是以个体全部资源的评估为基础的，包括能力、经验、训练、过去的绩效、关于任务的信息等。

当对某个任务的自我效能感强的时候，对这个目标的承诺就会提高。这是因为高的自我效能感有助于个体长期坚持某一个活动，尤其是当这种活动需要克服困难、战胜阻碍时。

目标影响自我效能感的另一个方面是目标设定的难度。当目标太难时，个体很难达到目标，这时他的自我评价可能就会比较低。而反复失败就会削弱一个人的自我效能感，目标根据它的重要性可以分为中心目标和边缘目标，中心目标是很重要的目标，边缘目标就是不太重要的目标。安排被试者完成中心目标任务可以增强被试者的自我效能感。因为被试者觉得他被安排的是重要任务，这是对他能力的信任，被安排达到中心目标的被试者的自我效能感明显比只被安排边缘目标的被试者强。

（4）任务策略

目标本身就有助于个体直接实现目标。首先，目标引导活动指向与目标有关的行为，而不是与目标无关的行为。其次，目标会引导人们根据难度的大小来调整努力的程度。最后，目标会影响行为的持久性。人们在遇到挫折时也不放弃，直到实现目标。

当这些直接的方式还不能够实现目标时，就需要寻找一种有效的任务策略。尤其是当面临困难任务时，仅有努力、注意力和持久性是不够的，还需要有适当的任务策略。任务策略是指个体在面对复杂问题时使用的有效的解决方法。目标设置理论中有很多对于在复杂任务中使用任务策略的研究，相对于简单任务，在复杂任务环境中有着更多可能的策略。要想完成目标任务，得到更好的绩效，选择一个良好的策略是至关重要的。

三、改造型激励理论

（一）挫折理论

1. 挫折理论的基本内容

挫折理论研究行为和目的之间的行为变化规律。当目标导向行为受到挫折时，人的心理会发生什么变化，其变化的规律是什么，这就是挫折理论研究的内容。这个理论是从心理学角度，运用心理学的概念，来研究人的需要得不到满足时也就是受到挫折时，人的心理状态及其行为。所以，了解挫折及挫折产生的原因，挫折的表现及应对挫折的方法，有助于做好人的管理工作，激发他们工作、生产的积极性。

挫折是一种情绪状态、主观感受，这种主观感受是在人们所追求的目标无法实现、需要的动机得不到满足的情况下产生的。个人的心理发展层次、认识问题的方法、成功的标准是不同的，对挫折的感受也不同。

2. 挫折产生的原因

（1）客观因素

导致挫折产生的客观因素主要指环境方面的因素，这些因素常常是个人意志或能力不能左右的，客观因素包括：

①自然环境因素

由于个人能力无法克服自然因素的限制，而导致个人动机不能满足，行为受到阻碍，目标不能实现，如天灾人祸使人们的生命受到威胁而无法逃避等。

②社会环境因素

个人在社会生活中所遭受的政治、经济、道德、宗教、生活方式、人际关系、风俗习惯等人为因素的限制，使人的动机与目标的满足和实现只能局限在一个有限的范围内，而造成挫折的情境，如由于种族差异而受到歧视等。

（2）主观因素

导致挫折产生的主观因素主要指由于个体自身条件的限制阻碍了目标的实现。主观因素包括：

①个人条件因素

主要指个人具有的智力、能力、容貌、身材及生理上的缺陷、疾病所带来的限制，如一个身材矮小的人很难成为一个优秀的篮球运动员。

②个人思想认识因素

主要指认识能力或思维方法等。

③动机冲突因素

主要指个人在日常生活中，两个或两个以上的动机并存而又无法同时获得满足，因此互相排斥或对立，当其中一个动机获得满足，其他动机受到阻碍时所产生的难以抉择的心理状态。

3. 挫折理论在管理中的应用

（1）领导要善于采取容忍的态度

遇到攻击时，不要针锋相对，否则只能激化矛盾。正确的处理方法是将受挫者看成是需要帮助的人，对其攻击行为采取容忍的态度，在和谐的气氛中疏导并妥善解决矛盾。当然，这一点并不容易做到，可是古话说得好，"宰相肚里能撑船"，要有容人之心才能成为一个出色的管理者。宽容的态度并不等于不分是非、一味迁就，与此相反，唯有帮助受挫者提高了认识、分清了是非，才能使其战胜挫折。

（2）改变受挫者的环境

改变环境是相当有效的方法，主要的方式有两种：一是调离原来的工作岗位或是居住地点；二是改变环境的心理气氛，给受挫者以广泛的同情和温暖。

（3）做好心理知识的普及

克服受挫心理的关键在于提高员工的心理健康水平。因此，管理者应该向广大员工普及心理学知识，帮助员工学会维护自身的心理健康。

（4）采用"精神宣泄疗法"

这是一种心理治疗的方法，主要是创造一种环境，让受挫者被压抑的情感自由顺畅地表达出来。人在受挫以后，其心理会失去平衡，常常以紧张的情绪反应代替理智的行为。这时唯有让紧张情绪发泄出来，才能恢复理智状态，达到心理平衡。从这个意义上讲，管理者应该倾听员工的抱怨、牢骚等，让他们把不满情绪发泄出来，待发泄以后自会心平气和。

（二）强化理论

1. 强化理论的基本内容

强化理论是由美国的心理学家和行为学家斯金纳提出的，又叫作"行为修正理论"。

斯金纳认为人们做出某种行为或不做出某种行为，只取决于一个影响因素，那就是行为的后果。他提出了一种"操作条件反射"理论，认为人或动物为了达到某种目的，会采取一定的行为作用于环境。当他尝试一种行为给自己带来有利的结果时，该行为就可能重复发生；如果给自己带来不利的结果，该行为就会停止。这样，管理者就可以通过控制员工在组织环境中的行为结果，来影响、控制员工的行为。

2. 强化类型

（1）正强化

正强化是运用刺激因素，使人的某种行为得到巩固和加强，使之再发生的可能性增大的一种行为改造方式。

（2）负强化

负强化是预先告知某种不符合要求的行为或不良绩效可能引起的后果，允许员工通过按所要求的方式形成或避免不符合要求的行为来回避一种令人不愉快的处境。因此，负强化与正强化的目的是一致的，但两者所采取的手段则不同。

（3）自然消退

自然消退是指通过对当事人行为的反馈来制止某种不良行为的修正方式。例如，开会时不希望员工提出无关紧要的问题，当员工举手要求发言时，无视他们的表现，举手行为就会自动消失。

3. 强化理论的应用

在管理过程中，我们可以采取正强化或负强化的改造方式对员工的行为进行影响。如果员工的行为与组织目标一致，那么就给予正强化，如提薪、发奖金等，以及非经济方面的激励，如晋升、表扬、进修等。如果员工的行为与组织目标不一致，那么就进行负强化，如减薪、扣奖金或处以罚款，以及非经济方面的激励，如批评、处分、降级、撤职或免除其他可能得到的好处等。如果员工行为与组织目标无关，则对其采取忽视的办法，不予理睬。

在管理中一般运用四种强化策略：

（1）奖励

奖励属正强化，用认可、赞赏、加薪、发奖金、晋升，或者创造令员工满意的工作环境等令人喜爱和得到满足的刺激，增强员工的良好行为。

（2）回避

回避是指预先告知某种不符合要求的行为或不良绩效可能引起的令人讨厌的后果，使员工按要求行事，或者为了回避令人不愉快的后果避免不符合要求的行为发生。

（3）消退

消退是对员工的某种行为不做反馈，以表示对此行为的轻视，而逐渐使这种行为消失。

（4）惩罚

惩罚是指施加威胁性和令人生厌的刺激，以消除员工的某些行为。例如，批评、罚款、降薪、降职、开除等手段，就是对某些不符合要求的行为的否定并使这种行为不再发生。

4.实施强化时应注意的问题

第一，必须针对行为结果给予行为当事人及时、明确的信息反馈。一方面，强化必须是及时的，对一般人来说，当他采取某种行为并产生一定后果时，首先要做的事情往往就是评价自己行为的结果，所以必须给予及时的信息反馈；另一方面，反馈给行为当事人的信息一定要明确，而不能含糊不清。行为当事人对来自外界的强化力量很重视，并能在今后的行为过程中体现出这些强化能力的作用，所以必须给予明确性的信息，否则容易给当事人带来某种错误的认识，产生不良的后果。

第二，细化的时间选择或安排十分重要。斯金纳通过调查发现，间接性的强化比经常性的强化更有效。

第三，正强化和负强化的作用不仅表现在对行为发生频率的调整差异上，还表现为激励效果的明显不同。一般来说，正强化比负强化的激励效果要好得多，应尽量少用负强化。这是因为正强化可以给人一种满意和愉快的情绪，能给人带来更多的激励信息；相反，负强化给予人们的是不愉快的刺激，而人们对不愉快的刺激往往天生就具有一种抵制情绪。负强化有其不足，但这并不是说在激励过程中就不能用负强化了，只要注重运用方式，负强化仍然是一种有效的激励措施。

四、综合型激励理论

要想有效调动人的积极性，就是要设法激励人的行为动机。但在激发动机的过程中，不是简单地从外界给人一种刺激来推动人的行动，而是通过外界刺激（外在因素）使人的内在动机（内在因素）发生强化作用，从而增强人的内驱力。然而，内容型激励理论和过程型激励理论都是从某一角度来阐述激励规律，因而存在片面性和局限性。而综合型激励理论，把上述两类理论加以概括和发展。

五、早期的综合型激励理论

此理论是由社会心理学家卢因提出的场动力理论。他把外在的激励因素（工资报酬、劳动条件、劳保福利等外部条件）和内在激励因素（工作本身的兴趣、价值、成就感等）结合起来，认为个人的行为方向取决于外部环境刺激和个人内部动力的乘积。外部刺激只是一种导火索，它能否对行为起作用，还取决于内部动力的强度。例如，某企业要加班，并付给加班费，需要钱的职工内驱力就强，对钱没有强烈要求的职工就会漠不关心。当然，工作紧张程度与加班费的多少不同，也会对行为的激励作用产生影响。

六、新的综合激励模式

此理论是指 20 世纪 60 年代波特和劳勒把内在激励和外在激励综合起来形成的新的激励模式：他们把激励过程看成外部刺激，个体内部条件作为表现和行为结果的相互作用的统一过程，说明个人工作定势与行为结果之间的相互联系。他们认为，如果激励和劳动结果之间的联系减弱，那么职工就会丧失信心；作为企业的领导者，就要经常关心和了解是否出现了满足同活动结果之间联系减弱的信号。不断采用新的刺激，增加职工期望同获得刺激之间的联系，随时掌握职工在工作刺激中主要考虑哪些环节，了解他们的心理发展过程，以便采取相应的措施，以达到激励的目的。

第三节　激励艺术

在人力资源管理工作中，要使激励收到一定的效果，并不仅仅是通晓激励理论就可以做到的，更重要的是如何在实践中进行有效的激励，这就需要激励的艺术。只有正确而恰当的激励，才会使员工更积极地为企业工作。

一、常用激励术

薪酬、目标和工作激励方法是日常人力资源管理中常用的激励方法，但并非任何人都可以恰当地运用它们，并获得收效。只有管理者真正从内心意识到这些激励方法的重要性，科学并灵活地加以运用，这些常用的激励方法才能发挥出意想不到的效应，从而达到调动员工积极性的目的。

（一）薪酬激励

在工作中，一个人可能会因谋求个人发展而牺牲收入，但不管多么高尚，他们不可能长期如此，因为他们要生存。员工还需要感受到自己的价值得到了他人的承认，不管你使用多么美妙的言辞表示感谢，不管你提供多么良好的训练，他们最终期望的是得到自己应得的报酬，让自己的价值得到体现。员工们会按照市场情况和一些合适的对象进行比较，他们将以自己的收入来判断对工作的满意程度。

可是一些人坚持认为人们过高地估计了金钱的刺激性。对此，有种种不同看法。问题是大多数人工作所得报酬同他们的工作表现不相关。更进一步说，干多干少、干好干坏都一个样，那么人们加班加点还有什么意义呢？

许多管理者看不到这种关系，而只想到如何最大限度地减少成本以保证利润最大化。员工也是成本的一部分，因此他们的逻辑就是保证支出的报酬维持在最低水平。

一旦员工开始为工资而抱怨，企业最好的员工将会离开，以寻求更高的工资，对此应给予高度注意。当然有时即使付的工资很高，还是有人不能满意。要解决这一问题，不妨试试以下方法：第一，必须信守诺言。不能失信于员工，失信一次会造成千百次重新激励的困难。第二，不能搞平均主义。将个人业绩与报酬挂钩，应当让员工清楚，真正努力的员工将会得到最好的报酬，但他们不会无缘无故得到每一笔报酬。奖金激励一定要使最好的员工成为最满意的员工，这样会使其他人明白奖金的实际意义。第三，使奖金的增长与企业的发展紧密相连，让员工体会到只有企业兴旺发达，才能有自己奖金的不断提高，而员工的这种认识会收到同舟共济的效果。第四，报酬是对员工价值的一种认可，要积极主动地支付报酬，不要等待员工提出要求。

现金奖励也有一些缺点，就是不像奖章那样可以保存得比较久，员工拿了钱，很快就把这份奖励抛诸脑后了。此外，现金奖励不能把年份刻在上面，不会因岁月而增加它的价值，没有特殊风味，大家都猜得到是什么，也没有意外的惊喜，这就需要配合其他的激励手段一起使用。

（二）目标激励

目标会使人的行为具有方向性，引导人们去达到某种特定的结果，而不是其他的结果。因此，目标设置的过程是一种有效的激励方法。目标设置理论是由美国著名行为科学家洛克于1968年首先提出的。目标设置理论认为，致力于实现目标是人们工作的最直接动机，人们追求目标是为了满足自己的情绪和愿望。员工的绩效目标是工作行为最直接的推动力，因此，为员工设置适当的目标是管理工作中的一项重要任务。

为员工设置目标关键要做到两点：首先要把企业目标巧妙地转化为个人目标，这就使员工自觉地从关心自身利益变为关心企业利益，从而提高影响个人激励水平效率。其次要善于把目标展现在员工眼前，管理者要时常运用自己的智慧和管理才能，增强员工实现目标的自信心，提高员工实现目标的期望值。

在制定企业目标时，别忘了考虑企业外部的需要和利益及企业目标的实现将给他们带来什么好处。在企业内部，则要考虑企业内部的环境和条件，总之，尽量使各方面关系平衡、协调。

在为员工制定目标时还应照顾员工在目标面前的种种心态，一般来说，较好地激励目标应该具有一定的挑战性。这对员工既是一种鼓舞，也是一种压力。他们也许会产生矛盾心理：一方面希望获得成功而受到奖励，另一方面怕失败而受到惩罚而维持原状。人们在现状之下产生的安全感，会由于激励目标的提出而受到威胁。所以，为了使激励目标能够产生积极的效果，应邀请员工参加目标的制定。

（三）工作激励

很多人都说，他们喜欢在有趣的环境里工作，他们希望工作内容有趣，也希望同事相处得有趣。

人们觉得有趣的工作会做得比较顺心，这是不容置疑的。因此，每一位管理者应致力于创造一种让下属觉得有趣的工作气氛，假如人们必须在压力下进行工作，那么只播放音乐是无法改进情况和工作绩效的，作为主管，如果知道问题所在，至少还可以朝着正确的方向迈开脚步。也许无法改善一个人的素质，但是可以借助减轻压力来改进他们的工作环境。有一种方法是，创造一种令员工感到轻松自在而不受压迫的气氛。

为了奖励业绩突出的人，可以尽可能地给他们安排他们喜欢做的工作，同时取消他们厌恶的工作。人们总是乐于做他们最拿手的工作，这是促使他们百尺竿头更进一步的绝妙方法。

工作激励主要指工作丰富化。工作丰富化之所以能起到激励作用，是因为它可以使员工的潜能得到更大的发挥。工作丰富化的主要形式有：第一，在工作中扩展个人成就增加表彰机会，加入更多必须负责任和更具挑战性的活动，提供个人晋升或成长的机会。第二，让员工执行更加有趣而困难的工作，这可以让员工在做好日常工作的同时，学会做更难做的工作。鼓励员工提高自己的技能，从而能胜任更重要的岗位，做更困难的工作给了他展示本领的机会，这会增强他的才能，使他成为一名奋发、愉快的员工。第三，给予真诚的表扬。当员工的工作完成得很出色时，要恰如其分地给予真诚的表扬，这将有助于满足员工受人尊重的需要，增强其干好本职工作的自信心。

工作丰富化的目的在于让人们对工作氛围感兴趣。最简单的做法是重新安排工作，使工作多样化。这可从两方面着手：一是垂直工作加重，二是水平工作加重。所谓垂直工作加重，主要指重新设计工作，给员工更多的自主权、更充分的责任感及更多的成就感。所谓工作水平加重则是指工作流程中前后几个程序交给一个员工去完成，它可给员工更多的工作成绩反馈、更完整的工作整体感、更充实的责任感及对自我工作能力的肯定。

工作丰富化的激励是为了满足员工高层次的需求，高层次需求的满足会使员工充分发挥内在潜力，从而提高工作效率，使企业和个人都能得到满足。由于工作丰富化满足的是员工高层次的需要，而员工的实际需要又不仅仅是高层次的，因而这种激励有明显的局限性，它不能解决企业中的全部问题，只有在员工普遍感到现实的工作环境不能发挥自己的能力时，才可以有效地运用这一激励措施。

二、人性化激励术

越来越多的激励专家赞同单靠金钱一项并不足以引发工作动机，并认为金钱能和人性结合在一起使用，必能达到最佳效果。事实上，人们除了获取金钱之外，真正想得到的便是一种觉得自己很重要的感觉。因此，谁能够满足人们内心深处这种最渴望的需求，谁就是这个时代的激励大师。

（一）赞美激励

对于一个管理者来说，赞美是激励员工的最佳方式。每一个优秀的管理者，从不会吝惜在各种场合给员工恰如其分的赞美。赞美别人不仅是一个人待人处世的诀窍，也是一个管理者用人的重要武器。

管理者希望自己的下级尽全力为自己做好工作，然而要想使某人去做某事，普天之下只有一个方法，这就是使他愿意这样做，即使是上级对下级也是这样。当然，管理者尽可以强硬地命令下级去做，或以解雇、惩罚的威胁使部下与自己合作，但请不要忘记，这一切只能收到表面之效，而背后必大打折扣，因为这些最下策的方法具有明显令人不愉快的反作用。

林肯指出："人人都喜欢赞美的话。"詹姆斯则说："人类本性中最深刻的渴求就是受到赞赏，这是一种令人痛苦却持久不衰的人类饥渴。只有真正能够满足这种心理饥渴的人才能把握住他人。"

赞美之所以能对人的行为产生深刻影响，是因为它满足了人渴望得到尊重的需要，这是一种较高层次的需要。高层次的需求是不易满足的，而赞美的话语则部分地给予了满足。这是一种有效的内在性激励，可以激发和保持行动的主动性和积极性。当然，作为鼓励手段，它应该与物质奖励结合起来，没有物质鼓励做基础，在生活水平不太高的条件下，会影响精神鼓励的效果。但是行为科学的研究指出，物质鼓励的作用（如奖金），将随着使用的时间而递减，特别是在收入水平提高的情况下更是如此。另外，高收入下按薪酬比例拿奖金开支过大，企业也难以承受，而人对精神鼓励的需求也是普遍的、长期的，社会越发展越是如此。因此，我们可以得出结论，重视赞美的作用，正确地运用它是有效的管理方式之一。

有人说，赞美是一小笔投资，细小的关心和激励就能得到意想不到的报酬，这话有些道理，但似乎又有太多的实用主义的味道。赞扬不应该仅仅是为了报酬，它应该是沟通情感、表示理解的方式，如同微笑一样也是照在人们心灵上的阳光。马克·吐温说："靠一句美好的赞美，我能活上两个月。"

（二）荣耀激励

在日常生活中经常可以看到这样的事实，许多企业失去了一些优秀员工，这些员工转到了其他企业，因为那里给他们准备了更重要的职位和更大的挑战，为他们提供了更多晋升的机会，企业需要留住的人也正是竞争对手急于雇用的人。

员工在工作上做了长期的努力，晋升他的职位或增加他的工作责任，都可以算是给他长期的奖励。根据问卷调查，绝大多数员工认为以工作表现来升迁或增加工作责任,是一种很重要的奖励方法。

用晋升作为奖励的传统方式是在各个管理阶层内由低到高逐级进行提升,当然,要经常用升迁的方法来奖励员工并不是件容易做到的事情。那么,可以用"增加他的工作责任"或"使他的地位更醒目"这两种比较容易办到的方法来奖励他。

人的特殊地位,本身就起着一定的激励作用,工作表现杰出的明星员工可以送他去接受更高层的职业训练,也可以让他负责训练别人,这样他就能扮演一个较活跃的角色。对于最优秀的员工,可以让他扮演他所在部门与人力资源部门联络人的角色,也可以让他担任其他部门的顾问,假如有跨部门的问题、计划,或部门之间共同关心的事情,可以让周围最优秀的员工代表主管,与其他部门的人组成一个合作的团队。

若是非管理行业的专家(如掌管计算机的人、工程师、科学家),对于企业的兴衰关系重大,需要单独设立一种晋升制度,每一级别的职称、报酬和待遇都应该制定完善。这样,这些技术人员就可以长久地做他们最拿手的工作,不必非要成为管理者才可得到晋升。

抓住每一个机会,把杰出员工的表现尽力向同事们宣扬,如经常与杰出员工商谈,给他特殊的责任,或者让他担任一个充满荣誉的职务。这无形中已经告诉大家,你对这个人非常器重,那么其他员工必然会注意到这种情况,受到这种情况的启发,也必然会奋起直追,争取获得同样的尊重。假如企业发行内部刊物的话,可以鼓励杰出员工写些文章,抒发他对工作的观点。那么,很快大家便都会知道只要表现杰出,必会在企业里扬名,而且会得到大家的尊敬。

一个杰出的员工能够得到一般人所不能享受的荣耀。例如,给他单独的工作间或更换办公设备等,这些东西有时看来也算不了什么,似乎很容易办到,但真正办起来十分冒险,还需要勇气,不仅对主管,对主管所要夸奖的人也是如此。这些特殊的器物,哪怕是小到刻有名字的写字笔、烟灰缸、座椅、工艺品等,都显示出他们已做出了不同凡响的业绩。当他们跨进自己的办公室,就会知道自己的业绩和能力已经受到上司的嘉奖,便觉得有了安全感,甚至每跨进一步都增加了一倍的信心。

也许有人以为这样奖赏增加了更多的等级区分,那就错了。这种特殊身份与地位同职务无关,即使是一个普通员工也有可能获得这份殊荣,这不过表明他做出了特殊贡献。因此,这种奖赏实际上是提供了对做出特殊贡献的员工不提升而给予更多鼓励的机会。

(三)休假激励

休假,是很多企业用来奖励员工的方法之一,只要是休假,不管是一天还是半年,几乎全世界的每个员工都热烈欢迎。

休假是一种很大的激励,特别是那些希望有更多自由时间参加业余活动的年轻人。

这种办法还足以让人们摆脱浪费时间的坏毛病。用放假作为奖励有三种基本方式：第一，如果工作性质许可，只要把任务、期限和预期质量要求告诉员工，一旦员工在限期之前完成任务并达到标准，那么剩下来的时间就送给他们作为奖励。第二，如果因为工作性质员工必须一直待在现场，那么告诉他在指定的时间内必须完成多少工作量，如果他在指定时间内完成那个工作量，而且工作的品质也令人满意的话，可以视情形给他半天、一天或一个星期的休假。也可以定一个记分的制度，如果员工在指定的时间内完成指定的工作量，并且持续这种成绩，可以给他放一小时的假，这一小时的假可以累积，累积到四小时的时候放半天假，累积到八小时的时候放一天假。第三，如果员工在工作的品质、安全性、团队合作或其他管理者认为重要的行为上有所改进，也可以用休假来奖励他。

在实际管理中，休假奖励是可以灵活运用的。西格纳工程顾问集团有个休假奖励的办法，当他们完成一项重要工程的时候，在完成那天，主管会给参与那项工程的人放假，并且买票带他们去看球赛、请他们喝啤酒。

就费用筹划的过程和时间的耗费来说，让员工出外旅游是一种更高层次的休假奖励，越来越多的员工认为，让得奖人带配偶或同伴到他们想去的地方旅游，是一种有意义的奖励。

旅游休假奖励的好处有很多。例如，它对很多员工是很有吸引力的奖励；要诱使员工积极努力，它是很有利的诱因；它提供一个独一无二的场所增加团队的凝聚力；它也可能提供一个让团队学习的机会；它使得奖人在旅游归来之后，有许多经验可以向同人传播；在努力去获奖的这段时间，它使很多人对这个奖励充满憧憬。不过，旅游休假奖励也有一些坏处。例如，它相当昂贵；得奖人在接受这个奖励时，必须离开工作岗位好几天；它需要耗费某些人相当的精神，也需要相当的经验，才能办好高品质的旅游；基本上能够得到这种奖励的人不会太多。

三、参与化激励术

员工也参与方案的制定和实施，但主导权控制在工程师和主管人员手中，改革是在他们的控制下完成的。德国企业中的参与制基本上是这种控制型参与，日本和美国企业所实施的参与制也属控制型参与。控制型参与管理的长处在于它的可控性，但由于它倾向于把参与的积极性控制在现有的标准、制度范畴之内，因而不能进一步发挥员工的聪明才智，难以通过参与管理产生重大突破。

当员工知识化程度较高且有相当参与管理经验时，要多以授权的方式让员工参与到管理中来，授权型参与管理的主要目标是希望员工在知识和经验的基础上不但提出工作中的意见和建议，而且制定具体实施方案，在得到批准后，授予组织实施的权利，以员工为主导完成参与和改革的全过程。

在参与管理的第三个层次上是全方位型参与管理，这种参与不限于员工目前所从事的工作，员工可以根据自己的兴趣、爱好，对自己工作范围以外的其他工作提出建议和意见，企业则提供一定的条件，帮助员工从事自己喜爱的工作并发挥创造力。这种参与管理要求员工具有较广博的知识，要求管理部门具有相当的宽容度和企业内部择业的更大自由。

（二）"员工持股计划"激励

"员工持股计划"由美国律师凯尔索等人设计，作为一种新的激励理念，起源于20世纪60年代的美国，当时美国就业率下降，劳资关系紧张，员工持股计划就是在重振美国经济，改善传统劳资关系对立的背景下产生的。

员工持股计划的基础思想是：在正常的市场经济运行条件下，人类社会需要一种既能鼓励公平又能促进增长的制度，这种制度使任何人都可以获得两种收入，从而激发人们的创造性和责任感，否则社会将因贫困不均而崩溃。对于美国经济而言，如果扩大资本所有权，使普通劳动者广泛享有资本，会对美国经济产生积极影响。

员工持股计划主要内容是：企业成立一个专门的员工持股信托基金会，基金会由企业全面授信，贷款认购企业的股票。企业每年按一定的比例提出工资总额的一部分，投入员工持股信托基金会，以偿还贷款。当贷款还清后，该基金会根据员工的工资水平或劳动贡献的大小，把股票分配到每个员工的"员工持股计划账户"上。员工离开企业或退休，可将股票卖还给员工持股信托基金会。

这一做法实际上是把员工提供的劳动作为享有企业股权的依据。员工持股计划虽然也是众多福利计划的一种，但与一般福利计划不同的是：它不向员工保证提供某种固定收益的福利待遇，而是将员工的收益与其对企业的股权投资相联系，于是将员工个人利益同企业效绩、员工自身努力同企业管理等因素结合起来，因此带有明显的激励成分。

如今，员工持股计划的发展已越来越趋于国际化。目前，美国已有超过一万多家员工持股的企业，遍布各行各业。日本上市企业的绝大部分也实行了员工持股计划。现在，欧洲、亚洲、拉美和非洲已有五十多个国家推行员工持股计划。员工持股计划对企业经营业绩的提升作用十分明显，这也是员工持股计划迅速得到推广的重要动因。美国学者对一些实施了员工持股计划的企业业绩进行了详细的调查，结果表明，实施员持股计划的企业生产效率比未实施员工持股计划的企业高，而且员工参与企业经营管理的程度越高，企业的业绩提高得也越快。在实践中，员工持股计划还可以减少企业被恶意收购的可能，这些原因都是员工持股计划快速发展的动力。

在我国企业改革中，尤其是国有企业的改革，一直伴随着员工持股的试点。在这些企业中,员工具有出资者和劳动者的双重身份,体现出较强的自主性和参与意识,推动了企业经营管理的完善。

员工持股计划的激励作用主要体现在以下三个方面:第一,为员工提供保障。由于员工持股计划的实施,员工可以从企业得到劳动、生活的保障,在退休时可以老有所养,同时员工也会以企业为家,安心工作,充分发挥自身的积极性。第二,有利于留住人才。在我国,劳动力流动日益频繁,但人力资源的配置存在着很大的自发性和无序性,而且劳动力技术水平越高,人才的流动性也越大。实行员工持股计划,可以有效地解决人才流失的问题。当员工和企业以产权关系维系在一起的时候,员工自然会主动参与企业的生产经营,这是思想政治工作达不到的效果。在员工的参与下,企业精神、企业文化才能真正形成,员工才会将所从事的工作作为自己的一份事业。第三,有助于激励企业经营者。实行员工持股计划,更为重要的是,让经理层持有较大的股份,既有利于企业实现产权多元化,又有利于充分调动企业骨干的积极性。企业还可以实行期股制度,进一步奖励经理的工作,这样也就解决了对企业经营者激励的问题。

员工持股的普遍推行,使员工与企业的利益融为一体,与企业风雨同舟,对企业前途充满信心,企业因而获得超常发展,员工也从持股中得到了巨大利益。这些在国内外的企业经营管理中都有所体现。

员工持股计划更有利于调动员工的工作积极性,增强员工的归属感,增强企业的凝聚力,吸引人才,降低人员流动性,从而提高企业经济效益。因此,国内许多企业也开始实施员工持股计划。

激励指的是以满足个体的某些需要为条件,努力实现组织目标的过程。其实质是调动人的积极性,提高工作绩效,使个人目标与组织目标相统一,在实现个人目标的同时,有效地实现组织目标。激励的实质是激励人的心理状态,即激发自身的动机从而达到强化其行为的过程,所以应通过激励来调动员工的积极性、创造性。

参考文献

[1] 刘燕，曹会勇.人力资源管理[M]，北京：北京理工大学出版社，2019.

[2] 曹飞颖，刘长志，王丁.人力资源管理[M]，天津：天津科学技术出版社，2019.

[3] 蔡黛沙，袁东兵，高胜寒.人力资源管理[M]，北京：国家行政学院出版社，2019.

[4] 陈锡萍，梁建业，吴昭贤.人力资源管理实务[M]，北京：中国商务出版社，2019.

[5] 田斌编.人力资源管理[M]，成都：西南交通大学出版社，2019.

[6] 徐伟编.人力资源管理工具箱第3版[M]，北京：中国铁道出版社，2019.

[7] 曹科岩.人力资源管理[M]，北京：商务印书馆，2019.

[8] 李志.公共部门人力资源管理[M]，重庆：重庆大学出版社，2019.

[9] 徐艳辉，全毅文，田芳.商业环境与人力资源管理[M]，长春:吉林大学出版社，2019.

[10] 罗塞尔.麦肯锡教你做人力资源管理[M]，天津：天津科学技术出版社，2019.

[11] 李远婷.从菜鸟到专家人力资源管理实战笔记[M]，北京时代华文书局，2019.

[12] 周颖.战略视角下的人力资源管理研究[M]，长春：吉林大学出版社，2019.

[13] 阚瑞宏.现代医院人力资源管理探析[M]，北京：航空工业出版社，2019.

[14] 刘书生，陈莹，王美佳.融入人力资源管理变革思路的eHR[M]，北京：企业管理出版社，2019.

[15] 许安心，孔德议.生鲜超市人力资源管理研究[M]，武汉：武汉大学出版社，2019.

[16] 薛维娜.医疗机构人力资源管理理论与实践[M]，延吉：延边大学出版社，2019.

[17] 王晓艳，刘冰冰，郑园园.企业人力资源管理理论与实践[M]，长春：吉林人民出版社，2019.

[18] 吕丽红. 医院人力资源管理模式与策略研究 [M], 延吉：延边大学出版社，2019.

[19] 李业昆. 人力资源管理 [M], 北京：电子工业出版社，2021.

[20] 唐贵瑶，陈志军. 集团公司人力资源管理 [M], 北京：中国人民大学出版社，2021.

[21] 蒋建武，贾建锋，潘燕萍. 创业企业人力资源管理 [M], 南京：南京大学出版社，2021.

[22] (英) 托尼出爱德华兹（Tony Edwards），（英）克里斯出里斯（Chris Rees）. 国际人力资源管理英文版 [M], 北京：中国人民大学出版社，2021.

[23] 严肃编. 人力资源管理最常用的 83 个工具 [M], 北京：中国纺织出版社，2021.

[24] 齐涛 .Excel 人力资源管理不加班的秘密 [M], 北京：机械工业出版社，2021.

[25] 张向前. 人力资源管理基于创新创业视角 [M], 长春：吉林科学技术出版社，2021.

[26] 刘长英. 旅游企业人力资源管理第 2 版 [M], 北京：中国财富出版社，2021.

[27] 蒋莉莉. 人力资源管理智慧与实操 [M], 北京：中国商业出版社，2021.